本书系国家社科基金一般项目
“社区治理视域下的宁夏易地扶贫搬迁脱贫户稳定脱贫路径实证研究”
（20BMZ144）阶段性成果

本书系北方民族大学领军人才校级项目
“宁夏易地扶贫搬迁——生态移民进程中的劳务移民模式研究”
阶段性成果

本书由宁夏回族自治区重点培育学科
“应用经济学”建设经费资助出版

本书系北方民族大学学术文库

范建荣　著

劳务移民就业稳定性研究

宁夏的理论与实践

RESEARCH ON EMPLOYMENT STABILITY OF LABOR MIGRATION

Theoretical Innovation and Practice in Ningxia

目　录

第一章　导　论

一　研究背景与研究意义

（一）研究背景

1. 劳务移民是实施易地扶贫搬迁、有效解决绝对贫困的重要途径

习近平总书记《在全国脱贫攻坚总结表彰大会上的讲话》中指出：“贫困是人类社会的顽疾。反贫困始终是古今中外治国安邦的一件大事。”[①] “中国共产党从成立之日起，就坚持把为中国人民谋幸福、为中华民族谋复兴作为初心使命，团结带领中国人民为创造自己的美好生活进行了长期艰辛奋斗。”[②] 1949 年 10 月新中国的成立“为摆脱贫困创造了根本政治条件”；1956 年 12 月底完成了社会主义三大改造，社会主义公有制的建立为摆脱贫困奠定了良好的经济基础；1978 年 11 月党的十一届三中全会恢复了实事求是的思想路线，明确提出以经济建设为中心并实行对内改革和对外开放，全社会反贫困的活力日益被激发出来，贫困问题得到了有效的解决；党的十八大以后实施的“精准扶贫精准脱贫”方略，不仅彻底解决了绝对贫困问题，

① 习近平. 在全国脱贫攻坚总结表彰大会上的讲话［J］. 中华人民共和国国务院公报 .2021,(07)：5-11.

② 习近平. 在全国脱贫攻坚总结表彰大会上的讲话［J］. 中华人民共和国国务院公报 .2021,(07)：5-11.

也为有效解决相对贫困问题指明了方向。

实践证明，只有坚持党的领导，坚持以人民为中心的发展思想，坚持发扬“上下同心、尽锐出战、精准务实、开拓创新、攻坚克难、不负人民”[①]的脱贫攻坚精神，我们才能有效解决绝对贫困问题，同时也能有效解决相对贫困问题。

易地扶贫搬迁是中国政府完成脱贫攻坚任务的重要手段之一。易地扶贫搬迁是指“对居住在生态环境恶劣、自然条件低劣等不具备生存条件和地质灾害高发地区的贫困群众，按照农民自愿的原则，在政府的统一组织下，搬迁到生活和生产条件相对较好的地区，实行有计划的开发式移民，通过开垦宜农宜林荒山荒地，依托城镇和产业发展等易地安置”[②]。

宁夏回族自治区（以下简称“宁夏”）是我国易地扶贫搬迁先行地区之一。改革开放之初的宁夏区域发展极不平衡，南北差异较大。宁夏南部的西海固地区[③]素有“苦瘠甲天下”的评说，绝对贫困问题极其严重。为了有效解决这一问题，自治区党委和政府在国务院“三西”办“有水路走水路，有旱路走旱路，水旱不同另寻他路”[④] 方针的指导下，于 1983 年拉开了区域内的易地扶贫搬迁活动——易地扶贫开发的序幕，不仅使大多数实施搬迁的贫困户实现了脱贫致富的愿望，取得了良好的社会效益、经济效益与生态效益，而且于 21 世纪初宁夏经验上升为国家战略——易地扶贫搬迁战略，进而成为“十三五”时期实施精准扶贫精准脱贫的重要举措之一。实践证明，通过“挪穷窝”“拔穷根”“换穷业”的易地扶贫搬迁，不仅为贫困户脱贫创造了条件，也为其走向富裕奠定了基础。

---

① 习近平. 在全国脱贫攻坚总结表彰大会上的讲话［J］. 中华人民共和国国务院公报 . 2021,（07）: 5-11.

② 范建荣 . 生态移民战略与区域协调发展——宁夏的理论与实践［M］, 北京：社会科学文献出版社，2019.

③ 宁夏西海固地区有广义和狭义之分。广义的西海固地区泛指原州区（原固原县）、西吉县、隆德县、泾源县、彭阳县、海原县、同心县、盐池县、红寺堡区等；狭义的西海固地区特指原州区（原固原县）、西吉县、隆德县、泾源县、彭阳县、海原县。

④ 范建荣，姜羽 . 宁夏自发移民理论与实践［M］, 银川：宁夏人民出版社，2012.

劳务移民是实施易地扶贫搬迁任务的模式创新。易地扶贫搬迁的实施需要大量的人力、物力、财力的支持，不仅需要政府的政策支持和资金支持，还需要大量的物质资源和社会资源作为支撑，同时更需要实际部门和理论工作者不断地进行模式创新。

作为最早实施易地扶贫搬迁的省份之一，宁夏在具体实践过程中始终能够结合自己的实际情况，不断适应变化了的形势需要，因地制宜地进行模式创新，形成了种类较多、内容丰富的移民模式。从搬迁的角度看，按照有无政策支持，可以分为政策性移民模式和自发性移民模式；按照是否集中搬迁，可以分为分散搬迁模式和整村搬迁模式。从安置的角度看，按照是否集中，可以分为分散安置模式、插花安置模式和集中安置模式；按照是否跨区域安置，可以划分为县内安置模式与跨县安置模式；按照是否与土地有关，可以分为有土安置模式（又称为“生态移民”模式）与无土安置模式（又称为“劳务移民”模式）。从发展的角度看，按照发展产业的内容，可以分为农业腹地型发展模式、工业腹地型发展模式和城郊型发展模式；按照合作的形式，可以分为东西政府合作发展模式、东西政府—企业和租房子模式。从投资的角度看，可以分为国家投资模式、地方投资模式和综合投资模式。从管理的角度看，可以分为异地管理模式、属地管理模式和中和管理模式。如果把诸多因素进行有效组合，则会形成种类繁多、内涵繁杂的模式体系。

本书将易地扶贫搬迁前往城市社区发展的移民称为“劳务移民”。劳务移民具体就是指，为了有效解决区域绝对贫困问题，相关政府部门通过行政手段，在提供一定的就业保障、住房保障、社会保障等前提下，将不适宜人类生产和生存地区的贫困群众有计划有步骤地搬迁到区域环境良好、有较多发展机会的城市社区快速实现脱贫、进而实现可持续发展所形成的移民群体。

2. 劳务移民是践行以人为本理念、实现可持续发展的重要实践活动

可持续发展是指经济、社会、资源和环境保护协调发展，既要发展经济，又要保护好人类赖以生存的大气、淡水、海洋等资源。发展过程中，在不牺牲后代人需求的情况下满足当代人的需求。

劳务移民是实现可持续发展的重要实践活动。易地扶贫搬迁一方面使不宜生存与不宜发展的贫困群众搬迁到发展条件良好的区域获得了可持续发展的基础[①]，另一方面贫困群众得到了社会各界的多方帮助获得了可持续发展的保障。

中国政府于 2001~2020 年实施的易地扶贫搬迁就是典型的“以人为本可持续发展”的范例。在此期间，中国政府为了解决区域连片绝对贫困问题，投入了 6000 亿元、搬迁了近 1000 万绝对贫困人口，建成集中安置区约 3.5 万个，其中城镇安置区 5000 多个，安置 500 多万人。

劳务移民社区可持续发展已经成为迫在眉睫的时代课题。随着易地扶贫搬迁工作已由“搬迁建设”进入“后续扶持”为中心的新阶段，易地扶贫搬迁社区进入一个新的发展阶段。习近平总书记在全国脱贫攻坚总结表彰大会上讲话强调，“对易地扶贫搬迁群众要搞好后续扶持，多渠道促进就业，强化社会管理，促进社会融入”[②]。

国家层面对于有效解决绝对贫困问题、实现脱贫攻坚任务的易地扶贫搬迁所形成的各种社区的可持续发展高度重视。一方面，作为易地扶贫搬迁主体的各种类型的移民群众为国家实现保护生态环境、消除绝对贫困、协调区域发展等做出了重要的贡献，但目前仍然处于发展初期，还属于重点关注的弱势群体，应当给予更多的关心和支持；另一方面，作为高起点、新建成的各类易地扶贫搬迁社区是一种特殊的新型社区，必须用新的观念、新的思路、新的手段加快其发展，特别是在加大社区基层治理的背景下，更应该给予更多的支持与引导。

3. 就业稳定性是劳务移民可持续发展的关键所在

对于劳务移民来说其具有以下特点：一是搬迁前家庭均处于贫困状态，

---

① Zou，M.；Yuan，Y. China's Comprehensive Disaster Reduction. Int. J. Disaster Risk Sci. 2010，(1)：24-32.

② 习近平. 在全国脱贫攻坚总结表彰大会上的讲话［J］. 中华人民共和国国务院公报 . 2021，(07)：5-11.

相当一部分属于绝对贫困群体，目前均已摆脱了贫困；二是家庭成员的文化程度普遍偏低，小学及以下所占比例比较大；三是劳动技能普遍较低，仍然以传统的农业劳动技能为主，即以体力劳动为主；四是思想观念相对保守，有些人“等靠要”的依赖思想依然严重；五是缺乏整体协作理念，“懒散慢”现象依然突出，喜欢打零工甚至按日结工资；六是对未来充满了憧憬，希望在政府支持与自身的努力下实现美好的愿望。在其搬迁过程中必须加大支持与关爱力度，特别是对影响其可持续发展最为重要的因素之一——就业稳定性应该引起高度的关注和重视。只有使其实现充分就业、稳定就业，有效增加收入，才能使其实现可持续发展。

就业稳定性是劳务移民实现可持续发展的关键所在。稳定就业不仅是全球经济的宏观调控目标之一——充分就业，也是有效消除弱势群体贫困的重要途径。劳务移民毕竟是一项新生事物，面临的形势是严峻的，最为突出的是就业问题及就业稳定性问题。形成这一问题的原因是多方面的：一是劳务移民自身。包括自身的文化素质低、劳动技能水平低、适应环境能力较差、传统观念依然存在等，导致劳务移民只能从事季节性较强的、收入水平较低的体力劳动（如建筑业、农业生产等），或者接受政府安排的、收入水平相对较低的公益性岗位（如社区保安、机关保洁等），也存在即使就业机会就在家门口、但仍然“有业不就”的现象（主要是具有劳动能力的妇女）。二是社会发展环境。近几年国内外宏观经济形势比较严峻，导致劳务移民就业形势也更加严峻，有业不能就（能力偏低）、无业可就（劳动密集型产业不断减少）、创业能力弱等现象普遍存在。三是政策支持帮助。在劳务移民搬迁初期，政府一系列政策发挥了重要作用，包括住房政策、医疗政策、养老政策、就业政策等；但在可持续发展方面，缺乏相互支持、循序渐进的系列政策的支持，存在头痛医头、脚痛医脚的现象等。

应该说，影响劳务移民就业及其稳定性的因素呈现多样性，必须用系统论的观点对其进行全面的考察，进而采取有效措施，这既是劳务移民当下发展的需要，更是劳务移民可持续发展的需要。

（二）研究意义

1. 理论意义

（1）构建与劳务移民就业稳定性紧密相关的搬迁满意度、搬迁适应性与主观性人力资本评价体系并进行测度。当前对于劳务移民进行深入研究的理论文献相对较少，多以定性为主，缺乏定量分析。本书运用李克特量表构建了搬迁满意度、搬迁适应性、人力资本评价体系，并运用模糊综合评价法进行了评价，其结果使人们对与劳务移民就业稳定性密切相关的各个方面有了更进一步的认识。

（2）构建影响劳务移民就业稳定性单因素及多因素结构方程模型。学者们虽然对劳务移民的问题已经有了一定的关注，但并未进行深入研究。本书在入户问卷调查收集数据、因子分析的基础上，分别构建了搬迁满意度、搬迁适应性、主观性人力资本与就业稳定性关系的 3 个单因素模型，探索了三者之间与就业稳定性的关系；进而构建了三者与就业稳定性之间的多因素结构方程模型，厘清了影响劳务移民就业稳定性的相关因素，使这一问题的解决在理论上有了一定的依据。

2. 现实意义

（1）为宁夏劳务移民就业稳定性问题的解决提供理论依据。稳定就业是劳务移民实现可持续发展的关键所在，这是学术界与实际部门工作者所达成的共识，但如何实现正在探讨之中。本书的研究结果显示，提升搬迁满意度是前提，提高人力资本水平是基础，增强搬迁适应性是关键。这一结果将为解决劳务移民就业稳定性问题提供一定的思路，所提对策将有助于问题的解决。

（2）为全国其他地区劳务移民社区可持续发展提供一定的经验借鉴与理论指导。在“十三五”时期形成的约 5000 个易地扶贫搬迁城市社区正处于初始发展阶段，面临着诸多亟待解决的问题。本书的研究结果将为全国其他相似或同类地区提供宁夏的经验借鉴和理论指导，使其少走弯路、加快步伐，为实现劳务移民社区全面协调可持续发展注入活力。

二　研究对象与发展现状

（一）研究对象

“十三五”时期，中国政府投资6000亿元实施易地扶贫搬迁计划，22个省、区、市在2020年底完成了近1000万贫困人口易地搬迁安置任务，形成了2.5万个易地扶贫搬迁社区，其中，城镇安置500多万人，形成了5000余个劳务移民社区[①]。在当地政府的精心帮扶、社会各界热心帮助以及劳务移民自身的积极努力下，90%以上劳务移民已经摆脱了贫困、开始走上致富之路。但由于受宏观环境的影响，再加上劳务移民存在的问题，近几年劳务移民发展举步维艰，面临严峻挑战。作为劳务移民的最早实施地区——宁夏，与全国其他地区一样，也面临着同样的形势。

宁夏在20世纪90年代初期就有了劳务移民的雏形——宁夏石嘴山市大武口区星海镇，“十二五”时期进行了试点——建立了40个劳务移民社区，到“十三五”时期与全国一道全面铺开，目前宁夏全区22个县级建制单位都有劳务移民社区，在实现了“搬得出”“稳得住”的前提下，开始向“管得好”“能致富”目标迈进。由此可以看出，宁夏劳务移民不仅具有发展历史较长、社区数量众多、发展成效显著、经验较为丰富等优势，而且具有雄厚的发展基础，再加上本人长期关注劳务移民的发展，拥有一定的研究团队，易于调研的开展与研究的深入，故本书将宁夏的劳务移民作为研究对象。

（二）发展现状

1. 形成基础

实际上，宁夏的劳务移民模式并不是凭空产生的，而是在不断总结实践经验和理论升华的基础上形成的，因此其具有理论基础和实践基础。

---

① 檀学文．中国移民扶贫70年变迁研究［J］．中国农村经济．2019，（08）：2-19.

（1）理论基础

第一，劳务移民顺应了我国城镇化发展的趋势。我国是一个发展中国家，农业人口所占比重较高，城镇化的任务依然艰巨。实施劳务移民，是政府运用政策手段有计划有步骤加快城镇化的重要举措，这不仅弥补了城镇化进程中劳动力的缺口，而且加快了人口城镇化的步伐。

第二，劳务移民突破了土地资源短缺的硬约束。随着市场经济的发展，资源价值也在不断升值，加大了回购土地解决移民对土地需求的难度；同时，可供易地扶贫搬迁所需要的待开发资源也在锐减。劳务移民模式的实施，不仅降低了土地成本，节约了土地资源，也减轻了迁入地政府的财政压力。

第三，劳务移民提供了更加广阔的发展空间。由于拥有稳定的住房、良好的社会保障与多层次的就业技能培训，再加上良好的医疗、教育、交通等环境，以及众多的就业契机，为劳务移民实现多渠道、多途径的就业奠定了稳固的基础。有的人到周边的工厂、农业基地、餐饮店等地打工，有的人则开起了餐厅、电焊铺、理发馆、粮油店等进行自主创业，基本上做到了想就业者有业可就、想择业者有业可择。

（2）实践基础

第一，宁夏已经积累了丰富经验。宁夏在 20 世纪所进行的有土安置的生态移民实践已经包含了“劳务移民”的雏形——隆湖移民开发区。隆湖开发区位于宁夏石嘴山市工业腹地，是隆德县在宁夏易地扶贫搬迁政策支持下建立起来的。隆德县政府充分利用工业腹地的优势，依靠宏观政策的有力支持，大力发展工业，使隆湖开发区得到了快速发展。发展最好时，隆德县 1/3 的财政收入来自隆湖开发区。对于移民群众而言，尽管政府在移民搬迁之初，给予每位移民人均 2 亩土地的政策，但由于隆湖地区土地贫瘠，盐碱化严重，再加上移民对川区农业生产技术的缺乏，土地产出比较效益极低。在这样的情况下，移民群众也充分利用身边的发展机遇寻求收入最大化，有的到工厂打工获取工资性收入，有的从事第三产业，如开商店、开出租车、开饭馆、开宾馆等。这不仅有效增加了移民群众的收入，也使其受到了生动的市场经济教育，为后来的发展奠定了良好的基础。

第二，自发移民迫切需要帮助与引导。随着改革开放进程的深入，越来越多的农民前往城市打工，工资性收入逐步成为家庭的主要来源。与此同时，在进行政策性移民之际，由于受移民指标的限制，部分搬迁意愿强烈的群众便举家搬迁，前往自己认为可以发展的地区，从事第二产业或第三产业，实行了自主移民，后来被学术界称为自发性劳务移民。自发性劳务移民的生命力和发展潜力较强，为社会指明了一条移民新路——市场化移民。但由于自身存在的问题和引发的社会问题，必须对其进行有效管理和引导，政策性劳务移民应运而生。

2. 发展成效

（1）宁夏“十二五”时期的劳务移民

宁夏在“十二五”时期开始进行大规模的劳务移民实践活动。《宁夏“十二五”中南部地区生态移民规划》指出：“劳务移民以建设务工人员集中安置区、提供公共服务和社会保障为核心，以政策引导、资金扶持为主要手段，以有较强务工能力的农民家庭为对象，通过人力资源开发和劳动力就业转移，建立起促进贫困地区人口向沿黄城市带、城镇转移的长效促进机制。”“按照‘便于就业、集中居住’的原则，安置点主要规划在沿黄城市周边，工业园区、农业产业区附近和贫困地区的市、县城区、中心集镇。”

表 1-1 宁夏“十二五”移民规划情况

<table>
<tr><td colspan="2"></td><td>户数</td><td>人口</td><td>占比</td><td></td></tr>
<tr><td rowspan="2">安置范围</td><td>县内</td><td>2.84 万户</td><td>12.11 万人</td><td>35%</td><td></td></tr>
<tr><td>县外</td><td>5.04 万户</td><td>22.49 万人</td><td>65%</td><td></td></tr>
<tr><td colspan="2"></td><td>户数</td><td>人口</td><td>占比</td><td>安置点数量</td></tr>
<tr><td rowspan="2">安置类型</td><td>生态移民</td><td>5.87 万户</td><td>25.95 万人</td><td>75%</td><td>234 个</td></tr>
<tr><td>劳务移民</td><td>2.01 万户</td><td>8.65 万人</td><td>25%</td><td>40 个</td></tr>
<tr><td colspan="2">总计</td><td>7.88 万户</td><td>34.6 万人</td><td></td><td></td></tr>
<tr><td colspan="2" rowspan="2">涉及区域</td><td>县</td><td>乡镇</td><td>行政村</td><td>自然村</td></tr>
<tr><td>9 个</td><td>91 个</td><td>684 个</td><td>1655 个</td></tr>
</table>

资料来源：根据《宁夏“十二五”中南部地区生态移民规划》整理。

“十二五”期间，宁夏“向沿黄地区搬迁移民17.95万人，在城镇、工业园区、农业产业基地安置劳务移民6.16万人，推动了中南部地区农村劳动力资源的有序转移，解决了沿黄地区劳动力短缺的问题，促进了山川互济、共建共享”。但由于大规模劳务移民尚处于试验期，经验有待积累与提高，再加上部分劳务移民有着生态移民的诉求，不愿意劳务移民，因而在“十二五”期末对劳务移民进行了生态移民调整，并未完成预期的劳务移民目标。

（2）宁夏“十三五”时期的劳务移民

“十三五”时期，宁夏继续沿用劳务移民安置方式。《宁夏“十三五”易地扶贫搬迁规划》指出：“依托沿黄城市带、清水河城镇产业带、重点城镇、工业园区、产业基地以及山区大县城，新建或回购符合标准的现有存量商品住房，安置有就业意愿、具有一定就业创业技能的移民。”“规划安置38422人（其中县内28644人，县外9778人），占搬迁总规模的46.8%。”

表1-2　宁夏“十三五”移民规划情况

总体情况	搬迁户数	20549户	搬迁人数	82060人
安置类型	建档立卡户		非建档立卡户	
	户数	人数	户数	人数
	19980户	80004人	569户	2056人
县内安置	总人数	建档立卡户人数	非建档立卡户人数	占比
	36107人	34865人	1242人	44%
劳务移民安置	总人数	县内	县外	占比
	38422人	28644人	9778人	46.80%
小规模开发土地安置	总人数	建档立卡户人口	非建档立卡户人口	占比
	4610人	3796人	814人	5.80%
农村插花安置	总人数	2921人	占比	3.60%

资料来源：根据《宁夏“十三五”易地扶贫搬迁规划》整理。

经过“十二五”时期和“十三五”时期10年的不懈努力，劳务移民不仅使移民群众的生产生活条件大幅改善，增收途径明显拓宽，也使区域经济社会资源得到优化配置，生态环境质量有效改善。宁夏的劳务移民已经渐渐进入正轨，从住房保障、社会保障到就业保障，各项政策也都在完善之中。走进劳务移民社区，整齐的楼宇，良好的绿化，充满了勃勃生机；走进劳务移民的家庭，电冰箱、洗衣机、煤气灶……应有尽有，有的甚至住上了电梯房，宾馆化的装修充满了城市化进程中的现代化生活气息。无论是社区管理还是移民生活，各个方面都取得了可喜的成绩。

3. 面临的挑战

劳务移民尽管取得了长足的进步，但仍然是一种新生事物，必须正视存在的问题和挑战，采取相应措施，使其实现可持续发展。回顾劳务移民的发展历程，可以将其面临的挑战归结为以下几个方面。

（1）劳务移民面临着空间转换的挑战

劳务移民迁出地所在的社区，是一个信息相对封闭、发展环境落后的贫困的农村社区，人们长期与外界隔绝，靠天吃饭，只能被迫地、不自觉地适应才能得以生存，因而生活水平是极低的；劳务移民迁入地所在的社区，是一个信息相对丰富、发展环境较好的发达的城市社区，人们只要充分发挥自身已经具有的资源条件，积极适应新的发展环境，就能过上幸福的生活。但是，对于人力资本水平相对较低的劳务移民，如何适应新的环境变化便是一个巨大的挑战。

（2）劳务移民面临着身份转变的挑战

身份不同，其面临的发展机遇与享受的公共服务水平也不同，这是一个普遍、显而易见的事实。作为搬迁前的农民，主要从事第一产业，由于缴费水平较低因而其享受的公共服务水平也是较低的。作为搬迁后的劳务移民，主要从事非农产业，其享有的公共服务水平是由政府提供的特殊政策所形成的，显然要比搬迁前高一些，但与市民相比仍有较大的差距，作为未来的市民，其从事的产业必然是非农产业，并要为享有更高水平的公共服务付出更多的努力。劳务移民身份的转变，既有被动的成分，也有主动的成分。由农民转变为劳务移民“被动”的成分或是占主要的，由劳务移民转变为市民“主动”的成分则应该是主要的。这对于思想观念相对保守、对于城市相对陌生的劳务移民来说是一个巨大的挑战。

（3）劳务移民面临着消费方式转变的挑战

劳务移民不仅要适应发展环境的变化，适应身份的变化，更要适应消费方式的变化。劳务移民搬迁之前，其生活消费来源主要靠土地产出，特别是必需的生活用品都是如此，包括吃的面粉、蔬菜以及水果、牛羊肉等；至于其他方面的消费则是有了就多用一些，没有了也就凑合着用；原则是能省则省，相对来说成本比较低。劳务移民搬迁之后，其生活消费的全部都需要现金支出，包括平时必要的生活用品，如米面粮油等；原来在农村社区不需要支出的费用，如水费、物业费、卫生费、取暖费等都成为必要的支出……无形中消费费用在增大，移民的经济负担也在增加。由此可以看出，劳务移民如何尽快适应以土地产出为主的消费方式转变为以货币支出为主的消费方式，面临着严峻的挑战。

（4）劳务移民面临着收入方式转变的挑战

伴随着搬迁的深入进行，劳务移民面临的各种风险也在不断地增加。有些风险来自环境，有些风险来自自身；有些风险是现实的，有些风险是潜在的；有些风险是可控的，有些风险则是难以防范的……如何应对如此众多的各类风险，一个最关键的方面就在于要不断地提高劳务移民的收入水平。只有这样，才能真正使劳务移民做到“搬得出、稳得住、管得好、能致富”。

截至目前，劳务移民的收入来源已经呈现多元化，包括工资性收入、政策性收入、财产性收入和转移性收入等，但其中最主要的还是工资性收入。因此，如何切实有效地使劳务移民能够获得稳定的较高水平的工资性收入，已经成为迫切需要解决的问题之一。进一步分析可以得出，从表面上来看劳务移民的问题是增收问题，但从本质上来讲，劳务移民的问题应该是就业问题和就业稳定性问题。

（5）劳务移民面临着就业方式转变的挑战

就业对于个人的发展和社会的发展都至关重要。就业可以帮助个人实现自我价值，提高社会地位，提高生活水平，增加收入，提高社会保障水平，促进社会经济发展，改善社会环境，增强社会凝聚力，提升社会文明程度等。在迁出地时，作为农民，其就业方式自然而然就是从事农业生产，或许可以利用农闲时外出务工，以获取更多的收入；但是到迁入地时，其就业方式发生了较大的改变，必须充分发挥自己的主观能动性，积极寻找工作、努力实现就业，进而获取收入，维持个人和家庭发展需要。因而就业方式已由过去的“自然式”转化为“主动式”，劳务移民必须尽快适应才能实现可持续发展。

三　研究内容与研究方法

（一）研究内容

1. 研究目标

作为一项具有生命力的新生事物，劳务移民发展进程中目前迫切需要解决的就是就业问题和就业稳定性问题。由于长期从事生态移民研究，在多次的问卷调查过程中，特别是与当地居民和干部进行交流时，大家普遍感受到：一是住房安置对他们的帮助特别大，为实现安居乐业奠定了良好基础；二是在宁夏创新出劳务移民模式后，能否适应城市发展的需要成为劳务移民实现可持续发展的关键；三是每家每户能否摆脱贫困、走上致富之路，关键在于主观能动性的发挥。基于此，本研究认为，劳务移民对搬迁满意度的评价、对个人社会适应性的评价以及对个人人力资本水平的评价三个方面，是影响劳务移民就业稳定性的最主要因素。因此，本研究的目标有以下几点。

（1）分析劳务移民就业稳定性影响因素

影响劳务移民就业稳定性的因素是多种多样的，既有历史因素也有现实因素，既有宏观因素也有微观因素，既有个人因素也有环境因素。本研究试图通过问卷调查收集数据、通过座谈会法与个别访谈法获取第一手资料，来分析影响劳务移民就业稳定性的具体因素所在，在此基础上剖析具体原因，以便采取相应措施消除不利因素，提升劳务移民就业稳定性。

（2）构建劳务移民相关评价指标体系

对于劳务移民的发展，只是进行定性分析是不够的，特别是对存在的问题无法衡量其严重与否以及无法提出其优先解决序。本研究拟结合劳务移民发展的实际情况，建构符合区域特色的劳务移民搬迁满意度评价体系、劳务移民搬迁适应性评价体系、劳务移民主观性人力资本评价体系，并在模糊综合评价结果的基础上提出问题并剖析原因所在，采取相应对策，进而提高劳务移民搬迁满意度水平、搬迁适应性水平与主观性人力资本水平。

（3）探讨提升劳务移民就业稳定性的内在机理

影响劳务移民就业稳定性的因素是多样的，但这些因素之间的关系究竟如何，必须用量化的方式予以揭示，或许会为问题的有效解决提供思路。本研究试图通过构建结构方程模型，来分别探索劳务移民搬迁满意度、搬迁适应性、主观性人力资本与就业稳定性之间的关系，同时综合探索劳务移民搬迁满意度、搬迁适应性、主观性人力资本三者共同与就业稳定性之间的内在关系，为构建劳务移民就业稳定性保障体系提供现实依据与理论支持。

2. 研究内容

宁夏劳务移民的实践经验表明，城镇安置的“稳得住”就是看老百姓对搬迁的各个方面“满意不满意”；“能致富”就是看老百姓能否适应社区发展环境、能否找到“相对稳定”的就业岗位；“管得好”就是在发挥市场机制作用的前提下，通过政府的有效调节不断提高劳务移民的“满意度”与“就业稳定性”，以实现通过自身努力达到脱贫致富的目标。

（1）搬迁满意度、搬迁适应性、主观性人力资本及就业稳定性评价性研究

第一，劳务移民搬迁满意度评价研究。劳务移民是一种典型的政府行为，目的在于通过“拔穷根、挪穷窝”的方式使贫困群众彻底摆脱绝对贫困的困境，进而为未来可持续发展奠定基础。政府不仅为劳务移民提供了强有力的政策支持，包括就业政策、医疗政策和养老政策等，而且提供了较好

的住房条件和良好的社区服务，包括治安、卫生、绿化等，同时还营造了良好的发展环境，包括交通、教育、就业以及医疗等。本研究拟从家庭发展满意度、政策支持满意度、社区管理满意度和发展环境满意度 4 个维度进行评价，进而根据评价结果并结合劳务移民实际需求，寻求差距与症结，提出对策与建议，提升劳务移民搬迁满意度。

第二，劳务移民搬迁适应性评价研究。尽管劳务移民是一种典型的政府行为，但作为搬迁行为主体的劳务移民必须逐步适应这一变化。对于劳务移民的适应性而言既具有主动适应的一面，又具有被动适应的一面，具有复杂性。一方面，在政府政策的引导和支持下，劳务移民要实现通过搬迁改变贫穷落后的局面，就必须主动适应变化了的形势，尽快融入迁入地经济社会发展，寻求更好的发展机遇；另一方面，劳务移民面对相对陌生的城市发展环境，如何适应存在着被动的窘境，尤其是在社区管理人员缺乏有效引导的情况下，这种被动适应期将会延续更长的时间。本研究拟从劳务移民的经济适应性、文化适应性和社会适应性 3 个维度进行评价。其中，经济适应性包括收入方式、消费方式与就业方式等，文化适应性包括语言、与本地人关系等，社会适应性包括生态、气候、管理等。通过评价结果来分析劳务移民适应性方面存在的问题及原因，进而采取相应措施提升劳务移民的搬迁适应性。

第三，劳务移民主观性人力资本评价研究。劳务移民人力资本水平的高低，不仅影响着其自身的可持续发展，而且影响着劳务移民社区、劳务移民工作以及劳务移民进程的可持续发展。对于劳务移民人力资本水平的评价，传统的方式只是将其已经拥有的且可以度量的教育水平和健康水平作为主要评价内容，而往往忽略了对劳务移民自身已经拥有的却难以衡量的人力资本水平的评价，而恰恰就是这一点对劳务移民自身的发展有着重要的影响。本研究拟从客观性人力资本和主观性人力资本两个维度进行评价。其中，客观性人力资本包括劳务移民的受教育程度和目前的健康状况；主观性人力资本包括劳务移民对自身人力资本、拥有能力、工作情况的评价等。通过评价结果的分析，得出劳务移民人力资本的总体水平，并寻找出其存在的问题和原因所在，以便采取相应措施来提高人力资本水平。

第四，劳务移民就业稳定性评价研究。实现充分就业和稳定就业是各国政府宏观调控的目标之一，这也是劳务移民必须要解决好的关键问题所在。稳定就业，当然也是劳务移民实现可持续发展的重中之重。对于劳务移民的就业稳定性的评价，与其他群体的评价相比具有一定的特殊性、复杂性和难度。一方面，由于近年来宏观经济形势处于“三期叠加”时期，再加上新冠疫情的影响，对于人力资本水平相对较低的劳务移民来说，就业形势就更加严峻，导致就业较为困难；另一方面，由于受传统的“等靠要、懒散慢”观念的影响，不愿意接受企业各项规章制度的管理与约束，因而工作以打日工或打零工为主，就业具有不确定性和不稳定性。本研究拟在分析问卷调研与个案访谈的基础上，结合宁夏劳务移民的实际，以劳务移民对家庭成员就业满意度、就业政策满意度、就业环境满意度、就业方式适应性与就业现状自评为衡量劳务移民就业稳定性的指标体系；同时，在梳理劳务移民就业现状，包括就业途径、工资收入、社会保障等基本情况的前提下，对其就业稳定性存在的问题及原因进行深入分析，进而采取相应措施，提升其就业稳定性。

（2）搬迁满意度、搬迁适应性、主观性人力资本与就业稳定性相互关系研究

在进行分类评价的基础上，进而对劳务移民满意度、搬迁适应性、主观性人力资本与就业稳定性间的相互关系进行研究。

第一，劳务移民搬迁满意度与就业稳定性研究。尽管政府已在新建社区建设过程中按照可持续发展的要求，为劳务移民提供了必要的基础设施和社会服务，但毕竟这些都是在政府“认为应该这样”的前提下为劳务移民提供的，因此现有的发展条件能否满足劳务移民就业的需求以及对就业稳定性的影响是一个非常重要的问题。本研究拟通过计量分析，对劳务移民家庭发展满意度、政策支持满意度、社区管理满意度、发展环境满意度与就业稳定性的相关性进行深入研究。

第二，劳务移民搬迁适应性与就业稳定性研究。劳务移民的搬迁适

应性是一个极其复杂的问题，要提高就业稳定性，就必须有效克服劳务移民的“被动”适应性而提高其“主动”适应性。由于劳务移民社区的管理是按照“熟人社会”的原理设定的，因而大多数社区管理者自身也是劳务移民的“身份”，因而其自身也存在如何适应的问题；再加上劳务移民社区也是在边实践、边建设的过程中发展起来的，因而对于参与社区管理的上级委派的外来“非移民”管理者自身，一方面面临着如何提高自身与劳务移民之间的适应性问题，另一方面也面临着如何帮助劳务移民提高搬迁适应性的问题。本研究拟通过计量分析，对劳务移民经济适应性、社会适应性、文化适应性与就业稳定性的相关性进行深入研究。

第三，劳务移民主观性人力资本与就业稳定性研究。劳务移民综合素质的高低取决于其人力资本水平的高低，同时也影响着劳务移民的就业稳定性。多年的研究实践表明，劳务移民的客观性人力资本水平是较低的，而且在短期内难以改变；但对自身拥有的主观性人力资本的水平与其就业稳定性的关系尚待研究。本研究拟通过计量分析，对劳务移民主观性人力资本与就业稳定性的相关性进行深入研究。

第四，劳务移民搬迁满意度、搬迁适应性与主观性人力资本相互关系及其相互作用对就业稳定性影响研究。应该说，劳务移民搬迁满意度、搬迁适应性与主观性人力资本三个方面之间也存在着一定的内在关系。因此，在对劳务移民搬迁满意度、搬迁适应性与主观性人力资本各自与就业稳定性进行研究的前提下，再来研究一下三者之间的相互关系及其相互作用对就业稳定性的影响。从理论上来讲，这些影响关系均应呈现正相关性，即彼此之间均有相互影响。本研究拟通过计量分析，对劳务移民搬迁满意度、搬迁适应性与主观性人力资本相互关系及其共同影响就业稳定性进行深入研究。

（3）提高搬迁满意度、搬迁适应性、主观性人力资本水平提升就业稳定性对策研究

劳务移民就业稳定性的影响因素是多样的、原因也是极其复杂的，本研

究试图在评价研究、相关性研究的基础上，查找问题与原因所在，特别是对梳理出来的问题及原因进行排序，在借鉴相关地区先行经验的基础上，提出相应对策和建议，循序渐进地使问题得到有效解决，进而加快劳务移民的可持续发展。

（二）结构安排

第一章导论，陈述了研究背景，提出问题，回顾了宁夏劳务移民发展历程，提出了研究目标与研究内容，明确了研究方法与技术路线。

第二章概念界定、理论基础和文献综述，本章界定了核心概念，梳理了理论基础，进行了文献综述，并阐述了应用思路。

第三章影响劳务移民就业稳定性因素理论分析，本章明确了研究目的，进行了观测变量内涵设计，构建了“影响劳务移民就业稳定性因素研究总体示意图”。

第四章问卷设计与数据收集，本章阐述了问卷设计原则、数据收集过程，并进行了描述性统计。

第五章劳务移民搬迁满意度与就业稳定性关系研究，本章构建了测量量表，运用模糊综合评价法进行评价，通过结构方程模型分析了两者的关系。

第六章劳务移民搬迁适应性与就业稳定性关系研究，本章构建了测量量表，运用模糊综合评价法进行评价，通过结构方程模型分析了两者的关系。

第七章劳务移民主观性人力资本与就业稳定性关系研究，本章构建了测量量表，运用模糊综合评价法进行评价，通过结构方程模型分析了两者的关系。

第八章劳务移民就业稳定性影响因素分析，本章构建了“影响劳务移民就业稳定性因素分析结构方程图”，建立量表并进行了实证分析。

第九章研究结论与政策建议，本章对研究结论进行了归纳总结，并从政府、劳务移民、社会等方面提出了相应对策。

根据以上研究内容，本研究的技术路线见图 1-1。

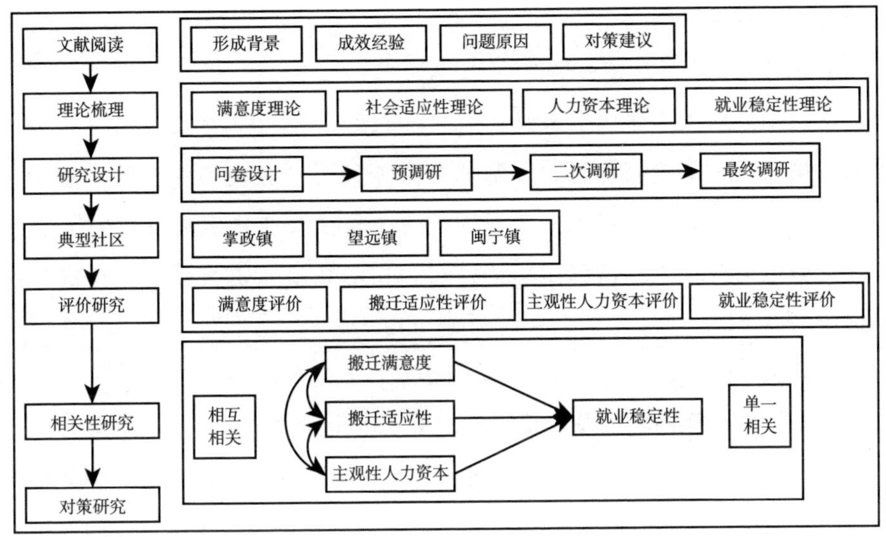

图 1-1　劳务移民就业稳定性影响因素研究

（三）研究方法

1. 文献回溯法

文献回溯法的目的是收集、整理和分析相关文献，以支持研究者在研究过程中更好地理解和解决问题。通过文献回顾，除了梳理研究背景与理论基础，摸清研究主题发展现状、取得成就、面临困难、存在问题与原因等，还要汲取先行地区成功经验与教训，为提出解决问题的对策和建议提供理论依据与实践依据。

2. 问卷调查法与田野调查法

拟在宁夏银川市重点选择 3 个具有代表性的劳务移民社区——兴庆区掌政镇新创家园、永宁县望远镇富原社区与闽宁镇永安小区展开调研。通过入户问卷法对劳务移民发展状况进行全面了解，包括劳务移民目前的发展现状、就业现状等，进一步发展趋势的判断及与社区管理的关系和对政府的希望等；通过田野调查法对调研社区的发展状况进行全面考察，了解劳务移民发展优势与劣势，以及与劳务移民就业关系，加快劳务移民的产业、就业与社会融入进程。

3. 小型座谈会法和深度访谈法

通过小型座谈会法与劳务移民社区的各级干部、劳务移民代表、包扶干部、第一书记等进行座谈，了解其对劳务移民发展现状的意见、建议和看法以及对百万移民富民提升工程提升劳务移民就业稳定性好的意见和建议。同时进行典型人物的深度访谈，对存在的突出问题及解决途径进行深入探讨。

4. 计量分析法

借助相关计算机软件及计量模型，重点运用因子分析法、模糊综合评价法、结构方程模型等，对调研数据进行分析，更加深入地认识影响劳务移民诸多因素的单一因素和综合因素，进而使提升劳务移民就业稳定性的保障体系和措施建立在更加科学的基础之上。

四　创新点

对于劳务移民问题的研究成果相对较少，大多数都是对宏观问题研究较多，对于涉及劳务移民的具体问题研究相对较少。本书就劳务移民所面临的就业问题及其就业稳定性问题展开了研究，在以下方面进行了创新。

（一）构建了劳务移民就业稳定性的测度指标

从研究内容上来看，以往的研究多用“工作年限的长短”“劳动合同的期限”“工作经历的数量”等来衡量就业稳定性，不适宜对劳务移民就业稳定性的评价；本书采用“就业状况自评”“就业政策满意度”“就业环境满意度”“就业方式适应性”“家庭成员就业满意度”等来测度劳务移民的就业稳定性，因而在测度指标上具有一定的创新性。

（二）自制了适合于劳务移民就业稳定性的相关量表

从研究方法上来看，通过编制劳务移民搬迁满意度量表、搬迁适应性量表、主观性人力资本量表以及就业稳定性量表，运用模糊综合评价法对各自水平进行了测度，量表的编制、评价的结果具有一定的创新性。

（三）构建了劳务移民就业稳定性评价体系

从研究结果来看，运用结构方程模型对影响劳务移民就业稳定性因素进行了深入剖析，构建的“满意度—适应性—主观性人力资本与就业稳定性”评价体系具有一定的创新性。

第二章　理论基础与文献综述

一　概念界定

（一）劳务移民

一般情况下，劳务移民是指农村居民前往城市社区寻求工作、增加收入的移民行为。学术界对于“劳务移民”的定义大体可以归结为三类：第一类是国际上通用的技术移民，包括一国国内的和跨国界的技术性劳务移民；第二类泛指中国国内从农村社区迁移至城市社区寻求工作进而增加收入的群体，有学者将其称为“农民工”；这两类是劳务移民自身按照市场化趋势和自身的喜好所进行的一种经济移民行为。第三类是特指由政府有计划、有组织进行的移民行为，本研究就属于此类。

具体来说，劳务移民就是指，为了有效解决区域绝对贫困问题，相关政府部门通过行政手段和政策支持，在提供一定的就业保障、住房保障、社会保障等的前提下，将不适宜人类生产和生存地区的、具有劳动能力的贫困群众有计划有步骤地搬迁到区域环境良好、有较多发展机会的城市社区快速实现脱贫、进而实现可持续发展所形成的移民群体。

（二）劳务移民搬迁满意度

“满意”是一种心理状态（王子柔，2019）①，它是指个人对特定事物期望值与实际感受的主观评价，用数字予以衡量就被称为满意度。具体来说，“满意度”是通过评价分值加权计算得到满意程度（深度）的一种指数概念（王昌海，2015）②。

劳务移民从发展与生存环境都较差的迁出地来到生存环境相对良好、发展条件相对优越的地区，对搬迁前后有着自己的切身感受，特别是这些都是在政府的帮助之下进行的，因而对政府各项工作都有着“满意”之感；由于搬迁满意度评价涉及的面是比较广的，可以将其概括为家庭发展满意度、政策支持满意度、社区管理满意度以及发展环境满意度 4 个方面，再加上劳务移民自身特征与家庭特征均有着一定的差异，所以评价的结果也有所不同。

为此，本书认为，劳务移民的搬迁满意度就是指，劳务移民自从搬迁至劳务移民社区后，对其接受的各项政策服务、面临的发展环境等期望值与实际感受之间的主观评价。

（三）劳务移民搬迁适应性

适应性是指生物体与环境表现相适合的现象。社会适应是指个体逐渐接受社会道德规范和行为准则，以及在规范允许的范围内对环境刺激做出反应的过程（杨菊华，2021）③。人类对社会的适应性可以通过语言、风俗、法律以及社会制度等的控制，使自己与社会相适应。

劳务移民从一个相对封闭但已经熟悉的环境来到一个相对开放但又陌生

---

① 王子柔．东北赛区 CUBA 运动员参赛满意度的研究［D］．哈尔滨：哈尔滨工程大学体育教育训练学，2019.

② 王昌海．效率、公平、信任与满意度：乡村旅游合作社发展的路径选择［J］．中国农村经济．2015，（04）：59-71.

③ 杨菊华．空间理论视角下老年流动人口的社会适应［J］．社会学研究．2021，36（03）：180-203+229-230.

的环境，方方面面都面临着严峻的挑战。面对众多的适应问题，劳务移民至少面临着两种适应：一是被动适应。劳务移民从搬迁之日起，其身份已经发生了变化，即由“农民”变成了“市民”。这就要求劳务移民必须用新的环境对自身的要求约束自己的行为、塑造自身的形象，以更好地适应城市发展的需要。二是主动适应。劳务移民搬迁的目的不仅仅是脱贫，更重要的是要实现致富。这就要求劳务移民必须适应新环境的就业方式、消费方式等，只有这样才能找到工作尤其是稳定的工作，进而实现脱贫致富的初衷。总体来说，劳务移民的适应方面尽管内容繁多，但可以将其概括为经济方面的适应、文化方面的适应以及社会方面的适应 3 个方面。劳务移民个体差异与家庭差异较为明显，其适应能力也有着较大差异，将会导致适应评价也有着一定的差异。

为此，本研究认为，劳务移民的搬迁适应性是指，自搬迁至迁入地后，随着社会环境发生了显著的变化，劳务移民的观念、行为方式等随之也发生了变化，进而适应所处的新的社会环境的过程（郃秀军等，2019）[①]，具体而言就是对影响其生存和可持续发展的相关方面的适应性。

（四）劳务移民主观性人力资本

学术界关于人力资本的内涵就是舒尔茨提出的人力资本，包括两部分：一是受教育水平；二是健康水平。衡量人力资本的指标有受教育水平、技能培训情况和身体健康状况。由于这 3 个指标是客观存在的事实，因而比较好测量，本研究把这一类指标称为“客观性人力资本”。

与“客观性人力资本”相对应的是“主观性人力资本”。所谓“主观性人力资本”是指当事人对自己从事各项社会活动所拥有的“意志力、自觉理性、成功动机、规划意识、风险意识和努力程度等精神状态与主观素质”，其对就业稳定性有着重要的作用。这是本书研究的重点。

---

① 郃秀军，昝欣．易地移民邻县安置的意愿、期望与社会适应性［J］．管理评论．2019，31（11）：267-278.

主观性人力资本对于劳务移民是非常重要的。在迁出地时，由于以体力劳动为主，因而对人力资本要求是比较低的。但人们常说“只要能干、肯干，就能过上好日子”，这本身就是对已有的主观性人力资本的初步认识；到迁入地后，主观性人力资本的作用就显现出来。包括人的自信心、对工作的态度以及克服困难的能力、运用政策的能力等，这一水平的高低，不仅决定了个人发展的状况，也决定了一个家庭发展的好坏。可以将劳务移民的主观性人力资本概括为自我价值、工作态度以及综合能力 3 个方面。

劳务移民的人力资本也由两部分组成：一是客观性人力资本，相对来说比较具体、易于测量。由劳务移民的受教育水平、接受培训技能的情况以及健康水平组成。二是主观性人力资本，相对来说比较复杂，难以测量，

为此本研究认为，劳务移民主观性人力资本就是指，劳务移民对自己从事各项社会活动所拥有的“意志力、自觉理性、成功动机、规划意识、风险意识和努力程度等精神状态与主观素质”。

（五）劳务移民就业稳定性

“就业”就是一定年龄阶段内的人所从事的、为获取报酬或经营收入所进行的活动。稳定就业是各级政府的主要任务之一，就业稳定是劳务移民实现可持续发展的重要前提。就业稳定性不仅可以反映社会就业总量的变化状况，而且可以反映个体就业的变化状况。一般含义的就业稳定性就是指社会就业总量的稳定状况或个体就业的稳定状况（邵敏等，2019）[①]。

由于劳务移民具有自身的特点，包括文化程度低、劳动技能弱、社会适应性差以及主观性人力资本水平较低，再加上宏观经济形势并不乐观，所以劳务移民“就业难”“就业不稳”是普遍现象。因而劳务移民的就业稳定性具有复杂性和特殊性，不能用学术界已有的指标进行衡量。劳务移民就业状况的评价不仅包括自身及其家庭成员就业状况的评价，还应该包括其对现有

---

① 邵敏，武鹏．出口贸易、人力资本与农民工的就业稳定性——兼议我国产业和贸易的升级［J］．管理世界．2019，35（03）：99-113.

的就业政策、就业环境满意度的评价，以及对自身就业方式适应性的评价等。

根据与相关部门工作者的交流与劳务移民面对面的调查，结合劳务移民自身的特点，本研究认为，劳务移民就业稳定性是指，在一定时期内通过就业能够获得稳定收入的状况。

二 理论基础

（一）满意度理论

1.满意度研究概况

截至目前，满意度研究已经广泛应用于经济学、管理学、社会学等学科，其研究主要集中在消费层面的顾客满意度、企业管理的员工满意度、政府服务的公众满意度以及相对宽泛的社会满意度 4 个方面。

（1）顾客满意度。1965 年 Cardozo 在其发表的论文《顾客的投入、期望和满意的实验研究》中率先提出了顾客满意度的理念，核心内容就是顾客对产品的满意度，这一研究在欧美国家已日趋成熟；Clark（1990）认为"满意度源于付出与回报、期望与知觉之间的关系"① 比较盛行。

（2）员工满意度。Hoppock（1935）发表的《工作满意》一文中首次提出了员工工作满意度的概念②，核心内容是员工在组织内部工作过程中对工作本身及有关方面的评价；这激起了学者们研究的热情，研究内容日趋丰富，包括 Herzberg 等人（1959）的 14 个构面说③、Vroom 等人（1964）的 7

---

① 赵曙明．人力资源管理研究［M］，中国人民大学出版社，2001.

② 朱立言，张强．美国政府绩效评估的历史演变［J］．湘潭大学学报（哲学社会科学版）．2005，（01）：1-7.

③ Herzberg，F.，Mausner，B. & Snyderman，B. "The Motivation to Work" ［M］. New York：John Wiley & Sons Inc. 1959.

个构面说[①]以及 Smith 等人（1969）的 5 个构面说[②]等。

（3）公众满意度。Dimock（1936）最早提出了公众满意度思想，即把顾客满意度理念纳入对政府工作的评价之中，具体来说就是以公众为核心、以公众感受为评价标准对政府各项工作所做的评价；世界各国都非常重视这一理论的应用，最为典型的是瑞典顾客满意度指数（SCSB）、美国顾客满意度指数（ASCI）以及中国顾客满意度指数（CCSI）等。

（4）社会满意度。社会满意度又被称为社会生活满意度，研究开始于 20 世纪 60 年代，由于其内涵极其丰富，尚未形成统一的理论。陈志霞（2004）认为，社会满意度包括三层结构。宏观层次是指公众对社会政治、经济、文化等宏观因素的总体满意度，中观层次是指居民对城市和社区的总体满意度，微观层次则主要涉及与个人因素相关的各种满意度等[③]。李宁宁等（2001）认为社会满意度包含了自身需求满意度和环境需求满意度两个主要维度[④]。

综上所述，从研究领域来看，顾客满意度与工作满意度属于经济学或管理学范畴，主要集中于企业层面；公众满意度与社会满意度属于社会学范畴，主要面对社会公众。从研究范围来看，经历了由小到大的变化过程，即由对产品的满意度评价到对自身工作的满意度评价，再由公众对政府工作的满意度评价到民众对自身环境的满意度评价。从研究内容来看，经历了由具体到复杂的变化过程，即由对具体产品的满意度评价到具体工作的满意度评价，再由对政府工作的满意度评价到对民众生活的各个方面的满意度评价。

2. 满意度理论基础

学者们一般都是基于"需求层次理论"与"期望理论"展开的。

（1）需求层次理论。著名心理学家 Maslow 在 1943 年发表了《人类动

---

① Vroom, V. H., "Work and Motivation" [M]. New York: John Well Eyand Son. 1964.

② Smith, P. C., Kendall, L. M., & Hulin, C. L. The measurement of satisfaction in work and retirement [M]. Chicago: Rand Mc Nally. 1969.

③ 陈志霞．社会满意度的概念层次与结构［J］．华中科技大学学报（社会科学版），2004，(02)：88.

④ 李宁宁，张春光．社会满意度及其结构要素［J］．江苏社会科学，2001，(04)：143-148.

机的理论》和《激励与个人》，第一次将人类的需求从低到高依次划分为生理、安全、社会、自尊以及自我实现5个需求层次，各层次的需求由低到高排列，前三者为低级需求，后二者为高级需求①；Alderfer（1969）在《人类需要新理论的测试》一文中将需求层次由低到高简化为生存、关系和成长3个需求层次②；美国心理学家戴维·麦克莱兰认为，在一个组织中，成就需要是人们最重要的需要，其次是权力需要和合群需要③。

（2）期望理论。著名心理学家弗鲁姆在《工作与激励》一书中首次对期望理论进行了阐述，他认为，人们从事某项活动的动力主要源自活动结果可能带来的价值和出现的可能性（张宜民，2011）④ 两个因素的影响。同时，他还认为，工作满意度产生的根源是员工主观感受与期望之间的对比关系。如果前者大于后者，工作满意度上升；相反亦然。

3. 满意度理论在本书中的应用

劳务移民的搬迁是一个非常复杂的过程，既包括劳务移民自身方面的因素，也包括政府提供的各种服务的影响，同时迁入地的环境也有着重要影响。从微观——劳务移民自身来讲，其基本的需求包括住房需求、最低收入保障的需求、子女教育的需求、医疗保障的需求等，能否得到保障，这是他们非常关注的；从宏观——政府的角度来讲，其为劳务移民提供的各种服务包括政策支持是否到位、发展环境是否改善等，能否满足劳务移民的需求，促使其实现可持续发展；从中观——社区管理来讲，其为劳务移民提供的各种服务包括社区治安是否能满足居民需求、社区卫生是否达到居民要求、社区干群关系是否融洽等，能否得到劳务移民认可，不仅关系到公众对其的认可，也关系到“稳得住”“管得好”目标的实现。

---

① 黄英忠，现代管理学［M］，台北：三民书局，1995.

② 黄春生．工作满意度、组织承诺与离职倾向相关研究［D］．厦门：厦门大学企业管理，2004.

③ 李志英．高校教师工作满意度研究——以新疆乌鲁木齐市高校为例［D］．上海：华东师范大学高等教育学，2011.

④ 张宜民．城市公立医疗机构医生工作满意度、职业倦怠与离职意向关系的模型研究［D］．上海：复旦大学社会医学与卫生事业管理，2011.

从理论上来讲，劳务移民搬迁满意度总体属于社会（生活）满意度范畴，但同时也兼顾了公众满意度，根据陈志霞（2004）满意度层级三维度法与李宁宁等（2001）满意度层级二维度法，结合劳务移民的现实状况，本书将从“政策支持满意度”“家庭发展满意度”“社区管理满意度”以及“发展环境满意度”4个维度对劳务移民搬迁满意度展开研究（如图2-1所示）。

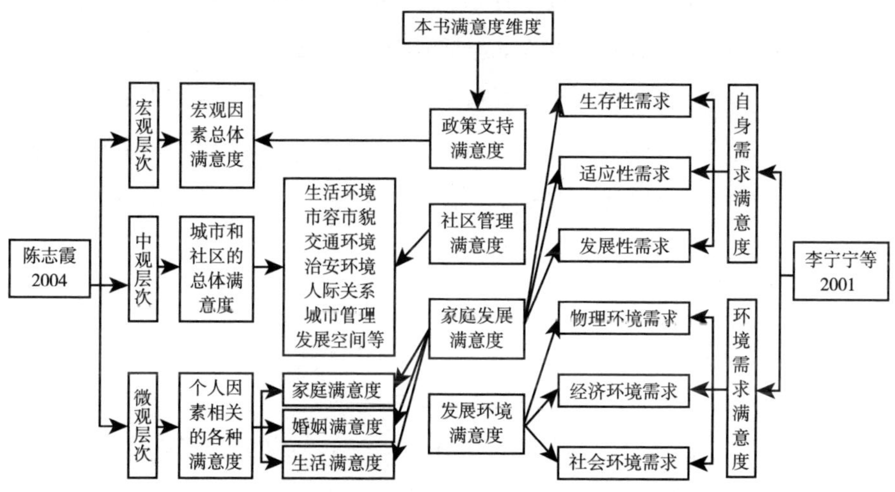

图2-1　劳务移民搬迁满意度研究内容

（二）适应性理论

1. 社会适应性研究概况

社会适应性是心理学、社会学研究的重要内容。“适应”一词最早由赫伯特·斯宾塞提出并研究应用于社会领域，他认为社会适应性就是指人类可根据外界生存环境的改变不断自我调整最终达到与新生活环境和谐共处的一种状态[①]，学者们都是基于这个界定来进行分析的。美国心理学家Leland（1973）和Cone（1987）都认为社会适应性是个体在社会生存环境中对社会

① 侯钧生．西方社会学理论教程［M］，天津：南开大学出版社，2006.

文化、价值观念和生活方式的心理适应及应对①。

社会适应对个体有着重要意义，人们可以通过语言、风俗、法律以及社会制度等的控制来使自己与社会相适应（张超楠，2020）②，大多数个体能成功地适应变化着的情境。所以，Carl F. 等（2010）认为适应是一种能力，需要通过提高自身能力来实现进一步提升③。Erisken 认为适应是双向的，明确适应内容与方向是十分有必要的④。

关于研究内容，社会适应早期研究者 Meyers 等认为适应行为由自我满足和社会责任两个基本成分组成。学者们已经将其具体化为从政治、经济、文化、环境 4 个方面展开研究。特别是在社会适应性因素研究方面，国内学者把美国心理学家 Buss（1989）大五人格理论和中国特有的文化特点相结合，提出了社会适应性解释的社会交往、社会容让、责任心、稳定性、开放探索五因素。

2. 社会适应性理论基础

随着研究的不断深入，社会适应性理论也日趋丰富，但其基本上都是在精神分析理论和人本主义理论基础上发展起来的。

（1）精神分析理论。该理论认为社会适应的动力是人的本性——本我，所以，人的社会适应的过程就是调节本我与超我的过程，从而达到二者之间的关系均衡。“本我”是个人的需求，“超我”是社会对个人的要求。精神分析理论突出了“自我—自我”的非知觉特征，并指出“自我”和“自我”之间的失衡导致了“自我”与“自我”的失衡，并导致了“焦虑”的产生，社会适应的主要机制是对焦虑的心理防御（林碧烽等，2000）⑤。

---

① 杨彦平，金瑜，社会适应性研究述评［J］. 心理科学，2006，(05)：1171-1173.

② 张超楠. 理论与实务：随迁老人社会工作研究的回顾与反思［J］. 社会与公益. 2020，(03)：75-76+81.

③ Carl F.，Stephen R，Carpenter，et al. Resilience thinking：Integrating resilience，adaptability and transformability［J］. Ecology & society. 2010，15（04）：299-305.

④ Eriksen S. Sustainable adaptation：Emphasising local and global equity and environmental integrity［J］. IHDP Update. 2009，(02)：40-44.

⑤ 林碧烽，张晓容. 精神分析理论对人格教育的有益启示［J］. 中国教育学刊. 2000，(03)：37-40.

（2）人本主义理论。该理论强调个人的社交需求，并将个人发展与社会适应的目标与动因归结为对自身潜力的认识。社会适应的主要机制就是个人将自身的潜力完全挖掘出来，积极地在一个特定的情况下，积极地解决所面对的问题，将其所处的环境改造成符合自身的需求（严丽芬，2007）①。

3. 社会适应性理论在本书中的应用

从一个既熟悉又封闭的农村社区环境来到了一个既陌生又开放的城市社区环境，巨大的反差致使劳务移民面临着诸多不适应。如，从住房条件来看，发生了巨大的变化，有的甚至一步到位住上了许多城里人都羡慕的现代化的带电梯的楼房，但在吃水时却愿意到其他地方去提，有的甚至在院子里自己打井取水；又如，从消费方式来看，在迁出地农村社区时，生活来源绝大部分来自土地产出，货币支出压力相对较轻，而到了迁入地城市社区，大部分的生活消费都需要货币支出，就像老百姓所说“只要一抬脚出门几乎什么都要花钱”；再如，在农村社区时，家里的收入来源主要是以出卖土地产出为主的农业种植业收入，即使懒汉也可以依靠政府的救济使生活得以维持，而到了城市社区，收入来源就必须依靠工作收入，否则，即使有政府的一定帮助生活也会相当拮据……最为重要的是人们的思想观念更是面临着严峻的挑战，特别是持有“等靠要、懒散慢”思想的人面临更大的挑战。解彩霞（2010）②、祁进玉等（2020）③ 均将社会适应定义为个体和群体在新的地方稳定地生活下去的过程。李路曲（2013）认为社会适应是行动者为适应新环境不断调整其行为模式和心理状态的社会过程④。因此，从“本我”的角度出发，劳务移民必须积极主动地去适应社会满足自身的需要，比如寻找工作就业、获取收入等；从“超我”的角度来看，劳务移民必须

① 严丽芬．人本主义自我实现理论及其比较研究［J］．青海师范大学学报（哲学社会科学版）．2007，（04）：33-37.

② 解彩霞，三江源生态移民社会适应与回迁愿望分析［J］．攀登，2010，29（06）：101-106.

③ 祁进玉，达娃尖措．城镇化背景下藏族失地农民的社会适应性研究——以青海省黄南藏族自治州 M 村的再就业问题为例［J］．中国藏学，2020，（02）：133-140.

④ 李路曲．制度变迁的动力、特性与政治发展［J］．学习与探索．2013，（07）：44-51.

积极主动地按照社会对公民的要求做好自己，比如自觉遵守城市文明的各项要求，以适应社会的发展。

金惠双（2021）认为已有文献多侧重于移民某一方面而缺少对移民在经济、社会、文化和心理适应等方面的系统性阐述与分析①。因此学者们根据自己的研究背景以及研究目的提出了各自的研究内容。Pandey 等（2010）认为可以从社会、经济和环境三个方面构建量化研究的框架，反映系统的适应能力②。

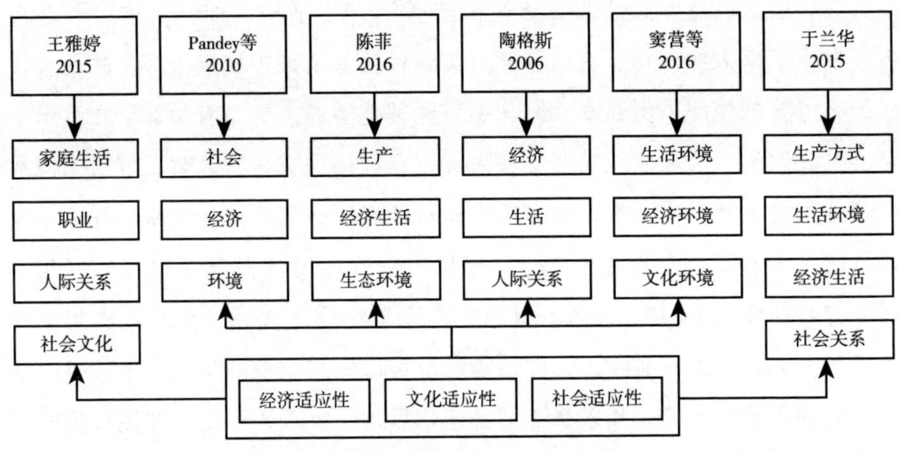

图 2-2　劳务移民搬迁适应性研究内容

从图 2-2 可以看出，王雅婷（2015）③、于兰华（2015）④、陈菲（2016）⑤、陶格斯（2006）、窦营等（2016）⑥ 关于社会适应性研究的内容

① 金惠双，易地扶贫搬迁农户生计适应性评价及影响因素研究——以湖南省凤凰县为例［D］．吉首：吉首大学应用经济学，2021.

② Pandey. V. P.，Babel M. S.，Shrestha S.，et al. A framework to assess adaptive capacity of the water resources system in Nepalese river basins［J］. Ecological Indicators. 2010，11（02）：480-488.

③ 王雅婷．高校毕业生就业初期角色转换与适应探究［D］．成都：西南交通大学公共管理，2015.

④ 于兰华．失地老人经济参与的行动逻辑分析——基于苏中 N 市 Z 社区的调查［D］．上海：华东理工大学社会学，2015.

⑤ 陈菲．生态移民的适应性研究——以银川市滨河家园为例［D］．北京：中央民族大学民族学，2016.

⑥ 窦营，邓远建．西北民族地区生态移民的适应性研究——以疏勒河流域东乡族移民为例［J］．现代商贸工业．2016，37（22）：32-34.

既有不同之处，也有相似相近之处，总体可以将它们高度提炼为经济、文化和社会3个方面。借鉴前人的研究成果，并结合宁夏的实际情况和研究的需要，本书将从“经济适应性”“文化适应性”和“社会适应性”3个维度对劳务移民搬迁适应性展开研究。

（三）人力资本理论

1. 人力资本理论概况

尽管柏拉图、亚里士多德等学者均注意到了人力资本对经济社会发展的作用，但第一个将人力视为资本的经济学家是经济学鼻祖亚当·斯密。费雪（1906）在《资本的性质与收入》中首次提出人力资本的概念，舒尔茨在1960年第一次系统提出了人力资本理论。之后，贝克尔、爱德华·丹尼森、雅各布·明赛尔等又进行了深入研究，极大地促进并丰富了人力资本理论。新人力资本理论将健康、能力以及技能等纳入理论范畴，其中能力由非认知能力与认知能力组成，技能由培训与教育组成，健康由心理健康与身体健康组成（王肖婧，2019）①。

关于人力资本的定义。舒尔茨（1960）认为是“凝结在人身上的知识、健康、技能等能力”，萨洛（1970）概括为个人的生产技术、才能和知识，Johnston（1998）认为是指“与经济活动相关的个人所凝结的知识、技能和其他品质”之和（司荣贵等，2005）②，李建民（2003）③ 认为是后天获得的具有经济价值的知识、技术、能力和健康等质量因素之和，李宝元（2002）④ 认为是人体所拥有的体力、健康、经验、知识和技能及其他精神存量总称。人力资本具有依附性、可变性、能动性、增值性等特点（董力

① 王肖婧．人力资本、社会资本对农户贫困的影响及作用机制研究［D］．西安：西北大学公共经济学，2019.

② 司荣贵，耿香玲．从人力资本特征看体育对人力资本形成的影响［J］．北京体育大学学报．2005，（05）：587-589.

③ 李建民．论人力资本的社会功能［J］．广东社会科学．2003，（05）：18-26.

④ 李宝元．现代企业人力资本运营简论［J］．经济研究参考．2002，（76）：22-27.

毅，2007)①。

关于人力资本的分类。从内容角度可以划分为具体的能力，如舒尔茨(1960) 5种能力说，李忠民4种能力说；从知识要素构成角度可以划分为显性人力资本与隐性人力资本；从层次角度可以划分为初级人力资本与高级人力资本（周坤，1997)②；从作用发挥可以划分为客观性人力资本与主观性人力资本（唐钟鸣，2006)③。

人力资本理论的主要内容包括，一是强调人力资源的重要性——人力资源是所有资源中最重要的资源，二是强调人力资本的重要性——从在经济增长中发挥作用来看人力资本大于物质资本，三是强调人口综合素质与教育投入的重要性——人力资本的核心是提高人口的综合素质，教育投入是人力投入的重要组成部分，四是强调教育投入应有目标性——教育投入应以市场供求状况为依据，以人力价格的变动为衡量标志（陈友华，2014)④。

2. 关于主观性人力资本理论

主观性人力资本引起人们的重视是在20世纪90年代以后。

从国外来看，实际上，亚当·斯密（1881）曾指出“人的交际能力、努力习惯和精神勇气影响生产力和经济的发展”；李斯特（1961）指出人的精神力量、人类的科技发现、发明和知识积累也是资本，即精神资本；约翰·霍兰德（1971）认为个体在进行职业选择时，不仅需要了解自身能力、兴趣以及自身不足之处，也需要对职业优势、就业机会和前景进行充分了解（丁煜，2005)⑤；魁奈（1979）指出，人力资本是一种创造性因素，人的习惯、性格、进取心、名誉感和自尊心等对生产力状况和经济社会十分重要

---

① 董力毅．非自愿移民人力资本开发研究［D］．南京：河海大学行政管理，2007.

② 周坤．论人力资本的特征及其价值实现［J］．中国科技论坛．1997，(03)：20-23.

③ 唐钟鸣．人力资本提升对水库移民创业的促动关系研究——来自温州水库移民实践的启示［D］．南京：河海大学企业管理，2006.

④ 陈友华．人的全面发展：内涵、测度与主体责任［J］．人口与社会．2014，30 (04)：3-9.

⑤ 丁煜．下岗失业人员的再就业培训：效用与局限性——从人力资本理论的分析视角［J］．市场与人口分析．2005，(06)：17-21+40.

（叶德磊，1993）[①]；卢卡斯（1988）认为个人努力水平不仅影响自身生产效率，也会对社会进步、社会生产率产生正向影响（李晓曼等，2012）[②]……这些思想就已经蕴含了主观性人力资本的雏形。约翰·穆勒（1991）最早关注了主观性人力资本，他十分强调“手艺人的技能、精力和坚忍不拔的精神”“士气”“诚实的品行”“合作精神”等因素在提高劳动生产率中的重要作用（姚嘉等，2022）[③]。

从国内来看，对主观性人力资本的认识也经历了一个渐进的过程。施恩（1997）认为求职者会根据自身禀赋特征、工作态度以及价值观形成对职业的清晰了解以及对职业的明确概念（陈驰茵等，2022）[④]，已经有了主观性人力资本的内涵之意。关于主观性人力资本的内涵，姚引妹等（2006）[⑤]认为应是人的价值观念、意志、行为方式等因素的综合体；孙梅（2009）[⑥]认为应包括调查对象上学阶段对学习的认知、对自我形象的评价、对自我能力的评价等 3 个方面；乔雯（2019）[⑦]认为应包括“自我效能感、乐观、沟通能力、亲和与随和性”4 个方面。同时，学者们认为主观性人力资本和客观性人力资本二者之间是可以相互转换、相互促进、相互提高的关系，不论是两者的单方面提高还是共同提高，它们都会增加人力资本的总量（唐钟鸣，2006）[⑧]，因而主观性人力资本对劳动力就业尤其是对受教育程度较低、缺

---

① 叶德磊．现代人力资本理论的早期发展［J］．生产力研究．1993，（06）：68-71+67-80.

② 李晓曼，曾湘泉．新人力资本理论——基于能力的人力资本理论研究动态［J］．经济学动态．2012，（11）：120-126.

③ 姚嘉，刘静．非认知能力视角下“90 后”员工工作满意度研究——基于大五人格特质和 CFPS 大样本数据［J］．经营与管理．2022，（05）：72-79.

④ 陈驰茵，李晓萱，张凯丽，唐宁玉．非正式员工研究进展与述评［J］．管理学报．2022，19（03）：463-474.

⑤ 姚引妹，袁晴．人口年龄结构转变对经济增长的影响——以长三角地区为例［J］．江南大学学报（人文社会科学版）．2006，（02）：72-76.

⑥ 孙梅．80 后农民工的主观性人力资本及其在职业流动中的作用［D］．厦门：厦门大学社会学，2009.

⑦ 乔雯，人力资本、社会资本对易地搬迁移民社会融合的影响［J］．劳动保障世界．2019（21）：78-79.

⑧ 唐钟鸣，人力资本提升对水库移民创业的促动关系研究——来自温州水库移民实践的启示［D］．南京：河海大学企业管理，2006.

乏现代部门就业所必需的技能的农村劳动力而言，其重要性绝不亚于客观性人力资本（徐延辉等，2008）[①]。

3. 主观性人力资本理论在本书的应用

对于劳务移民而言，其客观性人力资本在一定时期内是很难提高的，包括受教育程度、健康水平与劳动技能都是如此，因而在其发展过程中主观性人力资本将发挥重要作用。向运华等（2018）[②] 认为贫困个体的主观意识对于其脱贫行为的有效实施和发展能力提升有着较大的促进作用，是其内源动力的重要部分。韩叙（2020）[③] 认为个体在求职时不仅要对自身能力、兴趣以及不足之处有充分认识，也要对职业优势、就业机会和前景进行充分了解。Dokko G.（2004）认为移民的人力资本中包含年龄、文化、语言、工作技能经验的掌握能力，都是影响移民实现可持续发展的重要因素[④]。

从图 2-3 可以看出，尽管学术界对于主观性人力资本的内涵尚未形成共识，都是根据自己的认识以及研究问题的需要提出了自己的观点，主要有 Shin D. C.（1997）[⑤]、姚引妹等（2005）、唐钟鸣（2006）[⑥]、徐延辉等（2008）、乔雯（2019）[⑦]、檀学文、李静（2017）[⑧]。结合劳务移民的实际情况以及借鉴前人研究观点，本书认为劳务移民主观性人力资本包括"自我评价""工作态度""综合能力"等维度。

---

① 徐延辉，孙梅．信息与福利：福利获得的经济学分析［J］．学习与实践．2008，（11）：151-156.

② 向运华，刘欢．内生贫困意识对自主脱贫行为的影响——家庭资产组合下的交互效应与调节效应检验［J］．吉林大学社会科学学报．2018，58（05）：57-70+205.

③ 韩叙．人力资本-社会资本匹配性对乡城流动人口迁移行为和职业选择的影响研究［D］．西安：西北农林科技大学，2020.

④ Dokko G. What you know or who you know? Human capital and social capital as determinants of individual performance［D］. Univ. of Pennsylvania. 2004.

⑤ Shin D. C. Economic Growth，Structural Transformation，and Agriculture：The Case of U. S. and S. Korea［D］. Chicago University. 1997.

⑥ 唐钟鸣，人力资本提升对水库移民创业的促动关系研究——来自温州水库移民实践的启示［D］．南京：河海大学企业管理，2006.

⑦ 乔雯，人力资本、社会资本对易地搬迁移民社会融合的影响［J］．劳动保障世界．2019，（21）：78-79.

⑧ 檀学文、李静．习近平精准扶贫思想的实践深化研究［J］．中国农村经济．2017，（09）：2-16.

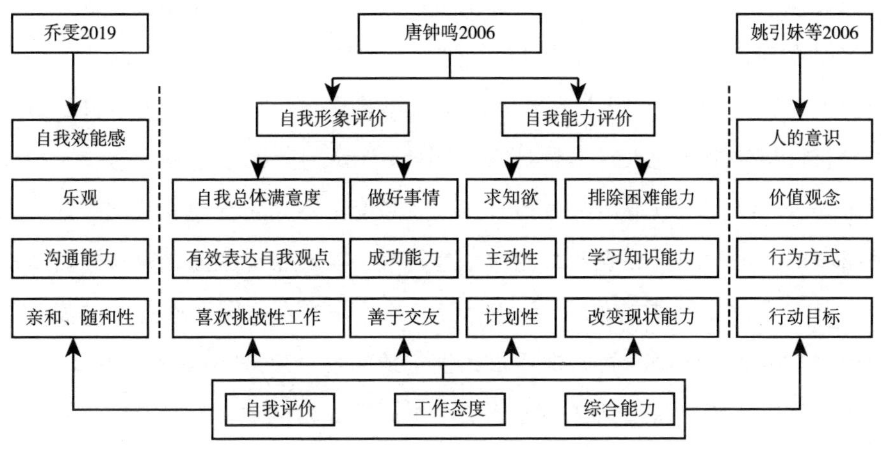

图 2-3　劳务移民人力资本理论借鉴

三　文献综述

（一）关于劳务移民的研究

1. 关于劳务移民的概念

关于劳务移民的概念，学术界还有着较多的争议。对于国外而言，一般是指跨国移民。国际移民组织①将劳务移民解释为以就业为目的而从一国进入另一国，或在其常居地以外进行的迁徙活动；国际劳工组织②认为，劳务移民是指为自己谋取一项职业，从一国移入另一国工作的人；联合国③《保护所有移民工人及其家庭成员权利国际公约》使用“移徙工人”一词，指

① 国际移民组织［EB/OL］.［2020-03-16］. https://www.iom.int/key-migration-terms#Labour-migration.

② 国际劳工组织1949年移民就业公约（修订）［EB/OL］.（1949-06-08）［2020-3-14］. https://www.ilo.org/dyn/normlex/en/f? p=NORML EXPUB:12100:0:NO:12100:P12100_INSTRUMENT_ID:312242:NO.

③ 保护所有移民工人及其家庭成员权利国际公约［EB/OL］.［2020-03-16］.

移民在迁入国家将要、正在或已经从事有报酬活动的人（丁治文，2021）[①]。

国内劳务移民的研究成果相对较少，对于劳务移民的概念也是千差万别。王璐璐（2011）[②] 认为劳务移民是指那些临时到其他国家出售自己劳动力并获得相应报酬的人；李秋月等（2015）[③] 认为劳务移民是生态移民中以无土安置为特征，以输出劳务为手段，将带有一定文化程度和劳动技能的农民向城镇、工业园区和农业产业化基地转移，实现稳定就业，脱贫致富目的的一种方式；巫秋君（2016）[④] 认为劳务移民是指在不同地域范围内流动和迁徙、从事非农活动并暂时性或永久性定居的人员；刘小敏等（2015）[⑤] 认为劳务移民一般是指主动迁徙异地从事生产性经营活动并临时或永久定居的人员；何叶（2017）[⑥] 和王丽琳（2017）[⑦] 认为劳务移民主要是指中国大陆由农村地区流动到城镇地区并且从事非农工作的自愿性移民；海涛（2018）[⑧] 认为劳务移民有政府组织与移民自发两种形式；张恒（2020）[⑨] 将劳务移民界定为：既指为谋取职业赚取报酬而进行的跨国迁移的人，也指外籍人口跨国谋取职业赚取报酬的行为活动；石丙如（2021）[⑩] 认为，劳务

① 丁治文．中国公民在海外务工的安全保护［J］．决策探索（下）．2021（01）：83-84.

② 王璐璐．俄罗斯外来劳务移民问题探析［D］．哈尔滨：黑龙江大学俄语语言文学，2011.

③ 李秋月，范建荣，虞俊．宁夏劳务移民面临的风险及对策的调研和思考［J］．企业改革与管理．2015，（08）：206-207.

④ 巫秋君．劳务移民工作满意度及其影响因素研究［D］．广州：广东省社会科学院社会学，2016.

⑤ 刘小敏，张桂金．西方劳务移民社会治理研究［J］．社会发展研究．2015，2（01）：209-233+246.

⑥ 何叶．劳务移民的社会资本与性别收入差异研究［D］．广州：广东省社会科学院移民社会学，2017.

⑦ 王丽琳．禀赋、理性与社会交往——劳务移民入户城镇意愿的动力机制［D］．广州：广东省社会科学院社会学，2017.

⑧ 海涛．宁夏劳务移民生活状况调查研究 ——以大武口区星海镇新民社区为例［D］．银川：宁夏大学人类学，2018.

⑨ 张恒．输入国劳务移民法律制度研究［D］．北京：中国人民公安大学硕士学位论文，2020.

⑩ 石丙如．俄罗斯的中亚劳务移民研究［D］．哈尔滨：黑龙江大学硕士学位论文，2021.

移民是指前往非祖籍国寻求就业的人；李金香等（2022）[①] 认为在移民搬迁中无土安置的农民，被称为劳务移民。

2. 关于劳务移民就业现状

针对本书的研究对象——政策性劳务移民的就业状况已有成果进行文献综述。李霞等（2013）[②]、张耀武（2013）[③] 等已经注意到了劳务移民“就业稳定性差”，但未展开研究；张铁军（2014）认为劳务移民将会面临对城市适应的诸多困难；任志军等（2015）[④] 认为劳务移民对城市就业不满意，一是就业层次低，二是工作不稳定；姜林军等（2015）指出劳务移民就业形势严峻、移民安置点“有房无人”、移民服务政策待完善是劳务移民发展中面临的问题；赵凤（2015）[⑤] 研究发现，劳务移民对整体就业、政府提供就业、就业社保和打工条件等均不满意；巫秋君（2016）认为法律法规不完善、执法不严导致劳务移民的劳动权益受到侵害，会直接影响劳务移民的工作满意度；海涛（2018）认为劳务移民工作渠道狭窄成为其发展中的主要难题；张俊明（2018）认为回族女性劳务移民就业现状更不乐观；王沛沛等（2013）[⑥] 认为搬迁农户在后续发展创业时所需资本、资源等无法保障；朱丽燕（2019）认为移民因不愿失去原籍所拥有的土地而拒绝迁移户籍，会使得社会保障政策难以落实，同时移民去向不稳定，将导致社区管理混乱、就业稳定性差等问题；李小芳等（2019）[⑦] 认为劳务移民多数受教育水平低、职

---

① 李金香，戴悦．劳务移民进城农民的福利效应的区位差异［J］．中国市场．2022，（12）：41-43.

② 李霞，王朝晖．宁夏劳务移民存在问题及对策［J］．中共银川市委党校学报．2013，15（01）：51-54.

③ 张耀武．宁夏劳务移民发展研究［A］．2013. 中国生态移民与区域发展学术研讨会论文集，北方民族大学社会学与民族学研究所会议论文集：68-74.

④ 任志军，范振楠．宁夏劳务移民的困境与出路［J］．黑龙江民族丛刊．2015，（01）：31-36+77.

⑤ 赵凤．宁夏劳务移民满意度驱动机制研究［D］．银川：宁夏大学农业经济管理，2015.

⑥ 王沛沛，许佳君．社会变迁中的水库移民融入——来自章村移民融入经验［J］．河海大学学报（哲学社会科学版）．2013，15（03）：46-50+92.

⑦ 李小芳，范晶，田鹏．为了劳务移民家庭“来之，安之”［J］．中国社会工作．2019，（25）：40-41.

业技能差，“等靠要”思想很严重，难以适应受约束性的工作，就业渠道窄，可替代性强，就业信息不畅、获取就业信息滞后，企业接纳移民的积极性不高；刘艳（2020）① 认为劳务移民再就业方面存在着就业类型单一、就业形势严峻、就业环境不容乐观、就业满意度低和服务体系不完善等相关问题；刘艳（2016）② 认为劳务移民在短期内稳定就业率低，主要依靠“打零工”。

3. 关于劳务移民就业问题解决的对策

学者们针对劳务移民就业难、就业不稳定问题提出了一些对策。姜林军等（2015）③ 提出应从加强移民技能培训、健全移民安置政策、提高移民适应能力三方面着手促进劳务移民发展；张俊明（2014）④ 认为政府应该采取更个性化的培训措施，用人单位要主动承担社会责任；海涛（2018）⑤ 认为政府应该提高劳务移民技能，通过政策支持劳务移民自主创业；朱丽燕（2019）⑥ 提出开展“订单式”培训，加强技能培训的针对性，以及坚持扶智和扶志相结合，激发群众的内生动力等对策；刘艳（2020）⑦ 提出政府要做好就业指导工作和就业服务信息化建设，强化就业岗位供给，鼓励地方企业吸纳移民就业，提高就业率。

（二）关于就业稳定性的研究

1. 关于就业稳定性的概念

就业稳定性尚未形成统一的概念，学者们大多数是按照自己的研究目的

---

① 刘艳．政府主导下的劳务移民适应性研究——以沐恩新居为例［J］．法制与社会．2020，(30)：114-115.

② 刘艳．迷失在中途：劳务移民的艰难抉择—以沐恩新居移民群体为例［D］．银川：宁夏大学，2016.

③ 姜林军，范建荣，李靖，司芳源，马蓉，王庆爽．宁夏劳务移民与生态移民成效的对比研究［J］．安徽农业科学．2015，43（24）：287-288.

④ 张俊明．宁夏回族劳务移民的市民化研究［D］．兰州：兰州大学民族社会学，2014.

⑤ 海涛．宁夏劳务移民生活状况调查研究——以大武口区星海镇新民社区为例［D］．银川：宁夏大学人类学，2018.

⑥ 朱丽燕．银川市精准扶贫的对策研究［J］．时代经贸．2019，(35)：73-74.

⑦ 刘艳．政府主导下的劳务移民适应性研究——以沐恩新居为例［J］．法制与社会．2020，(30)：114-115.

和获取资料的内容来加以界定的。我国最早发表就业稳定性问题研究成果的张琦（1993）[①] 认为，就业稳定性是指在相当时期内劳动力与劳动参与量保持一定的比例关系。罗楚亮（2008）[②] 认为，稳定就业是指固定职工和长期合同工，并依此来计算稳定就业的比率。李丹等（2010）[③] 认为，就业稳定性是指员工不仅仅保持在岗持续一定的时间，而且在岗期间内，员工的生活状况以及水平保持在一个稳定的状态。肖红梅（2015）[④] 认为，就业稳定性包括宏观和微观两个层面。宏观层面是指在一定时期内劳动力总量或社会平均就业期保持一定的稳定性；微观层面是指劳动者个体工作变换情况。同时指出，市场经济下就业的灵活性是绝对的、稳定性是相对的。张长江等（2017）[⑤] 认为就业稳定性是指在某地就业时间满一年及以上并且和用人单位签订了劳动合同，从就业时间和劳动合同签订两个维度界定就业稳定性。赵维姗等（2017）[⑥] 使用当前工作任期表示农民工的就业稳定性。高华等（2016）[⑦] 认为就业稳定性是指流动人口从事日前工作的时间占流入时间的比例。邵敏等（2019）认为劳动者的人力资本与工作岗位的技能要求和报酬水平是否相匹配与就业稳定性有着密切关系。熊璐（2019）认为就业稳定性包括宏观和微观两个层面，宏观层面是指参与社会劳动的劳动人员数量在一定时期内的比例保持不变，否则属于就业不稳定；微观层面则属于劳动者个体的就业稳定性，劳动者在一定时期内没有进行职业更换便可界定为稳定就业。

---

① 张琦．对农民就业稳定性与波动性的理论探讨［J］．中国社会科学院研究生院学报，1993，（01）：45-51.

② 罗楚亮．就业稳定性与工资收入差距研究［J］．中国人口科学，2008，（04）：11-21.

③ 李丹，王娟．影响我国劳动力市场就业稳定性的宏观因素及政策启示［J］．劳动保障世界（理论版）．2010，（08）：17-21.

④ 肖红梅．新型城镇化背景下新生代农民工就业稳定性研究［D］．北京：首都经济贸易大学劳动经济学，2015.

⑤ 张长江，晁伟鹏．新疆南疆流动人口就业稳定性的影响因素分析［J］．现代城市研究．2017，（04）：110-114.

⑥ 赵维姗，曹广忠．农民工就业稳定性特征及职业类型的影响——基于全国 13 省 25 县 100 村调查数据的分析［J］．人口与发展．2017，23（04）：11-21.

⑦ 高华，肖意可．新生代与老生代农民工就业稳定性比较研究［J］．调研世界．2016，（12）：53-57.

2. 关于就业稳定性的测度

学术界的就业稳定性评估指标往往是多样的。国外具有代表性的指标包括工人的工作年限、当前工作保留率（Kenneth et al.，1996）①、临时解雇的比例（Farber H. S.，1997）②、停工的数量（Boisjoly et al.，1998）③、任期长短（Kirsten S. R.，2004）④、工作时间、任期（Sehnbruch et al.，2008）、就业年限和离职率（Lucie D. et al.，2008）⑤、就业变化率、就业弹性系数、最终就业率与基准期就业率的比率、就业时间变化率（Waghorn et al.，2009）⑥、离职率（Toben S. et al.，2015）⑦、晋升（Koerner et al.，2023）⑧。

国内学者研究就业稳定性问题相对较晚，在借鉴国外测度指标基础上，根据中国的实际情况和研究需要又进行了创新。具有代表性的有，翁杰等（2006）⑨ 劳动合同期限、保留率及工作经历数；黄乾（2009）⑩ 个人工作

① Kenneth A. Swinnerton，Howard Wial. Is Job Stability Declining in the U. S. Economy? Reply to Diebold，Neumark，and Polsky［J］. ILR Review. 1996. 49（2）：352-355.

② Farber H. S. The Changing Face of Job Loss in the United States，1981-1995［J］. Brookings Papers on Economic Activity. Microeconomics. 1997，（15）：55-142.

③ Johanne Boisjoly，Greg J. Duncan，Timothy Smeeding. The Shifting Incidence of Involuntary Job Losses from 1968 to 1992［J］. Industrial Relations：A Journal of Economy and Society. 1998，37（2）：207-231.

④ Kirsten Sehnruch. From the quantity to the quality of employment：An application of the capability approach to the Chilean labour market［J］. Singapore Medical Journal. 2004，44（4）：175-180.

⑤ Lucie D.，Christine E.，Mathilde GUERGOAT-LARIVIERE. Monitoring quality in work：European Employment Strategy indicators and beyond［J］. International Labour Review. 2008，147，（2-3）：163-198.

⑥ Waghorn G.，Chant D.，Harris M. G. The stability of correlates of labour force activity［J］. Acta Psychiatrica Scandinavica. 2009，119（5）：393-405.

⑦ Torben S.，Martin A. Old is gold? The effects of employee age on innovation and the moderating effects of employment turnover［J］. Economics of Innovation and New Technology. 2015，24（1-2）：95-113.

⑧ Koerner K.，Borrs L.，Eppelsheimer J. FDI and onshore job stability：Upgrades，downgrades，and separations in multinationals［J］. European Economic Review. 2023，152.

⑨ 翁杰，周必彧，韩翼祥．发达国家就业稳定性的变迁：原因和问题［J］．浙江工业大学学报（社会科学版），2006，(02)：146-152.

⑩ 黄乾．城市农民工的就业稳定性及其工资效应［J］．人口研究，2009，(03)：53-62.

稳定性直接评价；李丹等（2010）[①] 劳动合同、工商营业执照、占当地最低工资标准比例、缴纳社会保障费；张再生等（2011）[②] 签订劳动合同、领取工商营业执照，月均收入达到当地最低工资标准的一定比例及灵活就业人员月均收入须达到当地最低工资标准一定比例；李东琴（2011）[③] 最近一年是否换过工作；王春超（2011）[④] 平均换工次数；陈昭玖等（2011）[⑤] 近三年更换工作次数；谌新民和袁建海（2012）[⑥] 工作转换次数、劳动合同期限；郑鑫等（2012）[⑦] 近三年更换工作的次数；孟凡强等（2013）[⑧] 工作任职期；张艳华等（2013）[⑨] 工作转化频数、工作任期和劳动合同期限；谢金艳等（2013）[⑩] 企业工作年限、工作企业数量；石智雷等（2014）[⑪] 就业区域稳定率；韩雪等（2014）[⑫] 流动频率、工作年限；肖红梅（2015）[⑬] 宏观性指标包括就业率、社会平均就业期、就业总量变化率等，微观性指标包括个

---

① 李丹，王娟．影响我国劳动力市场就业稳定性的宏观因素及政策启示［J］．劳动保障世界（理论版），2010，（08）：17-20.

② 张再生，赵丽华．国内外关于就业稳定性研究评述［J］．理论与现代化．2011，（06）：118-127.

③ 李东琴．新生代农民工就业稳定性的影响因素［J］．经营与管理，2011，（09）：83-85.

④ 王春超．农民工流动就业决策行为的影响因素——珠江三角洲地区农民工就业调查研究［J］．华中师范大学学报（人文社会科学版），2011，（02）：49-57.

⑤ 陈昭玖，艾勇波，邓莹，朱红根．新生代农民工就业稳定性及其影响因素的实证分析［J］．江西农业大学学报（社会科学版），2011，（01）：6-12.

⑥ 谌新民，袁建海．新生代农民工就业稳定性的工资效应研究——以东莞市为例［J］．华南师范大学学报（社会科学版），2012，（05）：94-102.

⑦ 郑鑫，蔡秀玲．福建省农民工就业稳定性及其影响因素分析［J］．长春工业大学学报（社会科学版），2012，（07）：49-52.

⑧ 孟凡强，吴江．我国就业稳定性的变迁及其影响因素——基于中国综合社会调查数据的分析［J］．人口与经济，2013，（9）：79-88.

⑨ 张艳华，沈琴琴．农民工就业稳定性及其影响因素——基于 4 个城市调查基础上的实证研究［J］．管理世界，2013，（03）：176-177.

⑩ 谢金艳，刘加林．农民工就业稳定性影响因素及其对策研究——基于湖南省若干县市 220 份问卷调查［J］．湖南人文科技学院学报，2013，（10）：131-139.

⑪ 石智雷，朱明宝．农民工的就业稳定性与社会融合分析［J］．中南财经政法大学学报．2014，（03）：49-58+159.

⑫ 韩雪，张广胜．进城务工人口就业稳定性研究［J］．人口学刊．2014，36（06）：62-74.

⑬ 肖红梅，新型城镇化背景下新生代农民工就业稳定性研究［D］．北京：首都经济贸易大学劳动经济学，2015.

人工作持续时间、变换工作次数、劳动合同签订率、劳动合同期限、离职倾向指数；罗明忠等（2016）① 劳动合同期限、在现企业工作时间、在外务工时长、就业转换次数；张长江等（2017）② 就业时间、劳动合同签订；梁海艳（2017）③ 工作期长短、就业周期、临时工比例、未来工作预期；孙学涛等（2018）④ 合同签订、职业转换频率与年限以及就业地域；邵敏等（2019）⑤ 主动工作转换数量；熊璐（2019）⑥ 换工次数、工作持续时间、劳动合同签订。

3. 关于就业稳定性的趋势

Daniel P.（1999）⑦、Neumark D.（2000）⑧、Farber H. S.（2006，2007）⑨ 对美国，Burgess et al.（1996）⑩、Marcotte（1999）⑪；Gregg et al.

---

① 罗明忠，罗琦，刘恺．就业能力、就业稳定性与农村转移劳动力城市融入［J］．农林经济管理学报．2016，15（01）：56-65.

② 张长江，晁伟鹏．新疆南疆流动人口就业稳定性的影响因素分析［J］．现代城市研究．2017，（04）：110-114.

③ 梁海艳．中国流动人口稳定性及其影响因素研究［J］．云南地理环境研究．2017，29（05）：44-52.

④ 孙学涛，张丽娟，张广胜．农民工就业稳定与社会融合：完全理性与有限理性假设的比较［J］．农业技术经济．2018，（11）：44-55.

⑤ 邵敏，武鹏．出口贸易、人力资本与农民工的就业稳定性——兼议我国产业和贸易的升级［J］．管理世界．2019，35（03）：99-113.

⑥ 熊璐．返乡农民工就业稳定性及其影响因素研究——基于中西部六省市返乡农民工的调查分析［D］．贵阳：贵州大学农林经济管理，2019.

⑦ Daniel P. Changing Consequences of Job Separation in the United States［J］. ILR Review. 1999，52（4）：565-580.

⑧ Neumark D. On the Job：Is Long-Term Employment a Thing of the Past?［M］. New York：Russel Sager Foundation. 2000.

⑨ Farber H. S. Labor Market Adjustment to Globalization：Long-erm Employment in the United States and Japan. Working Paper，Princeton University. 2006. Farber H. S. Is the Company Man an Anachronism? Trends in Long Term Employment in the U. S.，1973-2006，Princeton University Working Paper. No. 518，2007.

⑩ Burgess，S.，Rees，H. Job Tenure in Britain 1975-1992［J］. The Economic Journal. 1996，（435）.

⑪ Marcotte，D. Has Job Stability Declined? Evidence from the Panel Study of Income Dynamics［J］. American Journal of Economics and Sociology. 1999，（02）.

(2002)① 对英国，Givord et al.（2001)② 对法国，Annette B. and Antje M.(2004)③ 对德国，Kato T.（2001)④ 对日本，Joonmo C. and Jaeho K.(2009)⑤ 对韩国的就业稳定性进行了深入研究，尽管国别不同、发展环境与发展阶段不同，但学者们得出的结论趋于一致，即劳动力市场工作稳定性呈逐渐降低（下降）的趋势。

近几年，我国学者对就业稳定性趋势问题也开始关注起来。孔德威等(2007)⑥ 认为，发达国家的就业稳定性并未发生明显变化，长期性稳定就业仍然是其努力目标；翁杰等（2008)⑦ 研究表明中国大学毕业生的就业稳定性呈逐年下降趋势；李丹等（2010)⑧ 认为我国劳动力市场就业稳定性也呈现出下降趋势；孟凡强等（2013)⑨ 研究发现改革开放以来我国就业稳定性呈现下降趋势。

4. 关于就业稳定性的影响因素

（1）国外学者。影响就业稳定性的因素主要有工作关系、经济状况和

① Gregg P., Jonathan W. Job tenure in Britain, 1975-2000: Is a job for life or just for Christmas [J]. Oxford Bulletin of Economics and Statistics. 2002, (2): 111-134.

② Givord, Pauline, Ericmaurin. Changes in Job Stability and their Causes an Empirical Analysis Method applied to France, 1982-2000 [J]. European Economic Review. 2001, (4): 489-514.

③ Annette B., Antje M. Job Stability Trends. Layoffs, and Transitions to Unemployment: An Empirical Analysis for West Germ any. IZA Discussion Paper. 2004, No. 1368.

④ Kato T. The End of lifetime Employment in Japan Evidence from National Surveys and Field Research [J]. Journal of the Japanese and International Economies. 2001, (4): 595-615.

⑤ Joonmo C., Jaeho K. Dualism in Job Stability of The Korean Labour Market: The Impact of The 1997 Financial Crisis [J]. Pacific Economic Review. 2009.

⑥ 孔德威，刘艳丽，冀恩科．灵活化时代的就业稳定性分析［J］．生产力研究，2007，(02)：56-57.

⑦ 翁杰，周必彧，韩翼祥．中国大学毕业生就业稳定性的变迁——基于浙江省的实证研究［J］．中国人口科学，2008，(03)：33-41.

⑧ 李丹，王娟．影响我国劳动力市场就业稳定性的宏观因素及政策启示［J］．劳动保障世界(理论版)，2010，(08)：17-20.

⑨ 孟凡强，吴江．我国就业稳定性的变迁及其影响因素——基于中国综合社会调查数据的分析［J］．人口与经济，2013，(9)：79-88.

个人特征（Muchinsky et al.，1980）①；工作满意度与离职意愿呈负相关（Deshpande et al.，1996）②；社会技术的不断更新将直接导致就业稳定性下降（Diprete T. A.，2005）③（J. L. Price，2001）④；这主要由就业灵活性政策驱动（L. Ljungqvist，2002）⑤；就业岗位和劳动关系的稳定是劳动者就业的基本需求（Forslund et al.，2014）⑥。

国外学者认为，个人因素包括年龄、性别、工作时间、婚姻、教育程度、性格等对就业稳定性有着显著的影响，但方向不一，如年龄增长、受教育程度均与离职率呈负相关关系，情绪稳定与否与就业稳定性呈正相关关系。Marsh and Mannari（1977）⑦发现女职工离职率更高即稳定性较低，婚姻状况和配偶关系对离职率有一定的影响，有配偶支持的员工离职倾向较低；Judge and Watanabe（1995）⑧、Zimmerman（2008）⑨发现人格特征和就业稳定性也具有相关性。员工工作满意度也是影响就业稳定性一个重要的指

① Muchinsky P. M.，Morrow P. C. A.，multidisciplinary model of voluntary employee turnover [J]. Journal of Vocational Behavior. 1980，17（3）：263-290.

② Satish P. Deshpande. The impact of ethical climate types on facets of job satisfaction：An empirical investigation [J]. Journal of Business Ethics. 1996，（15）：655-660.

③ Diprete T. A. Labor Markets，Inequality，and Change：A European Perspective [J]. Work and Occupations. 2005，32（2）：119-139.

④ J. L. Price. Reflections on the determinants of voluntary turnover [J]. International Journal of Manpower. 2001，（22）：600-624.

⑤ L. Ljungqvist. How do Lay-off Costs Affect Employment? [J]. The economic journal. 2002，（112）：829-853.

⑥ Forslund M. V.，Arango-Lasprilla J. C.，Roe C.，Perrin P. B.，Sigurdardottir S.，Andelic N. Multi-level modelling of employment probability trajectories and employment stability at 1，2 and 5 years after traumatic brain injury [J]. Brain Inj. 2014，（7）：980-986.

⑦ Marsh R. M.，Mannari H. Organizational Commitment and Turnover：A Prediction Study [J]. Administrative Science Quarterly. 1977，22（1）：57-75.

⑧ Judge T. A.，Watanabe S. Is the past prologue ? A test of Ghiselli? s hobo syndrome [J]. Joumal of Management. 1995，21（2）：211-229.

⑨ Zimmerman R. D. Understanding the impact of personality traits on individuals' turnover decisions：A meta-analytic path model [J]. Personnel Psychology. 2008，61（2）：309-348.

标，S. P. Deshpande（1996）①、James L. Price（2001）② 通过各种实证研究均发现工作满意度与离职倾向有显著的负相关性。Will et al.（2009）③ 的研究表明员工个人与组织的匹配程度对就业稳定性有重要影响；Will Felps et al.（2009）④、Georgia Pomaki et al.（2010）⑤、Robert J. Blomme et al.（2010）⑥ 认为员工离职倾向与组织文化、环境、个体特征等均存在一定的相关性。

（2）国内学者。张琦（1993）⑦ 认为影响就业稳定性的因素包括收入、资本、经济发展、人口、市场和体制 6 个方面；黄乾（2009）⑧ 认为包括个人特征、就业特征；李丹等（2010）⑨ 认为包括政府灵活就业政策、第三产业发展状况、就业人口结构变化、就业所在行业性质变化以及新型雇佣关系出现等；

① S. P. Deshpande. The Impact of Ethical Climate Types on Facets of Job Satisfaction: An Empirical Investigation［J］. Journal of Business Ethics. 1996, 15（6）: 655-660.

② James L. Price. Reflections on the determinants of voluntary turnover［J］. International Journal of Manpower. 2001, 22（7）: 600-624.

③ Felps, Will, Mitchell, Terence R. Herman, David R. Lee, Thomas W. Holtom, Brooks C. Harman, Wendy S. Turnover Contagion: How Coworkers' Job Embeddedness and Job Search Behaviors Influence Quitting［J］. The Academy of Management Journal. 2009, 52（3）: 545-561.

④ Will Felps, R. Mitchell Terence, David R. Hekman, Thomas W. Lee, Brooks C. Holtom, Wendy S. Harman. Turnover Contagion: How Coworkers' Job Embeddedness and Job Search Behaviors Influence Quitting［J］. The Academy of Management Journal. 2009, 52（3）: 545-561.

⑤ Georgia Pomaki, Anita DeLongis, Daniela Frey, Kathy Short, Trish Woehrle. When the Going Gets Tough: Direct, Buffering and Indirect Effects of Social Support on Turnover Intention［J］. Teaching and Teacher Education: An International Journal of Research and Studies. 2010, 26（6）: 1340-1346.

⑥ Robert J. Blomme, Arjan Van Rheede, Debbie M. Tromp. Work-family conflict as a cause for turnover intentions in the hospitality industry［J］. Tourism & Hospitality Research. 2010, 10（4）: 269-285.

⑦ 张琦．对农民就业稳定性与波动性的理论探讨［J］．中国社会科学院研究生院学报，1993，(01)：45-51.

⑧ 黄乾．城市农民工的就业稳定性及其工资效应［J］．人口研究，2009，(03)：53-62.

⑨ 李丹，王娟．影响我国劳动力市场就业稳定性的宏观因素及政策启示［J］．劳动保障世界（理论版），2010，(08)：17-20.

沈琴琴等（2011）[①] 认为包括产业结构调整、灵活就业增加、技术进步加速等宏观因素和劳动者受教育程度、人口因素和企业特征等微观因素；陈昭玖等（2011）[②] 认为年龄、工资、用工环境与就业稳定性呈正相关，择业机会识别与就业稳定性呈负相关；李东琴（2011）[③] 认为，个人因素中的性别、年龄、外出工作年限、技能等，职位特征中的每天工作时间、工作单位性质、是否签订劳动合同等，社交网络中的是否参加社会组织等因素对就业稳定性影响均显著；郑鑫等（2012）[④] 认为包括人均 GDP、消费价格指数、恩格尔系数、人均工资性收入、家庭负担比、劳动力性别比等；张艳华等（2013）[⑤] 认为包括个人因素（工作经验、技能）、企业因素（企业性质、培训、工会组织以及工资集体协商）；谢金艳和刘加林（2013）[⑥] 认为除个人因素外还包括社会环境、企业环境、政府政策和经济环境等；高飞（2013）[⑦] 认为主要是预期收入过高；寇恩惠等（2013）[⑧] 认为有高学历、培训经历、本地就业以及多方努力寻找工作的人；孟凡强等（2013）[⑨] 认为有主动离职风险；赵排风（2014）[⑩] 认为包括户籍制度和社会保障制度、收

① 沈琴琴，张艳华．中国劳动力市场灵活性与稳定性的影响因素研究［J］．首都经济贸易大学学报，2011，(05)：69-74.

② 陈昭玖，艾勇波，邓莹，朱红根．新生代农民工就业稳定性及其影响因素的实证分析［J］．江西农业大学学报（社会科学版）．2011，10（01）：6-12.

③ 李东琴．新生代农民工就业稳定性的影响因素［J］．经营与管理．2011，(09)：83-86.

④ 郑鑫．蔡秀玲．福建省农民工就业稳定性及其影响因素分析［J］．长春工业大学学报（社会科学版），2012，(07)：49-52.

⑤ 张艳华，沈琴琴．农民工就业稳定性及其影响因素——基于 4 个城市调查基础上的实证研究［J］．管理世界，2013，(03)：176-177.

⑥ 谢金艳，刘加林．农民工就业稳定性影响因素及其对策研究——基于湖南省若干县市 220 份问卷调查［J］．湖南人文科技学院学报，2013，(10)：131-139.

⑦ 高飞．大学生职业生涯初期就业不稳定性影响因素及预警研究［D］．天津：天津大学技术经济及管理，2013.

⑧ 寇恩惠，刘柏惠．城镇化进程中农民工就业稳定性及工资差距——基于分位数回归的分析［J］．数量经济技术经济研究，2013，(07)：3-19.

⑨ 孟凡强，吴江．我国就业稳定性的变迁及其影响因素——基于中国综合社会调查数据的分析［J］．人口与经济，2013，(9)：79-88.

⑩ 赵排风．新生代农民工就业稳定性及影响因素研究［J］．河南工业大学学报（社会科学版）．2014，10，(03)：51-54+64.

入差距，就业环境、择业观和机会识别等；陈海平（2014）[①] 认为内因是自身因素，外因是法律法规有待完善；李立清等（2014）[②] 认为包括年龄、婚姻状况及受教育年限；肖红梅（2015）[③] 认为包括个体特征、企业特征、政府政策和经济环境等；官华平（2016）[④] 认为包括劳动制度保护、工资福利待遇水平；周闯等（2017）[⑤] 认为有接受教育水平、职业技术；莫旋等（2018）[⑥] 认为不仅受到个体层面还会受到社区层面因素的影响；吴继灵（2021）[⑦] 认为教育、生活、居住融入具有明显的正向影响；刘斌等（2021）[⑧] 认为拥有住房及房价上涨会提升就业稳定性；尹希文（2021）[⑨] 认为包括技能约束和职业培训；杨莎莎（2022）[⑩] 认为受教育程度越高、务工年限越长、自身专业技能与岗位匹配程度越高的移民就业更稳定，工作环境、企业规模等具有显著的影响；王丽丽（2022）[⑪] 认为年龄、受教育程度、劳动保护参与、工资拖欠、工资收入、社会保险参与、就业培训次数、

① 陈海平．当前青年就业群体的职业稳定性问题研究——以高校毕业生就业群体为例［J］．中国劳动，2014，(06)：4-7.

② 李立清，吴倩文．欠发达省域农民工持续就业稳定性及影响因素——基于广西壮族自治区639份问卷调查数据［J］．湖南农业大学学报（社会科学版），2014，(04)：47-52.

③ 肖红梅．新型城镇化背景下新生代农民工就业稳定性研究［D］．北京：首都经济贸易大学劳动经济学，2015.

④ 官华平．流动人口就业稳定性与劳动权益保护制度激励研究［J］．西北人口．2016，37(01)：58-62+69.

⑤ 周闯，贺晓梦，许怡．就业稳定性视角下农民工与城镇职工的工资差距［J］．财经问题研究．2017，(10)：132-138.

⑥ 莫旋，周镕基，阳玉香．分层异质视角下流动人口就业稳定性研究——基于分层非线性模型的实证分析［J］．南方人口．2018，33（06)：20-29.

⑦ 吴继灵．农民工融入城镇与就业稳定性研究——以河南省新冠肺炎疫情冲击为例［J］．西部金融．2021，(12)：14-20+27.

⑧ 刘斌，张翔．有恒产者的恒心：农民工住房状况与就业稳定性研究［J］．西部论坛．2021，31（06)：67-80.

⑨ 尹希文．职业培训对农民工就业稳定性影响的机制分析［J］．福建师范大学学报（哲学社会科学版）．2021，(02)：61-69.

⑩ 杨莎莎．易地扶贫搬迁移民就业稳定性及影响因素研究——以贵州省为例［D］．贵阳：贵州财经大学农村发展，2022.

⑪ 王丽丽．陇南市易地扶贫搬迁安置区农户转移就业稳定性研究——基于兰州新区安置区的实地调研［D］．乌鲁木齐市：新疆农业大学农村发展，2022.

身体健康状况、劳动合同签订、劳动技能、工作强度等具有显著影响。

5. 关于就业不稳定的后果

翁杰等（2008）① 认为就业稳定性下降会引发如收入不平等程度加大、人力资本难以进一步形成、社会保障制度变革迟缓等一系列经济社会问题；罗楚亮（2008）② 发现稳定与非稳定就业之间工资收入差距在扩大；黄乾（2009）③ 发现对于农民工收入水平稳定就业者明显高于非稳定就业者；谌新民等（2012）④ 发现劳动合同期限的长短与工资水平呈现正相关，转换工作次数与工资水平呈负相关关系；官华平等（2013）⑤ 认为流动人员（农民工）就业不稳定既不利于企业进行专用性人力资本投资，也不利于流动人员人力资本的积累。

（三）文献述评

1. 已有文献为本书研究奠定了良好的理论基础

（1）从劳务移民就业角度来看

第一，厘清了本书研究主体—— 劳务移民的内涵。虽然学术界对于劳务移民概念界定存在着一定差异，但其核心内容是一致的，均为异地迁徙、目的地都是城市，寻求就业、增加收入；根据现有文献可以将劳务移民的概念分为 3 类：一是国际上通行的跨境技术移民；二是以市场为导向，由农村前往城市寻求发展、增加收入的移民群体，主要指农民工；三是由政府组织的、有计划有步骤地将贫困人口迁往城市社区发展的移民群体，这是本书的研究对象。

第二，廓清了劳务移民就业形势不容乐观，就业难、就业不稳定是学界

① 翁杰，周必彧，韩翼祥．发达国家就业稳定性的变迁：原因和问题［J］．浙江工业大学学报（社会科学版），2008，（02）：146-152.

② 罗楚亮．就业稳定性与工资收入差距研究［J］．中国人口科学，2008，（04）：11-21.

③ 黄乾．城市农民工的就业稳定性及其工资效应［J］．人口研究，2009，（03）：53-62. + 115.

④ 谌新民，袁建海．新生代农民工就业稳定性的工资效应研究——以东莞市为例［J］．华南师范大学学报（社会科学版），2012，（05）：94-102.

⑤ 官华平，谌新民．流动人员就业稳定性与专用性人力资本投资研究——基于不完全契约理论的一个解释［J］．华东经济管理．2013，27（08）：118-123.

与实际部门形成的共识，一是就业难是普遍存在的问题，二是就业不稳定是亟待解决的问题。

第三，对劳务移民就业难、就业不稳定的原因有了较为全面的认识。既有自身方面的，包括文化程度较低、劳动技能偏低、城市适应能力较弱等，也有其所在区域的发展环境方面的，包括区域经济发展较慢、吸纳劳动力能力较差、法律法规不健全等。

（2）从就业稳定性角度来看

第一，对就业稳定性的内涵有了一定的认识。尽管尚未统一但已开始逐步形成共识，如将就业稳定性分为宏观与微观两类，再如内涵都认为是一定时期的就业稳定性，可以用就业时间、劳动参与率等来度量。

第二，对于就业稳定性呈现“下降”趋势有了足够的认识。尽管学者研究的国别不同、发展阶段不同以及研究对象不同，但结果普遍显示就业稳定性呈“下降”趋势。

第三，对于就业不稳定的后果学者们看法趋于一致，即既不利于个体工资水平的提高，也不利于企业人力水平的提高（魏文颖等，2017）[①]，甚至还会引发严重的社会问题。这为本书的研究提供了现实依据。

第四，对于就业稳定性的测度指标、影响因素及提升对策看法趋于一致。测度指标基本上都包含了“任期长短”“工作经历数”“劳动合同”等；影响因素主要包括个人特征、企业因素、就业特征、宏观环境与政策等；对策主要集中于加强就业培训、提高适应能力、加大政策支持以及激发内生动力等。

当然，一些文献的观点更有启发意义与借鉴意义，如有些学者已经注意到了住房满意度、工作满意度、适应能力、就业自我评价等均与就业稳定性有着一定的关系。尽管这些观点散见于不同文献之中，但对本书研究过程中量表的设计、思路的拓宽都有很大的帮助。

---

① 魏文颖，肖芳，刘珊珊．影响毕业生就业稳定性的七力模型构建［J］．企业经济．2017，36（09）：119-123.

2. 已有文献仍然存在不足有待突破

第一，劳务移民就业稳定性问题尚未引起足够的重视。有效解决劳务移民就业难、就业不稳定的问题，不仅关系到劳务移民自身的发展，而且关系到政府组织劳务移民目标的实现。从已有劳务移民文献和就业稳定性文献可以看出，各自的研究已经较为深入，但将两者结合起来研究的文献尚未发现，因而研究劳务移民就业稳定性具有较大的理论意义和现实意义。

第二，劳务移民就业稳定性的测度不能沿用已有的指标。由于劳务移民大多文化程度低、劳动技能弱、适应能力差等，只能从事体力劳动强度大、季节性变化大、劳动报酬相对较低等行业，如农业领域的采摘活动、建筑领域的重体力劳动以及第三产业的保安保洁服务员等，经常由于受气候变化的影响、个人情绪的变动以及周围人群的影响等，就业处于不稳定状态。目前测度就业稳定性的指标主要侧重于任期的长短、工作经历数、劳动合同的签订等，这不符合劳务移民就业的现状。因此，运用什么样的指标体系来测度劳务移民的就业稳定性有待于进一步深入探讨。

第三，影响劳务移民就业稳定性的深层次原因尚未得以全面揭示。劳务移民是一项由政府有计划有组织进行的搬迁行为，正如中国古语“安居乐业”所言，搬迁满意度对就业稳定性有着重要的影响；同时，劳务移民自身的适应性及其人力资本水平等，也对就业稳定性有着重要的影响。虽有一些文献已经涉及相关问题，但一方面未展开深入研究，另一方面未展开相关性研究，这为本书的研究提供了新的思路。

3. 本研究的思路与设想

本研究试图运用量表问卷调查的形式进行入户调研、收集数据，从劳务移民自身的角度对影响其就业稳定性的因素进行深入研究。

第一，界定劳务移民就业稳定性的内涵。结合前人的研究成果和宁夏劳务移民的实践，根据文献综述和研究的需要，本书的劳务移民就业稳定性是指，劳务移民个体在一定时期内通过就业能够获得相对稳定收入、维持家庭生活在一定水平以及就业与非就业之间转换状况的自我评价，表现为一种意向性和倾向性。

第二，构建劳务移民就业稳定性测度指标体系。本书结合劳务移民的就业实际，试图以劳务移民就业稳定状况自评、就业政策满意度、就业环境满意度、就业方式适应性以及家庭成员就业状况满意度 5 个观测变量予以测评。

第三，构建劳务移民就业稳定性影响机制。本书运用利益相关者分析方法，试图构建劳务移民搬迁满意度、搬迁适应性以及主观性人力资本水平与就业稳定性之间的影响机制，从多维度来探讨劳务移民就业稳定性的影响因素，以更好地从理论上揭示影响劳务移民就业稳定性的深层次原因所在。

第三章 影响劳务移民就业稳定性因素理论分析

宁夏已有的实践证明，劳务移民不仅是解决绝对贫困的有效手段，也是加快城镇化进程、实现区域协调发展的重要途径。但劳务移民作为一项新生事物，在发展过程中存在着这样那样的问题，其中最主要的问题就在于如何提升劳务移民的就业稳定性。

自1978年联合国环境与发展大会第一次在国际社会正式提出可持续发展的观念以来，各国都在进行探索与实践，并于1992年在联合国环境与发展会议和1994年联合国人口与发展会议上达成了共识，都特别强调“可持续发展问题的中心是人”和“以人为本的可持续发展观”①。中国也在2003年提出了科学发展观，其核心内容是“以人为本”“全面、协调、可持续发展”②。

尽管相关部门为了实现劳务移民的可持续发展，是按照“安居乐业”的理念进行设计的，提供了住房、医疗、养老等保障，有的部门甚至提供了一定的就业保障，但为什么还存在着劳务移民就业难、就业不稳定现象呢？换句话来说，就是在安居的情况下，为什么劳务移民仍然不能实现稳定就

① Salam, M. A.; Noguc hi, T.; Koike, M. Factors influencing the sustained participation of farmers in participatory forestry: A case study in central Sal forests in Bangladesh. J. Environ. Manag. 2005, 74, 43-51.

② Wang, S.; Ma, H.; Zhao, Y. Exploring the relationship between urbanization and the eco-environment—A case study of Beijing-Tianjin-Hebei region—Science Direct. Ecol. Indic. 2014, 45, 171-183.

业？这必须从劳务移民自身的角度予以探析。一方面，由于劳务移民是从农村社区转向城市社区的，从非常熟悉的农村环境转变为陌生的城市环境，劳务移民面临着严峻的适应性问题。劳务移民如何适应城市发展的需要，如何提高劳务移民的适应能力来实现稳定就业，劳务移民适应能力的强弱是否与就业稳定性之间存在内在联系等，值得深入思考。另一方面，由于劳务移民已有的客观性的人力资本水平是比较低的，而且在短时间内这一现状是难以改观的，那么与此相适应的主观性的人力资本水平如何测度、是否也与就业稳定性之间存在着一定的内在联系等，也值得深入思考。通过以上分析可以看出，劳务移民就业稳定性问题的有效解决，不仅涉及政府的政策支持，也涉及劳务移民适应性的提高，更在于其主观性人力资本水平的发挥。

本章将从政府支持的搬迁满意度、劳务移民自身所具有的搬迁适应性以及自身拥有的主观性人力资本状况来探讨劳务移民就业稳定性问题。

具体来说，本章分为三个层面进行深入分析：一是“总体关系分析”，即单个影响因素直接与就业稳定性之间的关系的分析；二是“具体关系分析”，即影响因素所包含的各个维度与就业稳定性之间的关系的分析；三是“协同关系分析”，即影响因素所包含的各个维度相互之间的协同关系与就业稳定性之间的关系的分析。

一　劳务移民搬迁满意度与就业稳定性的关系

劳务移民是一个特殊的群体，对其搬迁满意度的评价是一个非常复杂的问题。一方面，由一个相对封闭落后的农村社区搬迁到一个相对开放发达的城市社区，各方面的变化都是非常显著的，甚至是跨越式的，因而劳务移民搬迁后与搬迁前相比对各方面的评价都是比较满意的。另一方面，劳务移民是在政府有组织有计划移民的基础上发展起来的，为了实现劳务移民群体可持续发展，政府注入了大量的人力财力物力，不仅加大了政策保障力度，包括住房保障、医疗保障、养老保障、就业保障等，而且还加大了发展环境的建设力度，包括教育环境、医疗环境、交通环境、生态环境等。同时，为了使劳务移民能够安居乐业，还加大了劳务移民社区的管理力度，包括治安管理、卫生管理等。

当然，由于劳务移民毕竟是一项新生事物，因而政府为其提供的服务也是在边实践、边摸索、边总结经验的基础上逐步完善的。同时由于近几年大的发展环境的影响，以及劳务移民自身个人情况的不同，对于政府提供的各种服务有着自己的评价。

本研究试图完成以下目的：一是通过模糊综合评价法对劳务移民搬迁满意度进行测评，试图了解劳务移民对政府相关工作的满意度评价的总体情况，找出改进的方向，以期更好地为劳务移民服务，使其实现可持续发展；二是通过结构方程模型对劳务移民搬迁满意度与就业稳定性相关关系的分析，试图了解影响劳务移民就业稳定性的满意度因素，进而提出改进的方向，提升就业稳定性水平，有效增加收入。

（一）劳务移民搬迁满意度观测变量的内涵

劳务移民是一个贫困问题突出的特殊的弱势群体，只有在政府提供一定的帮助，包括住房保障、社会保障、就业服务等的前提下，有计划有步骤地进行搬迁，才能使其脱离原有环境、迅速实现摆脱贫困。实践证明，已经实施搬迁者初步达到了预期的目的，因而劳务移民对于政府所提供的各项帮助都持满意的态度。本研究拟以政策支持满意度、家庭发展满意度、社区发展满意度和发展环境满意度 4 个维度对劳务移民的搬迁满意度进行评价，各维度具体观测指标如下。

1. 政策支持方面

“政策和策略是党的生命”，即政策是做好各项工作的保障。因此，为了确保劳务移民工作的顺利进行和劳务移民的可持续发展，制定了一系列的政策。经过梳理，主要包括住房政策、就业政策、医保政策、养老政策、低保政策和金融政策等。

（1）住房政策。政府为每户劳务移民提供了基本住房条件。“十二五”时期为每户 50 平方米，一般为楼房；“十三五”时期逐步改变为每人 25 平方米，仍然为楼房，有的甚至是电梯房。

（2）就业政策。政府为每个家庭的主要劳动力提供一次就业机会。就业岗位是由政府相关部门牵线搭桥予以提供，如工厂工人、各类服务员、社区保安保洁等。

（3）医保政策。按照国家规定应该做到应保尽保，而且鉴于劳务移民的特殊性，出台了“扶贫保”政策等。

（4）养老政策。按照国家规定做到应保尽保。

（5）低保政策。按照国家规定对生活确实有困难者提供最低生活保障。在搬迁初期尽可能做到应保尽保，在后期逐步开始调整，特别是部分群众退出低保范畴。

（6）金融政策。劳务移民继续享受迁出地金融扶贫政策，以缓解其原有债务压力。

2. 社区发展方面

为了便于管理、确保劳务移民的正常生产和生活，政府专门修建了劳务移民社区。作为一种新兴的社区，其管理水平的高低对劳务移民的发展有着重要的影响。可供观测的变量包括治安环境、干群关系、卫生环境、邻里关系以及管理水平等。

（1）治安环境。安全第一，这是人们最低的需求之一，对于新建的劳务移民社区亦是如此，良好的治安环境是劳务移民实现安居乐业的重要条件。

（2）干群关系。由于劳务移民社区成员来自不同区域，社区干部的配备也是以迁出地原有干部为主，因此对于新组建的劳务移民社区，加强干群关系显得尤为重要。

（3）卫生环境。由于劳务移民来自农村社区，有的能够迅速接受变化了的卫生环境的新要求，有的依然按照农村的标准要求，因而对于城市的卫生环境的好坏评价不一。

（4）邻里关系。对于一个陌生的环境，保持良好的邻里关系是确保家庭顺利发展的一个重要条件，正如常言所说的“远亲不如近邻”。

（5）管理水平。这是衡量一个社区发展好坏的一个重要标志，同时也是劳务移民最关心的问题。一般情况下，管理水平与满意度之间呈现正相关关系。

3. 发展环境方面

政策支持不仅要为劳务移民建立一个良好的安居环境，同时还要为其创设一个良好的可持续发展环境。发展环境至少应该包括交通环境、教育环境、医疗环境、生态环境以及就业环境等。

（1）交通环境。为了便于劳务移民的发展，使其能够就近寻找工作、实现就业，劳务移民社区一般建立在交通较为发达的地区，特别是为劳务移民提供了基本的公共交通服务。

（2）教育环境。一般情况下，迁入地的教育环境要优于迁出地的教育环境，良好的教育环境是吸引劳务移民的一个重要因素，意味着劳务移民不仅关心自身的发展，而且更加关注子女的未来发展。

（3）医疗环境。注重身体健康已经成为人们的心愿之一，注重医疗环境已成必然。与迁出地简陋的医疗条件、较低的服务水平等相比，城市的医疗条件与环境是优于迁出地农村社区的，这也是吸引劳务移民迁移的一个重要因素。

（4）生态环境。在迁出地与迁入地气候条件基本一致的情况下，劳务移民不仅注重住房条件，也十分重视生态环境，包括自己社区所在地的自来水使用情况、绿化环境等。

（5）就业环境。这是劳务移民发展环境中的重中之重。良好的就业环境是劳务移民实现可持续发展的关键所在，应该说以上各项政策的落实与各种环境的建设都是就业环境的重要组成部分。

4. 家庭发展方面

劳务移民家庭发展既是政策支持的结果，也是劳务移民适应环境自身努力的结果。衡量劳务移民家庭发展水平高低应该包括收入水平、居住条件、成员和睦情况、生活质量以及成员就业等。

（1）收入水平。进行劳务移民的目的就是要增加收入、提高收入水平。收入水平是指家庭成员的总收入状况。

（2）居住条件。居住条件是指家庭成员人均居住面积及合理性。劳务移民搬迁后无论是居住环境、居住方式都发生了一定的变化，特别是在居住面积方面还有较大提升空间，有的面积太小、三代同堂问题较为突出。

（3）成员和睦情况。随着环境的变化，家庭成员的地位也发生了一些变化，打破了原有的格局，既有向好的方面发展，也有一些不和谐的方面。成员和睦情况是指家庭成员之间的人际关系是否和谐的状况。

（4）生活质量。提高生活质量、满足家庭成员需要，这是劳务移民最关心的。生活质量涉及的面是非常广的，包括家庭成员在衣食住行的各个方面。这里的评价是总体评价。

（5）成员就业。每个具备劳动力条件的家庭成员能否就业对劳务移民家庭和个人发展都是非常重要的，因而积极就业与主动就业是非常关键的。这里的评价是指对所有家庭成员就业状况的总体评价。

（二）劳务移民搬迁满意度与就业稳定性关系的理论分析

1. 总体关系

中国有句古语“安居乐业”①，即生活安定才能对所从事的工作感到满意，表明良好的居住环境与就业稳定之间有着密切的关系。从理论上来讲，安居与乐业之间呈现正相关关系。

自从迁入新的环境之后，如何实现稳定的脱贫以及可持续发展，劳务移民面临的最为突出的问题就是就业及稳定就业的问题。为此，政府相关部门在制定并实施相关政策的同时，加大了就业观念的教育、就业技能的培训以及一对一的就业帮扶等，使劳务移民的就业状况有了显著的改善。从实践角度来讲，搬迁满意度与就业稳定性之间呈现正相关关系。

2. 具体关系

由于劳务移民的搬迁满意度是由“政策支持满意度”“社区发展满意

① Xue Chen. The Research of Urban Development System Model Based on System Dynamics［P］. Proceedings of the 2015 International Conference on Electrical, Computer Engineering and Electronics. 2015.

度”“发展环境满意度”3个维度进行评价的，而且这3个方面也与就业稳定性之间有着密切的关系。

（1）政策支持的目的就是实现安居乐业，政策支持满意度越高，就业稳定性水平也就越高，两者之间呈现正相关关系；

（2）社区发展水平越高越能使安居乐业落到实处，进而提高劳务移民的就业稳定性，两者之间呈现正相关关系；

（3）发展环境水平越高劳务移民就业的机会也就越多，进而劳务移民就业稳定性水平也会得以提高，两者之间呈现正相关关系；

（4）家庭发展水平与就业稳定性之间有着密切的关系，家庭成员就业越稳定家庭收入水平就越高，家庭发展水平也就越高，两者之间呈现正相关关系。

3. 协同关系

政策支持、社区发展、发展环境与家庭发展之间有着密切的关系，并不是孤立发挥作用的。政策支持是社区发展、家庭发展和发展环境的基础，社区发展是政策支持、家庭发展和发展环境的重要组成部分，而发展环境则是政策支持、家庭发展和社区发展的重要基础，家庭发展则是政策支持、社区发展和发展环境的重要目标。四者之间相互依赖、相互促进，共同推动劳务移民可持续发展。

根据以上分析，可以画出劳务移民搬迁满意度与就业稳定性关系示意图3-1。图中，单线实体箭头代表“决定关系”，表示具有正向关系；双线实体

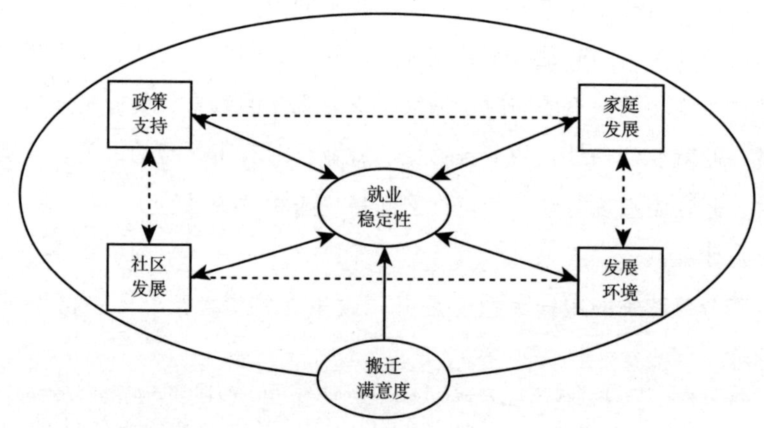

图3-1 劳务移民搬迁满意度与就业稳定性关系

箭头代表“关系不确定”，有可能是正向关系，也有可能是负向关系；双向虚线箭头代表“相互影响关系”。

二　劳务移民搬迁适应性与就业稳定性的关系

适应性，也称为适应能力或适应行为，是个体为实现与环境的和谐关系而发生的心理和行为变化。对于移民适应来说，心理和经济适应①、心理适应②以及文化相似性高的人更有可能融入当地社会③。劳务移民的搬迁适应性水平也对他们的就业稳定性有着非常重要的影响。

“适者生存”，即能够适应各种环境及其变化的人或事物才有可能得到生存发展的机会，表明良好的搬迁适应性与就业稳定性之间也有着密切的关系。劳务移民从一个相对封闭的、落后的、自然而然地从事第一产业的发展环境嵌入一个相对开放的、发达的、必须主动从事第二、三产业的新的发展环境，其适应能力必须要有一个极大的提高。

劳务移民是一个特殊群体，对其搬迁适应性的评价亦是一个非常复杂的问题。为了实现劳务移民的可持续发展，从一开始就将其安置在发展相对较好且有发展潜力的重点城镇、工业园区和县城所在地等。由一个山大沟深、交通不便、信息闭塞、发展滞后的相对封闭的农村贫穷社区搬迁到一个交通方便、信息畅通、经济发达、基础设施良好的相对开放的城市发达社区，劳务移民的整个生存环境发生了显著的变化，或者说是翻天覆地的，因此对其能否适应新的环境变化在能力方面提出了更高的要求。这些能力体现在劳务移民的方方面面，包括经济上的、文化上的以及社会上的等在内。同时，由

① Berry, J. W. Immigration, acculturation, and adaption [J]. Applied Psychol. 1997, (46): 5-34.

② Kim, E. J. A Study of the Current Condition of Korean Immigrants' Hanbok in Toronto, Canada [J]. Journal of Korean Traditional Costume. 2012, 15 (3): 23-35.

③ Kolaitis, G., Tsiantis, J., Madianos, M., Kotsopoulos, S. Psychosocial adaptation of immigrant Greek children from the former Soviet Union [J]. European child & adolescent psychiatry. 2003, 12 (2): 67-74.

于劳务移民自身及其家庭间存在着较大的差异，因而其搬迁适应能力也存在着一定的差异。

通过本研究试图完成以下目的：一是通过模糊综合评价法对劳务移民搬迁适应性进行测评，试图了解劳务移民搬迁适应性的总体情况以及存在的突出问题及原因所在，并提出相应的对策与建议，以期提高劳务移民的搬迁适应能力，使其实现可持续发展；二是通过结构方程模型对劳务移民搬迁适应性与就业稳定性相关关系的分析，试图了解影响劳务移民就业稳定性的搬迁适应性因素，进而寻求改进的方向，提升就业稳定性水平，有效增加收入。

（一）劳务移民搬迁适应性观测变量的内涵

本研究拟以经济适应性、文化适应性和社会适应性 3 个维度来对劳务移民的搬迁适应性进行评价，各维度具体观测指标如下。

1. 经济适应性方面

经济是实现安居乐业的基础，劳务移民在搬迁前后经济方面的变化是最显著的，提高劳务移民的经济适应性是最为紧迫的任务。衡量劳务移民经济适应性状况的观测变量包括对收入方式、就业方式和消费方式等的适应性。

（1）收入方式。在迁入地时收入方式主要以土地产出为主，适当辅以打工收入或政策补助等方式；到了迁入地后变为以工作收入为主，适当辅以政策性补贴。

（2）就业方式。在迁入地时就业方式主要以第一产业的种植业和养殖业为主，在农闲时适当外出务工；到了迁出地后必须寻找工作，以实现就业增加收入。

（3）消费方式。在迁出地时消费主要以土地产出为主，包括粮、油、肉、蔬菜等基本消费品，相对成本低廉；到迁出地后消费主要以货币支出为主，几乎所有都是如此。

2. 文化适应性方面

文化适应是个体融入陌生环境所必须经历的一个过程。尽管宁夏的劳务移民在地域上具有同一性，但由于是从农村社区前往城市社区、由落后地区前往发达地区，在区域文化上还存在着较大的差异。衡量劳务移民文化适应与否的指标包括语言环境、与本地人关系、交往方式和移民身份等。

（1）语言环境。语言相同是文化交流的基础，这也是宁夏劳务移民发展相对稳定、趋势向好的一个主要原因。但由于存在地域的差别，在方言方面存在着一定的差异。一般情况下，这种语言差异很快就会消除。

（2）与本地人关系。要想融入迁入地社会寻求更好的发展，在依托政府支持的同时还必须加大与本地人的联系。只有通过多交流，才能获取更多的信息、争取更多的机会。

（3）交往方式。在迁入地时主要是以传统的亲情交往方式居多，相对成本较低、收益较多，而在迁入地则是以经济交往方式居多，相对成本较高、收益较低，这就要求劳务移民必须改变交往方式，以适应社会发展的需要。

（4）移民身份。劳务移民这一身份只是短暂的，对劳务移民自身有利有弊，劳务移民要正确对待这一现象。用得好会事半功倍，会带来更多的收益，促进自身发展；用得不好则会带来负面影响，不仅影响个体而且影响群体。

3. 社会适应性方面

除了经济适应性与文化适应性外，其余均属于社会适应性范畴，涉及移民生活的各个方面。本研究关注住房方式适应性、他人歧视适应性、业余生活适应性、气候环境适应性以及社区管理适应性等。

（1）住房方式。在农村社区时，有一个独立的小院，住房面积相对宽敞，但各种设施相对落后，特别是在用水方面有诸多不便；到城市社区后，没有了独门独户的小院，住房面积又小，但各项设施相对较全，甚至是现代化的。

（2）他人歧视。作为一个陌生人融入一个新的社会形态，总会有受他人歧视的感觉。这种感觉有时是真实存在的，主要体现在陌生人的言谈举止与当地人不相吻合；有时则是一种心理暗示，总感觉与当地人格格不入，进而造成一种误解。

（3）业余生活。不同区域的业余生活具有一定的差异性，农村社区与城市社区业余生活差异会更大。劳务移民由一个相对落后的农村地区来到一个相对发达的城市社区，业余生活差异会更大。

（4）气候环境。虽然宁夏劳务移民的迁出地与迁入地同属典型的大陆性半湿润半干旱气候，但由于迁出地属于山区、迁入地属于川区，因而仍然存在着一定的差异。

（5）社区管理。由于迁出地与迁入地属于不同的社区形态，因而管理方式也存在着明显的不同。农村社区管理方式行政性色彩更加突出，城市管理方式服务型功能较为明显。

（二）劳务移民搬迁适应性与就业稳定性关系的理论分析

1. 总体关系

“适者生存”是人们对于人与事物适应能力的一个高度概括，即能够适应各种环境及其变化的人或事物才有可能得到生存发展的机会，表明良好的搬迁适应性与就业稳定性之间也有着密切的关系。劳务移民从一个相对封闭的、落后的、自然而然地从事第一产业的发展环境迁入到一个相对开放的、发达的、必须主动从事第二、三产业的新的发展环境，其适应能力必须要有一个极大的提高。

从理论上来讲，搬迁适应性与就业稳定性之间有着密切的联系。一般情况下，搬迁适应性越强，就业稳定性水平越高。

但从实践角度来看，劳务移民搬迁适应性与就业稳定性关系呈现复杂性，主要是与劳务移民所处的发展阶段有关。目前劳务移民正处于搬迁初期，各方面的适应性也正处于不断调试的过程中，因而搬迁适应性与就业稳定性之间有一定的联系，但方向不明。

2. 具体关系

由于劳务移民的搬迁适应性是由“经济适应性”“文化适应性”“社会适应性”3 个维度进行评价的，而且这 3 个方面也与就业稳定性之间有一定的关系。

经济适应性的核心问题就是增加收入，所以就必须适应收入方式、就业方式与消费方式等的变化。只有不断提高经济适应性，劳务移民才能实现真正的安居乐业。因此，劳务移民经济适应性与就业稳定性之间呈现正相关关系。

文化适应性是融入社会的关键所在，但在不同发展阶段与就业稳定性之间呈现出不同的形态。在劳务移民搬迁初期，文化适应性越强对于就业稳定性越有着相反的作用，因为可以获得更多的就业机遇而导致就业稳定性相对较低。因此，劳务移民文化适应性与就业稳定性之间呈现负相关关系。

社会适应性由于涉猎面比较广，其与就业稳定性之间具有一定的关系，但呈现复杂性，因而很难探讨出实质性的结果。

3. 协同关系

搬迁适应性的经济适应性、文化适应性与社会适应性三者之间存在着密切的联系。经济适应性是指一个社会的经济结构和经济活动能够适应外部环境的变化，从而保持经济发展的稳定性。文化适应性是指一个社会的文化能够适应外部环境的变化，从而保持文化的稳定性。社会适应性是指一个社会的社会结构和社会活动能够适应外部环境的变化，从而保持社会的稳定性。因此，经济适应性、文化适应性和社会适应性之间存在着密切的联系，它们相互影响并相互依赖。

根据以上分析，可画出劳务移民搬迁适应性与就业稳定性关系示意图 3-2。

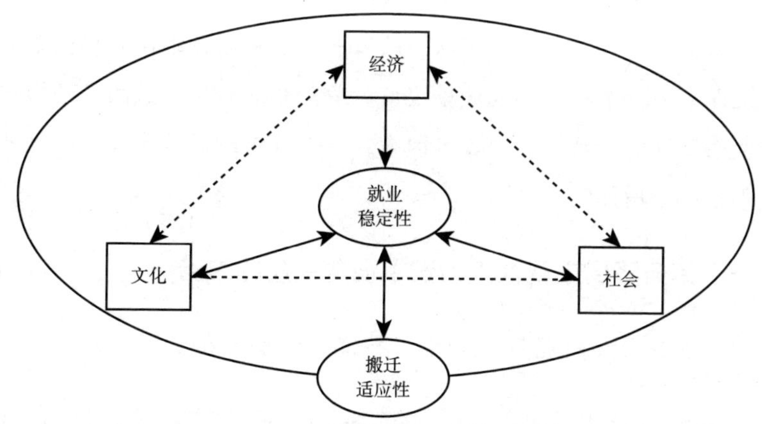

图 3-2　劳务移民搬迁适应性与就业稳定性关系

三　劳务移民主观性人力资本与就业稳定性的关系

劳务移民是一个特殊的弱势群体，对其人力资本水平的评价是一个相对简单但又相对复杂的问题。应该说从搬迁一开始，政府已经意识到了人力资本水平与就业稳定性之间的关系，而且对劳务移民拥有的人力资本的水平比较低的判断也是正确的，因而也就非常重视劳务移民人力资本水平提高问题，一个重要的途径就是加大对劳务移民劳动技能的培训。对于培训，根据劳务移民和市场的需要，尽可能做到有针对性的培训，包括餐饮、汽修、建筑等方面技能的培训，同时尽可能做到应培尽培，确实提高了劳务移民的劳动技能，促进了劳务移民的就业。但是也应该注意到，劳务移民劳动技能提高的同时，劳务移民就业不稳定仍然是一个突出的问题，因为在现实生活中仍然存在着“有劳动能力不愿意就业”“有业可就但不愿意就业”的情况。由此可见，除了劳务移民自身所有的客观性人力资本——受教育水平、劳动技能培训情况以及身体健康状况对就业稳定性有影响之外，还有其自身所拥有的主观性人力资本这个重要因素同样对劳务移民就业稳定性有着重要影响。

通过本研究试图完成以下目的：一是通过模糊综合评价法对劳务移民主观性人力资本进行测评，试图了解劳务移民主观性人力资本的总体情况以及存在的突出问题及原因所在，提出相应的对策与建议，以期提高劳务移民的主观性人力资本水平，使其实现可持续发展；二是通过结构方程模型对劳务移民主观性人力资本水平与就业稳定性相关关系的分析，试图了解影响劳务移民就业稳定性的主观性人力资本因素，进而寻求改进的方向，提升就业稳定性水平，有效增加收入。

（一）劳务移民主观性人力资本观测变量的内涵

人力资本是指人们拥有的知识、技能、经验和健康①。随着社会的发

① Schultz P. T. Human capital, schooling and health [J]. Economics and Human Biology. 2003, 1 (2): 207-221.

展，人们在重视以“教育、健康和技能培训”① 为核心的客观性人力资本的同时，更加重视以“情感、能力”等为内容的主观性人力资本，表明主观性人力资本对就业稳定性有着极其重要的作用。尽管劳务移民在搬迁之初，政府为其提供了一定的就业机会，但是否能够真正获得稳定的就业，获得稳定的收入来源，取决于劳务移民自身所拥有的人力资本的水平，尤其是主观性人力资本水平。主观性人力资本指劳务移民对自己从事各项社会活动所拥有的“意志力、自觉理性、成功动机、规划意识、风险意识和努力程度等精神状态与主观素质”② 的评价。本文拟从“自我评价”“工作态度评价”“综合能力评价”3 个维度展开对劳务移民主观性人力资本的研究，各维度观测变量具体如下。

1. 自我评价

自我评价就是主体对自己思想、愿望、行为和个性特点的判断和评价。自我评价合理与否对自身的发展有着重要的影响。本研究拟从自我价值、自身优点、自信心 3 个方面进行评价。

（1）自我价值。既是个体对自身价值的肯定，也是社会对自身价值的认可，只有在取得成就或与他人竞争时才会显现。

（2）自身优点。指个体具有的良好特性、优越表现、良好品质或优越条件等，使其在某些方面比其他个体更加出色、更具优势的特点。包括个人的天赋、技能、性格、智力、经验等优越方面。

（3）自信心。指个人对于自己的能力、价值和潜力的信任和肯定，特别是指反映个体对自己是否有能力成功地完成某项活动的信任程度的心理特性（李永周等，2015）③。

---

① Cook A.，Ehrlich I. Was Higher Education a Major Channel Through Which the Us Became an Economic Superpower in the 20th Century? . ［J］. Journal of the Asia Pacific Economy. 2018，23 (4)：515-553.

② Quandt，A. Measuring livelihood resilience：The Household Livelihood Resilience Approach (HLRA) ［J］. World Development. 2018，107：253-263.

③ 李永周，王月，阳静宁 . 自我效能感、工作投入对高新技术企业研发人员工作绩效的影响研究［J］. 科学学与科学技术管理 . 2015，36 (02)：173-180.

2. 工作态度评价

工作态度是基于对一件事情、一种职业的热爱而产生的一种全身心投入的精神，是社会对人们工作态度的一种道德追求（毕廷延，2009）①。本文拟从工作积极性、工作主动性、工作计划性以及应对挑战性工作能力、应对困难性工作能力来评价劳务移民工作态度。

（1）工作积极性。指对工作任务产生的一种能动的自觉的心理状态，它表现为个体对组织目标明确，执行计划和实现目标过程中克服障碍的意志努力和积极性的情感（冯江平等，2013）②。

（2）工作主动性。指个体根据一定的岗位要求和工作要求，在主体意识的积极支配下进行的活动（叶芳，2010）③。

（3）工作计划性。指对即将开展的工作的设想与安排，如提出任务、指标、完成时间和步骤方法等（尹万义等，2010）④。

（4）应对挑战性工作能力。指个体在实际工作过程中提出了新的要求，这一要求可以通过自身努力就可以达到的能力，如对产品质量、数量等。

（5）应对困难性工作能力。指个体在具体工作过程中完成所面临难度较大、必须进行技术水平提高或改进、在短时期内不可能完成的工作的能力。

3. 综合能力评价

能力是指完成一定活动的本领，是一种力量。任何一种活动都要求参与者要具备一定的能力，而且能力直接影响活动的效率（梁道刚，2009）⑤。对于劳务移民综合能力的评价可以从学习新知识、社会交往、运用政策、获

① 毕廷延．青年学生：软实力决定就业竞争力［J］．中国青年研究．2009，（08）：67-70.

② 冯江平，李媛媛，陈虹，张月．新生代员工工作积极性的测量研究［J］．云南师范大学学报（哲学社会科学版）．2013，45（02）：58-66.

③ 叶芳．高校后勤人力资源绩效考核评价指标体系的构建初探［J］．高校后勤研究．2010，（02）：28-29.

④ 尹万义，李昕岑，江红斌．档案配送服务若干理论问题研究［J］．档案学研究．2010，（02）：37-39.

⑤ 梁道刚．论中国共产党执政能力的本源［J］．理论月刊．2009，（07）：11-16.

取成功、改变现状等方面的能力进行，各维度观测变量具体如下：

（1）学习新知识能力。又称为求知欲，指为了实现一定的目标而对学习、了解、掌握新知识的渴望，也包括探索未知的欲望。

（2）社会交往能力。指个体能觉察他人情绪意向，有效地理解他人和善于同他人交际的能力。

（3）运用政策能力。指个体运用已知已有政策达到自身预期目的的能力。

（4）获取成功能力。指个体依据自身所具备的条件采取一定的措施达到预期目的的能力。

（5）改变现状能力。指个体依据自身条件进行努力使其向好的方向发展的能力。

（二）劳务移民主观性人力资本与就业稳定性关系的理论分析

1. 总体关系

由于劳务移民客观性的人力资本水平较低，只能从事技术水平要求低、工作环境较差、收入水平较低、以体力劳动为主的行业，包括建筑业、餐饮业等，以及政府提供的一些公益性岗位，如保洁员、保安员等。所以，能否获得较为稳定的收入就取决于劳务移民是否愿意就业、是否愿意稳定就业的主观性的人力资本。

2. 具体关系

由于劳务移民的主观性人力资本是由“自我评价”“工作态度评价”“自身能力评价”3个维度进行评价的，而且这3个方面也与就业稳定性之间有一定的关系。

自我评价的过程就是对自身进行重新认识的过程，只有进行准确的评价才能采取有利于发展的行动。从劳务移民的角度来讲，适当的自我评价对其就业稳定性有着重要的影响。

工作态度是就业稳定性的核心。从理论上讲，工作态度越好，就业稳定性水平就越高。但在劳务移民发展的不同阶段两者之间的关系具有不确定性。

综合能力是对个体的一个综合评价，其水平越高，对其发展越有利。对于劳务移民来说也是如此，只有具备了较强的综合能力，其才有可能获得较为稳定的工作。因而综合能力与就业稳定性之间呈现正相关关系。

3. 协同关系

主观性人力资本包含的自我价值、工作态度和综合能力之间存在着密切的联系。自我价值是一个人的核心价值观，它是一个人的行为动机，也是一个人的行为准则。工作态度是一个人对工作的热情和投入，它是一个人追求职业成功的动力。综合能力是一个人在工作中的能力，它是一个人完成工作的基础。因此，自我价值、工作态度和综合能力之间是相互联系的，它们是一个人职业成功的重要因素。

根据分析画出劳务移民主观性人力资本与就业稳定性关系示意图 3-3。

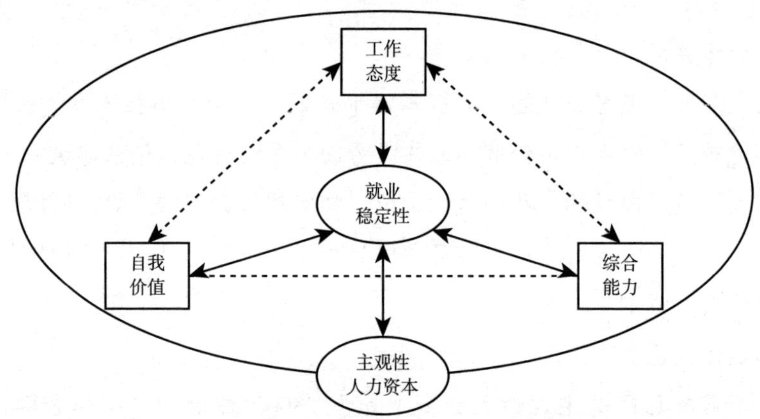

图 3-3 劳务移民主观性人力资本与就业稳定性关系

四 劳务移民就业稳定性影响因素理论分析

通过搬迁满意度、搬迁适应性与主观性人力资本与劳务移民就业稳定性单因素实证分析的研究结果可以看出，劳务移民就业稳定性影响因素是极其复杂的。但在现实生活中，这些因素并不是单个发挥作用的，往往会交织在一起共同影响劳务移民就业稳定性。既牵涉到劳务移民自身的原因，也牵涉到政府相关部门的因素以及社会发展环境的现状；既有经济方面的因素，也有文化方面以及社会方面的因素。因此必须用系统、全面的观点予以分析。

本研究将聚焦于劳务移民就业稳定性影响机制，拟解决的关键性问题是：劳务移民从相对封闭、落后的农村社区迁入相对开放、发达的城市社区，如何才能实现稳定就业，有效增加收入。劳务移民就业稳定性是一个非常复杂的系统工程，这既涉及劳务移民对搬迁满意度的评价，包括政策支持满意度、社区发展满意度以及发展环境满意度等，也涉及劳务移民对自身城市生活的适应性，包括经济适应性、文化适应性等，同时还涉及劳务移民对自身主观性人力资本的评价，包括工作态度、综合能力等。

本研究试图在相关理论及前人研究成果的基础之上，提出中国式劳务移民就业稳定性影响机制的相关研究假设与研究框架。采用问卷调查的方式收集数据，对各研究假设进行检验，从而探寻搬迁满意度、搬迁适应性、主观性人力资本等变量对劳务移民就业稳定性产生影响的具体路径，以及各路径影响效应之间的差异。

本研究期望通过结构方程模型的构建，解决劳务移民就业稳定性的如下问题：（1）探析影响劳务移民就业稳定性的变量及其路径；（2）建构劳务移民就业稳定性影响机制的理论模型。

（一）三因素相互关系分析

1. 搬迁满意度、搬迁适应性与主观性人力资本的相互影响

劳务移民之所以要实施搬迁，目的就在于“拔穷根”“挪穷窝”进而实现“脱贫致富”；政府之所以要不断提高搬迁满意度，就是要确保劳务移民社区实现“管得好”、劳务移民“能致富”；劳务移民之所以要不断提高搬迁适应性与主观性人力资本水平，一方面就是要满足社会对自身的要求，另

一方面就是要通过自身努力来实现搬迁的初衷。

搬迁满意度是劳务移民对政府各项支持的评价，搬迁适应性是劳务移民对自身各种适应性的评价，主观性人力资本评价是对自身就业主动性或积极性的评价。

（1）搬迁满意度与搬迁适应性。从理论上来讲，搬迁满意度越高，搬迁适应性越强，劳务移民安居乐业的水平也就越高，两者共同促进劳务移民社区安居乐业的水平提升，因此两者之间呈现正相关关系。一方面，搬迁满意度的提高为搬迁适应性的提高奠定了基础。只有搬迁满意度高，才能实现“安居”，劳务移民才能主动提高自身的搬迁适应性，积极就业，以更好地实现“乐业”；另一方面，搬迁适应性水平的提高有利于促进搬迁满意度水平的提高。劳务移民搬迁满意度越高，适应能力越强，其归属感也就越强，越能促进劳务移民社区可持续发展。

（2）搬迁满意度与主观性人力资本。从理论上来讲，搬迁满意度越高，人们的主观能动性越强，劳务移民安居乐业的水平也就越高，两者之间共同促进安居乐业水平的提高，因此，两者之间呈现正相关关系。一方面，搬迁满意度水平的提高为主观性人力资本水平的提高提供了前提。安居问题解决得越好，也就解决了劳务移民发展的后顾之忧，满意度水平越高，因而人们就可以以更加积极的态度进行工作，进而实现更高水平的安居乐业；另一方面，主观性人力资本水平的提高又为搬迁满意度奠定了基础。人们的积极性一旦被调动起来，就会主动寻求就业并努力工作，进而增加自己的收入水平。随着收入水平的提高，人们又会千方百计提高自己的安居水平，比如购买更大的住房、使自己的爱屋更加现代化等。

（3）搬迁适应性与主观性人力资本。从理论上来讲，搬迁适应性越强，对主观性人力资本水平要求就越高；相反，主观性人力资本水平越高，其搬迁适应性就越强，因此，两者之间呈现正相关关系。一方面，劳务移民搬迁适应性越强，其主观能动性也就越强，这就要求在客观性人力资本水平一定的情况下必须提高自身的主观性人力资本水平，调动自身的主动性，积极就业，进而实现安居乐业；另一方面，劳务移民主观性人力资本水平越高，也就意味着其自身积极性或主动性也就越强，也就越能按照社会发展要求提高其适应性，增强搬迁适应性，进而为实现安居乐业而努力。

2. 搬迁满意度、搬迁适应性与主观性人力资本的动态影响

上述分析是基于静态环境下进行的，是一种理性的状态。但如果从动态的角度分析则会有一定的变化，特别是安居乐业的重点会发生变化。

从图 3-4 可以看出，在搬迁初期，搬迁满意度、搬迁适应性与主观性人力资本合力的目标也是安居乐业，但其重点首先在于实现“安居”，而后再转向“乐业”；在搬迁后期，三者合力的目标仍然是安居乐业，但其重点首先在于实现“乐业”，进而提高“安居”水平；这样周而复始循环下去，劳务移民社区的安居乐业水平会不断提高，其可持续发展的能力也会不断增强。

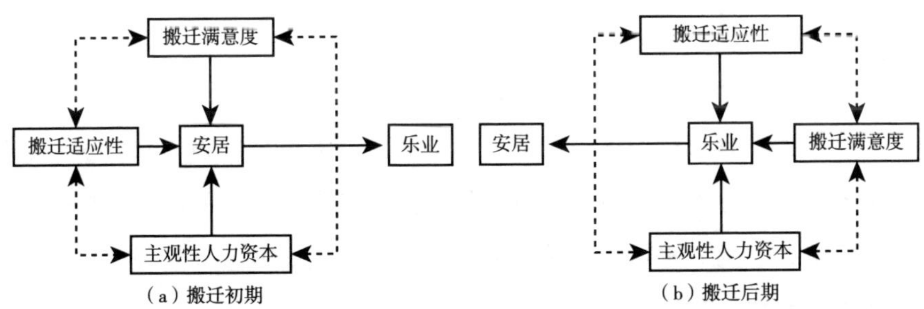

图 3-4　劳务移民安居乐业变化趋势

（二）三因素对就业稳定性的协同影响分析

劳务移民就业稳定性是安居乐业的核心问题所在，这一问题的形成是多因素造成的，因而解决这一问题仅靠单一因素是不够的，必须多方协调、共同努力。

根据单因素、双因素与就业稳定性关系的分析，以及对劳务移民就业稳定性这一问题的现实考察，本研究认为应该用系统论的观点对这一问题进行全面考察，继而提出以下理论分析框架。

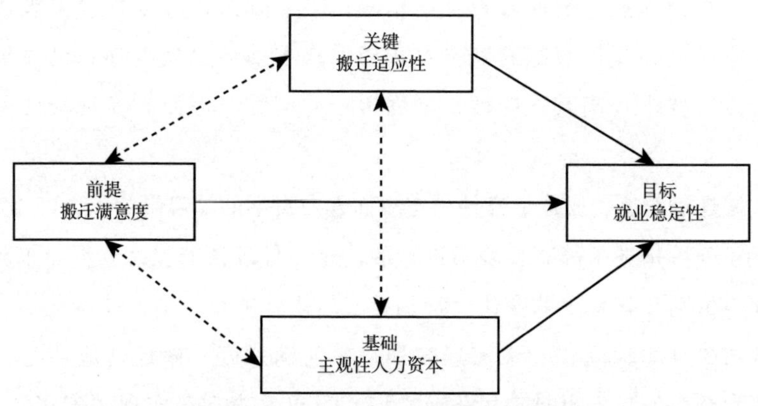

图 3-5　影响劳务移民就业稳定性因素

从图 3-5 可以看出，搬迁满意度是解决劳务移民就业稳定性的前提，主观性人力资本是解决劳务移民就业稳定性的基础，搬迁适应性是提升劳务移民就业稳定性的关键。

1. 搬迁满意度是提升劳务移民就业稳定性的前提

搬迁使劳务移民摆脱了极度贫困的束缚，有了更为广阔的发展空间。为了使劳务移民能够安居乐业，政府不仅为其提供了物质上的帮助，如提供了住房保障等，还为其提供了精神上的帮助，如提供了养老保险等。这些，劳务移民看在眼里、记在心上，与过去相比对总体搬迁是比较满意的，但要实现真正的安居乐业还需要劳务移民自身做出艰苦的努力和辛勤的付出。这就要求劳务移民一方面必须提高主观性人力资本水平，激发自己的主观能动性，积极寻求就业，努力工作，增加收入，为安居乐业奠定良好的物质基础；另一方面必须增强搬迁适应性，加大与本地人的交流，积极融入迁入地社会，以适应社会发展的需要。

2. 主观性人力资本是提升劳务移民就业稳定性的基础

劳务移民主观性人力资本的内涵是极其丰富的，包括他们对就业问题重要性、紧迫性的认识，对工作的主动性、计划性、积极性的重视等。说到底，劳务移民主观性人力资本最核心的内容就是工作态度，其发挥的好坏与否对劳务移民就业稳定性有着重要的影响。劳务移民在就业过程中始终处于主动地位，只有积极寻求工作，主动实现就业，才能获取稳定收入，增加家庭收入；也只有积极工作，完成各项任务，才能实现自我价值，获取更多的收入，增加获得感。因此要加大对劳务移民的主观性人力资本的引导，特别是要增强其对工作的“自信心”“主动性”“积极性”，进而增强劳务移民就业“稳定性”。

3. 搬迁适应性是提升劳务移民就业稳定性的关键

适应性即人们的适应能力，这是人们融入社会的关键因素。适应能力越强，融入社会的速度越快，越能发挥自己的优势，加快自身的发展。对于适应性问题来说，有主动适应，也有被动适应。由于劳务移民搬迁适应性的内涵是比较丰富的，因而在搬迁初期的表现具有复杂性。一方面表现出较强的经济适应性，这是劳务移民主动适应的结果。因为只有不断提高经济适应性，才能使劳务移民适应迁入地的就业方式获得更多的就业机会，进而获得稳定的收入来源、适应当地的消费方式，这是提升劳务移民就业稳定性的物质基础；另一方面表现出相对较弱的文化适应性，这既与文化适应自身的特点有关，也与劳务移民被动适应相关。只有不断提升文化适应性，才能使劳务移民适应当地的语言环境进而获得更多的社会交往机会，促进与本地人的关系融洽，增强生存和发展能力，这是提升劳务移民就业稳定性的文化基础。对于社会适应性来说，由于其涉猎面比较广，因而表现更为复杂，也只有不断提升其总体适应性来满足社会对劳务移民复杂的要求，才能促进劳务移民实现可持续发展。

劳务移民就业稳定性影响因素是比较复杂的，为了更加清晰呈现影响因素，将以上研究内容归结为如图 3-6 所示内容。

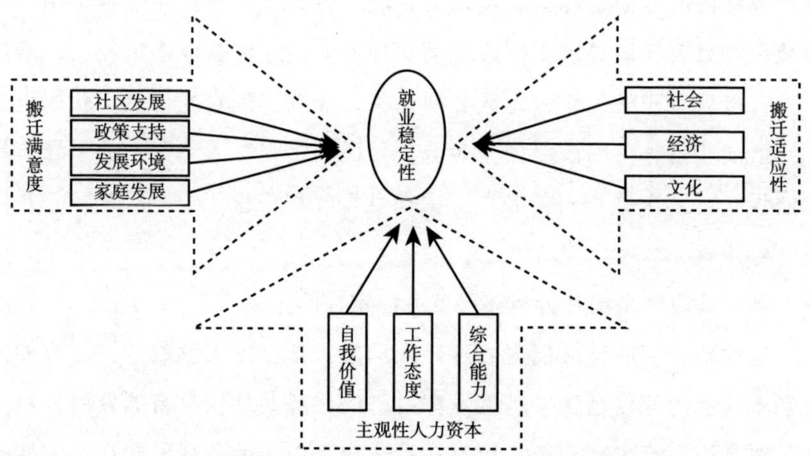

图 3-6　影响劳务移民就业稳定性因素研究总体示意图

第四章　研究设计

本章首先对问卷设计应该坚持的原则、问卷设计的具体内容以及预调研、正式调研过程进行了介绍，其次对调研区域及样本点的选择作了说明，并对样本点的发展情况作了简要介绍，最后对数据进行了整理，以便更好地认识样本的个人特征、家庭特征、劳务移民的就业状况以及政策评价。

一　问卷设计

（一）问卷设计原则

基于调查数据的研究必须高度重视问卷设计，问卷设计的好坏与否决定了研究的质量与水平。关于问卷设计的原则有很多，本研究坚持以下原则。

1. 目的性原则

问卷设计不能面面俱到，必须按照研究目的突出重点，以获取研究所需要的数据与素材。劳务移民就业稳定性影响因素呈现多样性，为了达到预期的研究目标，本研究重点关注劳务移民搬迁满意度、搬迁适应性以及主观性人力资本状况对就业稳定性的影响，因而在设计问卷时有针对性地突出这几个方面问题的设计。

2. 科学性原则

问卷设计一方面强调用词的准确性，不能给回答者造成歧义；另一方面强调需以中立的立场提出问题，确保回答者的真实意愿。劳务移民就业稳定性问题是一个十分复杂的问题，由于研究数据主要来源于劳务移民对问卷回答的结果，因而在设计问题时题干与答案都要具有科学性。

3. 通俗性原则

问卷设计提出的问题与答案应该做到通俗易懂，不应产生歧义，让回答者易于理解并选择自己的答案，确保研究数据的真实性与可靠性。劳务移民群体相对而言文化程度比较低，理解能力也相对较低。因此，必须用最简短的、最直接的、易于理解的、不需要做过多解释的语句提出问题，以获取研究所需要的相应数据。

4. 完整性原则

问卷设计的总体应尽可能做到系统、全面，避免主观色彩过浓而导致数据无效。劳务移民就业稳定性的影响因素是由多方面造成的，因而设计时可以用利益相关者分析法进行通盘考虑，即要考虑劳务移民自身的因素、所在社区的因素、所在区域的因素以及各级政府帮扶因素等。

（二）问卷设计内容

劳务移民就业稳定性的影响因素是比较复杂的，因而如何通过问卷调查获取相关的研究数据具有较大的难度。如果问卷内容设计较冗杂，不仅不利于调研，也不利于数据的挖掘与利用；如果问卷设计过于简单，有可能会导致由于数据数量偏少而不能揭示内在的联系，导致研究浮于表象。为解决这些问题，提高调研效率，在广泛阅读文献的基础上，结合自身多年对宁夏移民的调研经验与心得，站在劳务移民的立场上设计了问卷。在进行了 2 次预调研的基础上，逐步使问卷得以完善；在征求专家及实际部门工作者的意见与建议的基础上，最终使问卷得以定稿，问卷由 7 部分组成。

1. 被调查者的基本信息

一方面，这是问卷设计的基本内容，便于进行个人特征、家庭特征的统计学描述；另一方面，这些基本信息对于劳务移民搬迁满意度、搬迁适应性、主观性人力资本以及就业状况等都有着重要的影响。本部分具体内容包括回答者的性别、年龄、文化程度、健康状况、移民年限等，以及家庭发展状况，如家庭人口、劳动力数量、住房面积、收入水平等。

2. 被调查者搬迁满意度

从过往的调研经验和已有的文献可以看出，包括劳务移民在内的移民群体搬迁满意度都是比较高的。这既是与搬迁前所处境地相比的结果，也是对搬迁后自己发展结果的肯定。当然，由于回答个体有较大的差异，因而也有不满意的地方。本部分具体内容包括对家庭发展的满意度、政策支持的满意度、社区发展的满意度以及发展环境的满意度等。

3. 被调查者搬迁适应性

适应性，又称适应能力。对于大多数劳务移民来说，自从搬迁后就已经确定其必在搬迁地长期生活下去，这似乎与其适应能力没有太大的关系；但要想使自己过上向往的美好生活，就必须不断提高自己的适应能力。按照学术界对适应能力的分类，将劳务移民的适应能力分为经济、文化、社会三类。本部分具体内容包括经济适应性、文化适应性以及社会适应性等。

4. 被调查者主观性人力资本

本部分将劳务移民的人力资本分为客观性人力资本和主观性人力资本，在客观性人力资本已定的情况下，劳务移民发展的好坏与否取决于其主观性人力资本水平发挥状况。主观性人力资本最核心的内容就是主动性，主动性越强，其发展就越好，相反亦然。本部分具体内容包括自我价值的评价、工作态度的评价以及综合能力的评价。

5. 被调查者就业稳定性水平

衡量劳务移民就业稳定性的指标是不太好确定的，这与劳务移民自身的文化程度低、劳动技能低、喜欢打零工等特点有着密切的关系，因而用学术界普遍认可的衡量指标是难以进行的。根据劳务移民的实际，并结合已有文献，最终确立了劳务移民就业稳定性的评价指标体系，包括劳务移民就业稳定状况自评、就业政策满意度、就业环境满意度、就业方式适应性以及家庭成员就业满意度等。

以上 2~5 部分均采用量表方式予以设计。

6. 被调查者就业状况

本书研究的是劳务移民的就业稳定性影响因素问题，必须对劳务移民的就业现状作认真的分析，进而找出劳务移民就业的规律、特征以及影响因素，以便更好地认识劳务移民的就业稳定性问题。本部分具体内容包括劳务移民的就业渠道、就业范围、工资状况、就业时间、单位性质、从业领域以及劳动合同签订、社会保障缴纳与岗前技能培训等。

7. 被调查者对政策的需求与对政府的期盼

劳务移民毕竟是一项政策产物，因而劳务移民对于现有政策的实施与落实状况有着切身的体会，包括哪些政策对其帮助最大、哪些政策需要加大落实力度、哪些政策需要完善、应该创新哪些政策等。同时，根据自己的发展实际，特别是面临的困惑或困难，劳务移民对政府相关部门有着自己的期盼，包括对政府的要求与期望，以及解决问题的意见和建议。本部分采用开放式题目予以调查。

二　调研进程

（一）预调研

在研究过程中，对银川市的劳务移民社区进行过 2 次预调研。

第一次预调研是在 2019 年 10 月中旬，在确定好研究主题、进行实际调研和阅读文献的基础上进行了问卷设计，对银川市西夏区镇北堡镇幸福佳苑劳务移民社区采取一对一调查形式进行了入户调研。由于是预调研，总样本量只有 25 户，所有劳务移民完成了问卷。通过调研，一方面对劳务移民的基本生活状况有了较为全面的认知，另一方面对问卷完善起到了较好的作用。

第二次预调研是在 2020 年 5 月中旬，在征求专家意见和建议的基础上对第一次问卷进行了修改和完善，对银川市金凤区居安家园劳务移民社区和高桥家园劳务移民社区、贺兰县的江南中心村劳务移民社区和吉荣苑劳务移民社区采取一对一调查形式进行了纸质入户问卷调研。通过调研发现，劳务移民的问卷调研工作难度是极大的。一方面在时间问题上，由于劳务移民白天要上班，因而只有在晚上 7：00~9：00 才能进行入户调研，另一方面由于劳务移民社区定居率较低，因而调研对象难以寻找。故 4 个移民社区只进行了 101 份入户调研问卷。

（二）正式调研

正式调研于 2020 年 9 月中下旬进行。在征求 6 名专家学者（宁夏大学 2 人，宁夏社会科学院 1 人，宁夏党校 1 人，北方民族大学 2 人）意见的基础上对问卷再次进行修改，基于预调研的经验、疫情的影响、调研的方便性以及劳务移民工作的特点（只能在 19：00~21：00 调研），在宁夏银川市扶贫办（现已更名为乡村振兴局）和基层社区组织的配合下，采用随机抽样的“偶遇法”对样本村通过问卷星进行了一对一的入户问卷调研。采用问卷星网络调研的方式，不仅提高了调研效率和正确率，也有效地缩短了统计分析的时间。共收回问卷 415 份，回收率 100%。

为了确保数据的准确性与有效性，确保研究顺利进行，对获取的问卷进行了清洗。对调研时间较短、答案均只选首答案和尾答案者以及回答者年龄偏大（61 岁以上者）或年龄偏小（16 岁以下者）均予以剔除。经过统计筛选合格问卷 387 份，问卷有效率为 93.25%。

三 调研区域与样本点的选择

（一）调研区域选择

宁夏劳务移民的实践活动从“十二五”时期就已经展开试点，并在“十三五”时期形成了众多的劳务移民社区。截至 2020 年底，遍布于宁夏全区各县劳务移民社区（基地）共有 60 个，其中县内 10 个，县外 50 个。由于县内劳务移民所在社区的区域经济发展比较落后、城镇化水平相对较低，该类劳务移民社区发展相对缓慢、水平较低，因此不是本书研究的重点。县外劳务移民社区主要分布在宁夏首府银川市和煤炭城市石嘴山市。

银川市作为自治区首府，也是宁夏经济社会发展最发达的区域，经济发展条件较好，城镇化水平较高，历来是宁夏生态移民与劳务移民安置的重点区域之一。因而，无论是在“十二五”试点时期还是“十三五”全面推开时期，在社区建设数量、移民安置数量方面都是最多的。银川市下辖的三区（兴庆区、金凤区、西夏区）、二县（贺兰县、永宁县）、一市（灵武市），均有劳务移民安置点。截至2020年底，银川市共有劳务移民社区18个，安置7284户28732人（见表4-1），占宁夏全区劳务移民总人数的近1/3，数量居全宁夏之首。

表4-1 银川市劳务移民安置情况

区域	“十二五”时期			“十三五”时期		
	安置点（个）	户	人	安置点（个）	户	人
兴庆区	—	—	—	1	1157	4666
金凤区	—	—	—	5	614	2726
西夏区	1	25	87	—	—	—
永宁县	4	2967	7722	—	—	—
贺兰县	2	822	3305	2	269	1229
灵武市	2	1980	7539	1	350	1460
合　计	9	4894	18651	9	2390	10081

数据来源：由银川市扶贫办（现为银川市乡村振兴局）提供。

（二）样本点选择

劳务移民就业问题是实际部门高度关注的问题，调研工作得到了银川市扶贫办以及兴庆区掌政镇政府，永宁县望远镇政府、闽宁镇政府的大力支持。在相关部门的推荐下，我们采用“偶遇法”抽样、一对一入户调研方式对以下3个劳务移民社区进行了调查。

1. 兴庆区掌政镇新创家园

兴庆区掌政镇地处银川市区东部，东邻灵武市临河乡，南连永宁县通桥乡，西依大新乡，北与通贵乡及贺兰县金贵镇相连。近年来实施特色小城镇建设，形成了五大优势特色农业产业——设施农业、优质水稻、畜牧养殖、适水产业、现代都市型休闲农业，附近还有现代化的物流中心和工业园区。

新创家园是银川市兴庆区“十三五”期间在掌政镇建设的劳务移民安置区，共31栋1140套房，于2017年12月至2018年4月集中搬迁安置西吉、海原、彭阳三县的劳务移民入住，是全区规模最大的“十三五”县外劳务移民安置区。共安置移民1092户4790人，有建档立卡户1089户4779人，其中已脱贫335户1434人（全部为迁入前脱贫），另有脱贫不享受政策3户11人，未脱贫754户3345人。截至2019年6月4日，已迁996户4439人，常住500户2000余人，学生迁转334人（其中中学83名、小学251名），解决幼儿入园121名，劳动力总人数2045人，就业人数1155人，待业人数890人。

2. 永宁县望远镇富原小区

永宁县望远镇地处永宁县县城北部、银川南郊，东接兴庆区掌政镇，南与胜利乡为邻，西面是机械化林场，北接兴庆区大新镇。工业农业均较发达。农业种植业以小麦、水稻、玉米为主，养殖业以养牛、羊、家禽为主。望远现代物流园和工业园区就坐落在望远镇。

富原社区成立于2020年4月，辖区总面积1.35平方公里，辖区共有25栋居民楼，10栋公寓楼，总户数13443户，常住户3052户7683人。其中富原小区建有多层住宅25栋，共计101个单元1787套，其中保障性住房1415套，公租房372套，外围营业房61套。富原社区是全区规模最大的“十二五”县外劳务移民安置区。2016年9月先后分8批次搬迁安置隆德县及原州区“十二五”劳务移民1296户4631人（其中隆德县712户2581人，原州区547户1913人，南门改签37户137人），原主常住户830户2963人，脱贫户342户1229人。

3. 永宁县闽宁镇永安小区

永宁县闽宁镇地处永宁县县城西部，东邻西干渠，南与青铜峡市邵岗镇为界，西接201省道，北至徐黄公路。已经培育形成了特色种植养殖、文化旅游、光伏发电、商贸物流、劳务五大支柱产业，以及酿酒葡萄、肉牛养殖、设施农业等主导产业。

永安小区是闽宁镇福宁社区的一个组成部分。福宁社区成立于2018年10月，隶属闽宁镇人民政府，沿用原福宁村办公地，建成面积1800平方米，社区居委会位于201省道西侧，社区辖区由新镇区、201省道两侧、街道和永安小区四部分组成，街道辖区范围东至西夏渠，南至南平路，西至西环路，北至吉宁路，辖区总占地面积2.7平方公里。新镇区住宅楼117栋（A区60栋、B区24栋、C区10栋、D区23栋），永安小区住宅楼18栋；社区总住户2910户，总人口6613人。辖区内有2所小学、3所幼儿园、2所中学、4所培训教育机构、3家银行、1家网吧、4家大型超市、2家书店、5家大型酒店。

四　样本统计

（一）个人特征

1. 被调查者的区域分布

从表4-2可以看出，在调查的387份样本中，掌政镇160人，占41.34%，望远镇134人，占34.63%，闽宁镇93人，占24.03%。造成这一局面的一个重要原因在于，政策性劳务移民，掌政镇定居率最高，闽宁镇则是最低。在闽宁镇调研时调研员普遍感受到找到一位合适的被调查者有一定的难度，要么家里没人，要么声称自己不是劳务移民（租户），当然也有被拒的，相对调研数量较少。

表 4-2　被调查者所在社区情况

社区	频数（人）	占比（%）
掌政镇	160	41.34
望远镇	134	34.63
闽宁镇	93	24.03

数据来源：根据调研结果整理所得，下同。

2. 被调查者的个人基本特征

从表 4-3 可以看出，被调查者中，性别比例基本持平，男性占 50.39%，女性占 49.61%；年龄结构中，30~45 岁占 58.14%，小于 29 岁和大于 46 岁者分别占 17.31%、24.55%；婚姻状况为 90.18%已婚，符合劳务移民的基本要求，未婚者占 9.82%，其中有的可能是劳务移民已成年子女；移民时间小于 4 年者占 75.45%，大于 5 年者占 24.55%，这与宁夏移民时期相吻合，也与上述被调查者区域分布相吻合，其中，闽宁镇为“十二五”时期移民，而掌政镇与望远镇为“十三五”时期移民；民族结构中，汉族占 43.93%，回族占 56.07%。

表 4-3　被调查者基本情况

名称	选项	频数（人）	占比（%）
性别	女	192	49.61
	男	195	50.39
年龄	<29 岁	67	17.31
	30~45 岁	225	58.14
	>46 岁	95	24.55
婚姻	未婚	38	9.82
	已婚	349	90.18
移民时间	<4 年	292	75.45
	>5 年	95	24.55
民族	回族	217	56.07
	汉族	170	43.93

3. 被调查者的客观性人力资本状况

从表 4-4 可以看出，被调查者中，劳务移民文化程度偏低，小学与文盲合计占 57.37%，高中及以上者只占 18.08%；健康状况良好，但不容乐观，有 23%的患有各种疾病；参加技能培训中，只有 30.75%的参加过培训，69.25%的未参加，这应当引起高度重视。

表 4-4 被调查者的客观性人力资本情况

名称	选项	频数(人)	占比(%)
文化程度	文盲	138	35.66
	小学	84	21.71
	初中	95	24.55
	高中	35	9.04
	>大专及以上	35	9.04
技能培训	未参加	268	69.25
	参加过	119	30.75
健康状况	不健康	89	23.00
	健康	298	77.00

4. 被调查者的月工资状况

从表 4-5 可以看出，被调查者的月收入状况，53.23%的月收入小于 2000 元，而 4000 元以上者只占 4.39%，其余 42.38%的在 2000～4000 元，说明劳务移民月工资收入水平偏低。

表 4-5 被调查者的个人月收入情况

月工资(元)	频数(人)	占比(%)
<2000	206	53.23
2000～3000	114	29.46
3000～4000	50	12.92
4000～5000	10	2.58
>5000	7	1.81

（二）家庭特征

1. 被调查者的家庭人口状况

从表 4-6 可以看出，被调查者的家庭人口以 3~6 人为主，占 91.21%，平均家庭人口 4.50 人；家庭劳动力以 2 人居多，占 79.84%，平均家庭劳动力 2.31 人；这与劳务移民搬迁时选户标准密切相关，主要以有劳动能力的核心家庭为主，即家庭人口以夫妻 2 人与 3~4 个孩子为主。平均每户老人与孩子为 2.20 人，劳动力抚养负担比为 0.95，相对来说劳务移民的抚养负担还是比较重的，这也是造成女性劳动力无法正常就业的原因所在。

表 4-6　被调查者的家庭人口状况

名称	选项（人）	频数（户）	占比（%）
家庭人口	<2	19	4.91
	3~6	353	91.21
	>7	15	3.88
老人和孩子	0.0	30	7.75
	1~2	210	54.26
	3~4	137	35.41
	>5	10	2.58
家庭劳动力	0.0	1	0.26
	1.0	4	1.03
	2.0	309	79.84
	3.0	33	8.53
	>4	40	10.34

2. 被调查者的家庭住房面积情况

从表 4-7 可以看出，被调查者的住房面积以 51~75 平方米为主，占 63.82%，还有 32.30%的住房面积为 50 平方米以下。这表明劳务移民的住房政策发生了变化，由“十二五”时期的户均 50 平方米调整为“十三五”时期的人均 25 平方米，住房条件得以改善，有效解决了“三代同堂”、家庭人口较多的问题。小于50平方米者均为“十二五”时期的住房，闽宁镇就属于此类；掌政镇与望远镇在“十三五”后期开始执行新政策。

表 4-7　被调查者的家庭住房面积状况

住房面积(平方米)	频数(户)	占比(%)
<50	125	32.30
51~75	247	63.82
>76	15	3.88

3. 被调查者的年收入状况

从表4-8可以看出，被调查者的户均年收入以3万元以下为主，占69.26%，而年均在4万元以上者仅占11.63%，说明劳务移民家庭年收入水平还是比较低的。按照人均年收入为0.56万元，按照劳动力年均收入为1.08万元，明显也是偏低的。

表 4-8　被调查者的家庭年收入状况

年收入(万元)	频数(户)	占比(%)
<2	134	34.63
2~3	134	34.63
3~4	74	19.12
4~5	20	5.17
>5	25	6.46

（三）就业状况

1. 被调查者的就业状况自我评价

从表4-9可以看出，被调查者对自身就业稳定性整体评价不高。其中，42.38%的明确认为“不稳定”，只有32.30%的明确表示“稳定”。这是本研究问题提出的一个重要依据，必须弄清楚影响劳务移民就业稳定性因素所在，进而提出相应对策，以使劳务移民可持续发展。

表 4-9　被调查者的就业状况自我评价

就业自评	频数(人)	占比(%)
非常不稳定	38	9.82
不太稳定	126	32.56
一般	98	25.32
比较稳定	109	28.17
非常稳定	16	4.13

2. 被调查者工作获取途径状况

从表 4-10 可以看出，无论是搬迁初期的第一份工作、还是现有工作的获取途径所占的比重基本一致、位次一样。其中第一位的是“自己寻找”，比例高达 62.53%，这或许就是被调查者就业不稳定的一个重要原因；占据第二位“政府提供”的只有 18.60%，多以公益性岗位为主，如社区保安或单位保洁等，接受者主要是年纪偏大、文化程度低、劳动技能弱、自我寻求工作能力低者；当然也有部分劳务移民不愿意接受政府提供的工作而自己寻找工作，占 6.46%；第三位的为“其他”，包括亲戚朋友介绍或企业招工等。

表 4-10　被调查者工作获取途径状况

选项	第一份工作获取途径		现在工作获取途径	
	频数(人)	占比(%)	频数(人)	占比(%)
政府提供	74	19.12	72	18.60
政府提供但不满意自己寻找	27	6.98	25	6.46
自己寻找	244	63.05	242	62.53
其他	42	10.85	48	12.40

3. 被调查者就业基本状况

从表 4-11 可以看出，被调查者的就业区域以“本地”为主，占 81.40%，说明劳务移民社区所在地的就业机会还是比较多的，这与政策设计的初衷相吻合。从就业的行业来看，以“打零工”为主，占 55.56%，这是劳务移民自身的特点使然；其他分布较为平均，主要集中在“建筑业”“制造业”等。从就业单位的性质来看，除了“打零工”单位的性质（47.29%）不确定外，占第一位的是“私营企业”，比重为41.09%，“国有单位”“集体企业”各占5.94%、5.68%。

表 4-11　被调查者就业基本状况

名称	选项	频数（人）	占比（%）
就业区域	其他	72	18.60
	本地	315	81.40
就业行业	住宿餐饮业	32	8.27
	批发零售业	10	2.58
	建筑业	66	17.05
	制造业	54	13.95
	交通运输业	10	2.58
	打零工	215	55.56
就业单位性质	国有单位	23	5.94
	集体企业	22	5.68
	私营企业	159	41.09
	打零工	183	47.29

4. 被调查者工作时间状况

从表4-12可以看出，被调查者日工作时间，66.41%的工作时间在8~10个小时，其中有19.12%的工作时间在11个小时以上；被调查者月工作天数，80.62%的在20天以上，其中有37.98%的在28~30天，几乎是没有休息日的；被调查者年工作月数，69.51%的在8个月以上，其中有43.93%的在11~12个月，几乎没有休息的月份。

从被调查者的工作时间来看，应该说工作时间相对还是比较稳定的，但被调查者之所以说就业不稳定，关键在于他们多以打零工为主，处于边工作边找工作状态，进而认为就业是不稳定的。

表 4-12　被调查者工作时间状况

名称	选项	频数(人)	占比(%)
日工作时间(小时)	0.0	35	9.04
	1~7	21	5.43
	8~10	257	66.41
	>11	74	19.12
月工作时间(天)	0.0	35	9.04
	3~12	14	3.62
	15~18	26	6.72
	20~27	165	42.64
	28~30	147	37.98
年工作时间(月)	0.0	35	9.04
	1~4	13	3.36
	5~7	70	18.09
	8~10	99	25.58
	11~12	170	43.93

5. 被调查者合同签订与社会保障状况

从表 4-13 可以看出，被调查者就业时签订了劳动合同、进行了岗前培训以及缴纳了社会保障的比例均为 1/3 左右，进一步分析可知多为公益性岗位所必需的，说明劳务移民在采取灵活就业、打零工的情况下，严格按照《劳动法》的相关规定是很难实现的，这也是影响劳务移民就业稳定性的一个重要因素。

表 4-13　被调查者就业时合同签订与社会保障状况

名称	选项	频数(人)	占比(%)
合同签订状况	未签订	257	66.41
	签订了	130	33.59
岗前培训情况	未培训	262	67.70
	培训了	125	32.30
社保缴纳状况	未缴纳	240	62.02
	缴纳了	147	37.98

6. 被调查者对影响就业稳定性因素的认知状况

根据图 4-1 看出，可以将影响劳务移民就业稳定性因素归结为 5 个层面。

第一个层面，“工资水平”（78.07%）。这是劳务移民最关心的话题，因为如果劳务移民去某一个固定的单位工作的话，由于文化程度低、劳动技能低、年龄偏大等原因，其工资水平也比较低；同时，由于用工单位多为劳动密集型产业，急需劳动力，又不想使用固定工而承担更多的社会保障，因而他们喜欢雇用具有临时性质的打零工者。劳务移民权衡之后认为，打零工相对比较自由，工资结算相对灵活，尽管有一定的风险，干得好的话，一个月的工资或许要比固定工作多一些。固定工作工资水平低是劳务移民就业稳定性差的首要因素。

第二个层面，“家庭负担”（47.23%）。由于劳务移民来自南部山区的农村贫困社区，家庭人口多是一个不争的事实。来到城市之后，由于上有老、下有小，作为家庭主妇的女性多数在家不工作，即使有业可就也不愿意就业。当我们进行入户调研统计劳动力时，家庭主妇竟然不认可自己是劳动力。这种情况导致劳务移民的就业稳定性水平不高，且不稳定。

第三个层面，“就业环境”，包括“离家远近”（36.14%）、“工资发放”（33.25%）、“工作环境”（31.81%）。尽管劳务移民就业面临着诸多尴尬，但在具体寻找工作中却有着这样或那样的要求，有的强调离家的远近，有的强调工资是否能按时发放，有的则强调工作环境的优劣等，造成了有业也不就的事实，而且产生了极其不良的影响，对进一步就业又造成了负面影响。久而久之，有可能形成恶性循环。

第四个层面，“企业关系”，包括“社会保险”（30.60%）、“签订合同”（27.47%）、“劳动技能”（24.82%）。相对而言，劳务移民对这个层面关注的不多，但也不乏法律水平较高者对此还是比较重视的。因为他们已经懂得了社会保障对自身未来的重要性，因而希望企业能够按照规定给自己缴纳“五险一金”。但企业由于种种原因不愿意承担这部分社会责任，造成了劳务移民想就业而不能就业的事实。

第五个层面，“个人素养”，包括“制度管理”（8.43%）、“个人敬业”（6.99%）。这是劳务移民在就业时最不关心，但就业时必须关注的方面。对于劳务移民来说，稳定的工作、逐步增长的工资水平等是其实现可持续发展的经济基础。但在现实生活中，由于受传统的旧思想、旧习惯的影响，特别是部分人“等靠要、懒散慢”思想依然根深蒂固，因而不愿意受他人束缚，致使其不愿意接受正规单位的约束，即使有就业的机会也不愿意就业。对于已经就业的人，由于缺乏足够的工作态度，在工作中缺乏积极性、主动性，特别是在富有挑战性工作和困难性工作面前斤斤计较、唯唯诺诺，往往使自己工作处于不稳定之中。

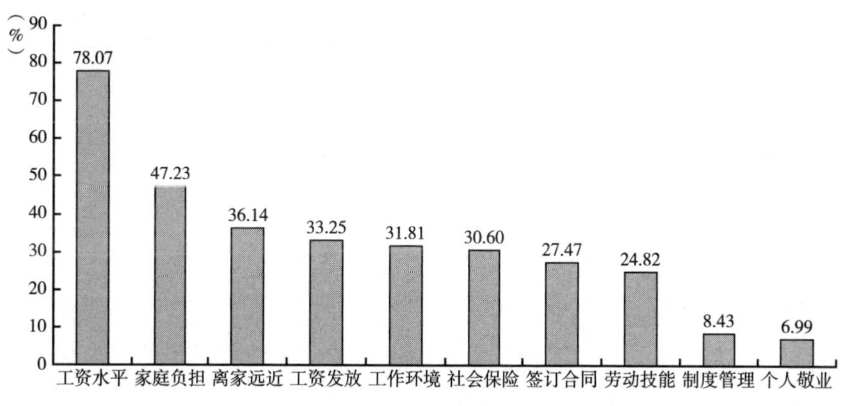

图 4-1　被调查者对影响就业稳定性因素的认知状况

（四）政策评价

1. 劳务移民对政策的了解情况

从图 4-2 中可以看出，劳务移民“最了解”的政策居前三位的依次为住房政策（75.18%）、医保政策（55.66%）和教育政策（49.88%）。劳务移民之所以最了解住房政策，是因为这是满足其最基本的需求的政策依据，而且他们还有自己的想法，要想使自身住房问题得以解决就必须首先了解政策；劳务移民之所以关注就业政策，一方面是部分弱势群体需要政策的帮助找到自己力所能及的工作获取收入，另一方面是部分群众在实现就业后有就业奖励或补助；劳务移民之所以会关注医保政策，一方面是家中本身就有身患重大疾病的家人需要政府更多的帮助，另一方面是一旦家人出现重大疾病就可以通过政策得到一定程度的解决。

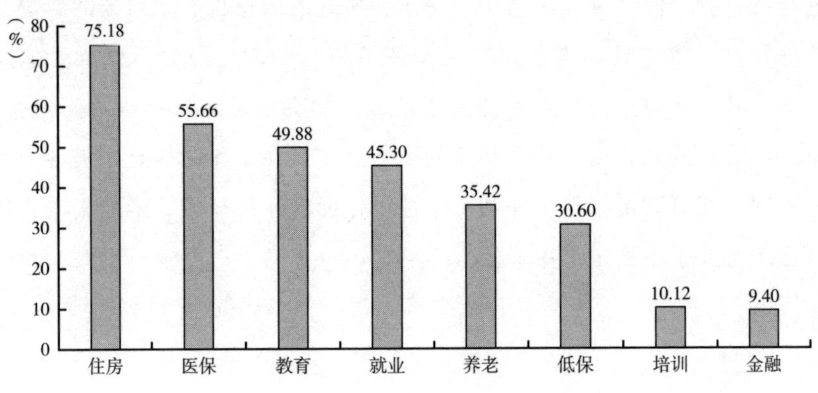

图 4-2　劳务移民最了解的政策情况

2. 对劳务移民帮助最大的政策

从图 4-3 中可以看出，对劳务移民“帮助最大”的政策居前三位的是住房政策（85. 30%）、就业政策（57. 59%）和医保政策（55. 66%），这是劳务移民真实的感受。政府为劳务移民提供了一定的住房条件，为其安居奠定了基础；对于家中有重大疾病的家庭，政府不仅按统一的医保政策为其提供了服务，而且还通过扶贫宝等手段提供了更多的帮助，使劳务移民得到了实惠；劳务移民之所以愿意搬迁，一个重要的原因就在于看好迁入地良好的教育环境，子女教育问题得到了有效的解决，劳务移民是满意的。

3. 劳务移民最关心的政策状况

从图 4-4 中可以看出，劳务移民“最关心”的政策居于前四位的依次为住房政策（70. 36%）、就业政策（70. 36%）、教育政策（52. 05%）和医保政策（50. 12%），这些政策都关系劳务移民的各项切身利益。人们之所以关心住房政策，原因在于希望政策予以调整，解决自己住房面积较小、家庭人口过多、子女日益长大成家立业的问题；关注就业政策的原因在于，由于就业形势不容乐观、工作不好找，部分劳务移民希望能够得到公益性岗位，特别是女性，也有人关注就业奖励或补助标准的变化等；劳务移民对于教育政策和医保政策的关注，是希望自己子女的教育水平能够得到切实提高，以及医保政策的保障水平也能够得到提高。

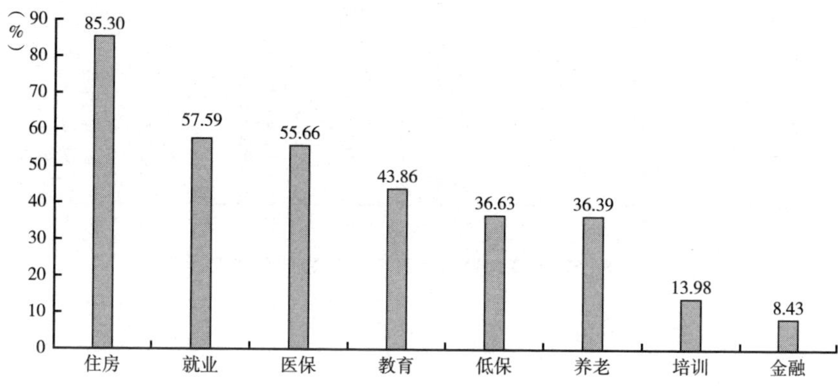

图 4-3 对劳务移民帮助最大的政策情况

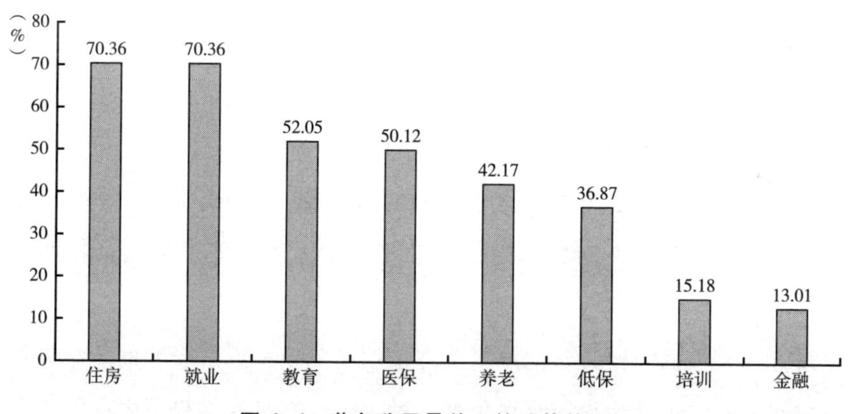

图 4-4 劳务移民最关心的政策状况

4. 劳务移民最希望改进与完善的政策状况

从图 4-5 中可以看出，劳务移民“最希望改进和完善”的政策居于前三位的是住房政策（72.05%）、就业政策（68.92%）和医保政策（49.40%），这是以上“最了解”“帮助最大”“最关心”的具体体现。这既是劳务移民对政府的企盼，也是劳务移民相关部门积极努力的方向。

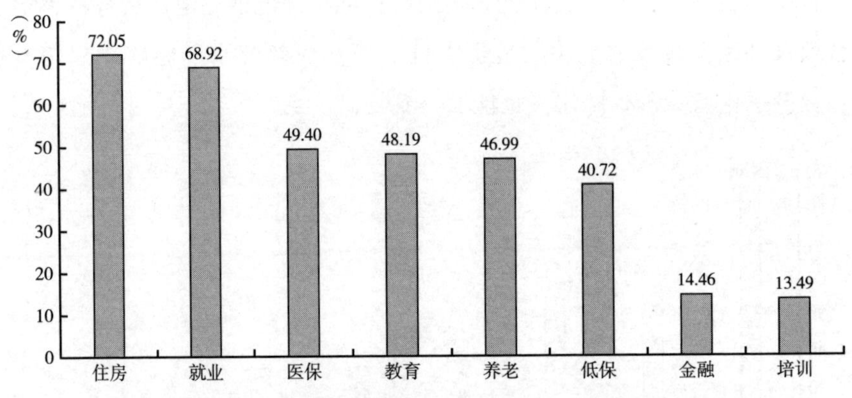

图 4-5　劳务移民最希望改进和完善的政策情况

五　实证方法

（一）模糊综合评价法

1. 起源与发展

模糊综合评价法是由美国自动控制专家查德（Zadeh LA）1965 年首次提出，它是一种基于模糊数学理论的综合评价方法，用于表达事物的不确定性。

该方法是根据模糊数学的隶属度理论把受到多种因素影响的、难以量化的定性问题的评价转化为定量评价的一种方法，它具有结果清晰、系统性强的特点，适合各种非确定性问题的解决（刘梅玲，2013）①。但在评价指标体系的构建中，由于被研究主题的内涵一般较为丰富且无法做出全面和具体的解释，因此可能会存在指标体系设计不全面的问题。

20 世纪 80 年代后期，日本将模糊技术广泛应用于机器人、过程控制、

① 刘梅玲．多级模糊综合评判方法在内控评价中的应用［J］．会计之友．2013，（09）：28-32.

地铁机车、交通管理、故障诊断、医疗诊断、声音识别、图像处理、市场预测等众多领域，并取得了巨大成功，给西方企业界很大震动，在学术界也得到了普遍的认同。

国内对于模糊数学及模糊综合评价法的研究起步尽管相对较晚，但在医学、建筑业、环境质量监督、水利等领域的应用也已初显成效。

2. 基本原理

在确定被评判对象的因素集和评价集的基础上，分别确定各个因素的权重及其隶属度向量，再进行模糊运算和归一化处理后得到综合结果。其特点在于对评判对象逐个进行，被评价对象只有唯一评价值，不受被评价对象所处对象集的影响（李云华等，2011）①。

3. 具体步骤

步骤 1：确定影响因素集合 U 和评价集 V

①确定评价因素 U。其中 U 表示选取了 n 个评价要素，$U=\{U_1, U_2, \cdots, U_n\}$；其中每个一级指标 U_i 又分别由若干个二级指标构成。

②确定评价等级 V。评价集 V 代表评价等级的集合，本研究借用李克特五级量表，即 $V=\{V_1, V_2, V_3, V_4, V_5\}$ = {非常满意，比较满意，一般，比较不满意，非常不满意} = {5，4，3，2，1}。分析时借鉴符全胜对满意度水平划分的标准，将 V_1 和 V_2 纳入“满意”范畴；将 V_5 与 V_4 纳入“不满意”范畴。同时将评价结果划分为高、中、低三个层次，其中，3.5<均值<5 为“高满意度”，2.5<均值<3.5 为“中满意度”，1<均值<2.5 为“低满意度”。具体见表 4-14。

表 4-14　评价集规则设定

初始测度评价集					改良后的评价标准集		
5	4	3	2	1	3.5~5	2.5~3.5	1~2.5
非常满意	比较满意	一般	比较不满意	非常不满意	高满意度	中满意度	低满意度

① 李云华，宋倜，魏连雨，孙文霞．模糊综合评价法选择物流服务供应商［J］．河北工业大学学报．2011，40（05）：94-97+107.

步骤 2：确定各层次指标权重值

权重值包括一级指标相对于总目标层的权重 W_B 和二级指标相对于一级指标的权重 W_C：

$$W_B=(W_1, W_2, W_3, W_4)$$

$$W_C=(w_{C1}, w_{C2}, w_{C3}, w_{C4})$$

$$W_{Ci}=(w_{Ci1}, w_{Ci2}, w_{Ci3}, w_{Ci4}\cdots\cdots), i=1,2,3,4。$$

①一级指标权重计算公式：

$$W_i=\frac{A_i}{B}$$

其中：W_i为一级指标第 i 项的权重

A_i为旋转后第 i 个公因子的特征值

B 为方差解释率累计之和。

②二级指标权重的确定

第一，二级指标变异值计算公式：

$$E_{ij}=\frac{D_{ij}}{C_{ij}}$$

其中：E_{ij}为二级指标第 ij 项的变异值

D_{ij}为二级指标第 ij 项的标准偏差

C_{ij}为二级指标第 ij 项的平均值

第二，二级指标权重计算公式：

$$W_{ij}=\frac{E_{ij}}{\sum E_{ij}}$$

其中：W_{ij}为二级指标第 ij 项权重

E_{ij}为二级指标第 ij 项的变异值

$\sum E_{ij}$为二级指标变异值之和

步骤 3：根据各指标特征建立隶属度矩阵 R

首先，单一因素中隶属度的确定。若对集合 U 中的第 i 个因素 U_i进行评价，则评价集 V 中所对应的第 j 个元素 V_j的隶属度为 R_{ij}。其模糊集合可表示为：

$$R_i=(r_{i1},r_{i2},r_{i3}\cdots\cdots r_{in})$$

其次，对全部因素分别进行评价后，得到模糊评价矩阵：

$$R=\begin{pmatrix} r_{11} & r_{12} & \cdots & r_{1n} \\ r_{21} & r_{22} & \cdots & r_{2n} \\ \vdots & \vdots & \vdots & \vdots \\ r_{m1} & r_{m2} & \cdots & r_{mn} \end{pmatrix}$$

步骤 4：进行分层模糊综合评价确定子效率得分

综合评价可分为 2 级：二级指标层对一级指标层和一级指标对目标层的评价。

二级指标层对一级指标层的模糊评价为：

$$B_i=W_i\times R_i,(i=1,2,3,4)$$

一级指标对目标层的模糊评价为：

$$S=B\times W_B=(S_1,S_2,S_3,S_4)$$

对 S 进行归一化，再根据最大隶属度原则可确定各子效率得分。

步骤 5：计算最终评价得分

根据等级规定基数，结合模糊评价的结果 S 进行综合考虑，得到最终综合评价得分 Q：

$$Q=5\times S_1+4\times S_2+3\times S_3+2\times S_4+1\times S_5$$①

（二）结构方程模型（SEM）

1. 起源与发展

结构方程建模是一种综合运用多元回归分析、路径分析和确认型因子分

① 陈桂华．乡村振兴背景下生态移民社区农户金融效率测度与提升对策研究[D]．银川：北方民族大学金融专业硕士研究生，2022.

析方法而形成的一种统计数据分析工具，也称为协方差结构分析。它既能够分析处理测量误差，又可分析潜在变量之间的结构关系（辛士波等，2014）①。

结构方程模型是由朱里斯考克（Joreskog）与范·西罗（Van Thillo）于1972年首次将因子分析、路径分析等统计方法整合后提出来的。随后Joreskog等人进一步提出了测量模型与结构模型的概念，促进了结构方程模型的发展（程开明，2006）②。Ullman（1996）认为结构方程模型是“一种验证一个或多个自变量与一个或多个因变量之间一组相互关系的多元分析程式”，突出其验证多个自变量与多个因变量关系的特点（吴瑞林等，2014）③。作为一种多元统计技术，结构方程模型产生后迅速得到普遍应用。

结构方程模型具有可同时处理多个因变量、容许自变量和因变量含测量误差、可同时估计因子结构和因子关系、容许更大弹性的测量模型、估计整个模型的拟合程度等优点（侯杰泰等，1999）④。1993年张建平将结构方程模型首次引入国内，被广泛应用于心理学、社会学、行为科学等领域。近年来，结构方程模型有了一些新的应用，主要包括多重样本分析、交互作用效应的检验、均数差异检验、纵向设计等。

2. 分析步骤

结构方程模型的建立过程包括模型构建、模型拟合、模型评价以及模型修正4个主要步骤，即：

步骤1：模型构建

根据专业知识和研究目的构建出理论模型，建构模型包括测量模型和结

---

① 辛士波，陈妍，张宸．结构方程模型理论的应用研究成果综述［J］．工业技术经济．2014，33（05）：61-71.

② 程开明．结构方程模型的特点及应用［J］．统计与决策．2006，（10）：22-25.

③ 吴瑞林，杨琳．在公共管理研究中应用结构方程模型——思想、模型和实践［J］．中国行政管理．2014，（03）：62-68.

④ 侯杰泰，成子娟．结构方程模型的应用及分析策略［J］．心理学探新．1999，（01）：54-59.

构模型，然后用测得的数据去验证这个理论模型的合理性（曲波等，2005）①。

步骤 2：模型拟合

拟合目标是使模型隐含的协方差矩阵即模型的“再生矩阵”与样本协方差矩阵尽可能地接近，极大似然法是应用最广的参数估计方法（曲波等，2005）②。

步骤 3：模型评价

检查的内容主要包括结构方程的解是否适当、参数与预设模型的关系是否合理、检视多个不同类型的整体拟合指数等（曲波等，2005）③。

步骤 4：模型修正

包括测量模型修正和结构模型修正，主要方法有对路径的修正和对指标的修正（曲波等，2005）④。

---

① 曲波，郭海强，任继萍，孙高．结构方程模型及其应用［J］．中国卫生统计．2005，(06)：405-407.

② 曲波，郭海强，任继萍，孙高．结构方程模型及其应用［J］．中国卫生统计．2005，(06)：405-407.

③ 曲波，郭海强，任继萍，孙高．结构方程模型及其应用［J］．中国卫生统计．2005，(06)：405-407.

④ 曲波，郭海强，任继萍，孙高．结构方程模型及其应用［J］．中国卫生统计．2005，(06)：405-407.

第五章　劳务移民搬迁满意度与就业稳定性关系

一　劳务移民搬迁满意度测度

（一）确定劳务移民搬迁满意度评价指标体系

1. 已有文献满意度指标的选取

对于移民满意度的研究文献相对较多，尽管学者们研究的主体不同、背景不同、阶段不同、目标不同，但在满意度评价指标上有很多相似相近之处，为本研究设计问卷时指标的选取提供了思路和借鉴。

陆青华（2002）[①] 评价指标主要包括生活条件、邻里关系、与干部关系、政府政策、劳动状况、经济状况、子女入学、医疗卫生等；杜云素（2013）[②] 评价指标主要包括政策落实、医疗、教育、卫生、交通等；唐贵忠等（2005）[③] 评价指标主要包括住房、人际关系、移民政策等；刘成斌等

---

① 陆青华．丹江口水库移民生活满意度的调查［J］．社会．2002，（06）：10-12.

② 杜云素．水库移民迁移早期的满意度及其影响因素［J］．人民黄河．2013，35（03）：93-96.

③ 唐贵忠，周恒，云露．小浪底工程征地移民心理满意度的分析［J］．人民黄河．2005，（04）：54-56.

(2007)[①] 评价指标主要包括经济生活条件满意度、住房状况满意度、干群关系满意度、家庭经济生活满意度等；马力等（2011）[②] 评价指标主要包括住宅条件、居住环境、生活条件、交通条件、邻里关系、干群关系、移民政策、文化教育、医疗卫生等；冯学兰（2012）[③] 评价指标主要包括邻里关系、总体生活、工作状况等；杨永梅等（2014）[④] 评价指标主要包括家庭收入、农田基础设施、住房、文化教育、医疗卫生、交通电力等；张越等(2014)[⑤] 评价指标主要包括收入来源方式、居住环境、周围居住的邻居、社保政策、基础设施建设、上学环境、就业情况、交通便利情况、医疗卫生情况等；王佳宁等（2014）[⑥] 评价指标主要包括基础环境、公共服务、收入状况、移民政策、社会关系等；张健等（2014）[⑦] 评价指标主要包括交通道路、生态环境、家庭收入、生活条件等；陈文超等（2015）[⑧] 评价指标主要包括住房条件、交通条件、教育条件、医疗条件、经济收入、优惠政策、信贷支持、干群关系、邻里关系、移民关系、医疗保险等；刘舒昕等(2015)[⑨] 评价指标主要包括住房、收入、就业、环境、医疗、教育、政策、

---

① 刘成斌，风笑天．三峡移民迁移满意度的转变及其根源［J］．人口研究．2007，（01）：76-85.

② 马力，夏立忠，李运东，杨林章，吴电明，程训强．三峡库首移民安置区土地资源、移民经济状况及移民满意度的调查与分析［J］．长江流域资源与环境．2011，20（01）：21-27.

③ 冯学兰．回汉移民社区居民家庭生活满意度的代际互惠影响——以 N 自治区 Y 市移民家庭为例［J］．西北民族研究．2012，（04）：86-93.

④ 杨永梅，郭志林，高泽兵，蒋贵彦，李惠梅，杨海镇，李东，卓玛措．后期扶持对提高青海黄河上游水库移民满意度的效果评价［J］．西北人口．2014，35（02）：55-58+65.

⑤ 张越，李双，奎夏淼．生态移民工程中的移民满意度实证研究——以宁夏泾灵新村为例［J］．宁夏社会科学．2014，（05）：54-61.

⑥ 王佳宁，强茂山，陈文超，郑腾飞．水库移民的满意度研究［J］．水力发电学报．2014，33（06）：261-267.

⑦ 张健，张丹，税宁．因子分析在水库移民后期扶持满意度评价中的应用［J］．水力发电．2014，40（12）：9-11+19.

⑧ 陈文超，强茂山，王佳宁，郑腾飞．水库移民管理者的认知对移民满意度的影响［J］．清华大学学报（自然科学版）．2015，55（01）：46-49+55.

⑨ 刘舒昕，李松柏．陕南避灾扶贫移民生存现状的满意度研究——以镇安县云盖寺镇移民安置点为例［J］．城市发展研究．2015，22（01）：102-107.

安全感、社会交往等；冯邵珍等（2016）① 评价指标主要包括移民政策满意度、现居住地生活满意度、此次搬迁的总体评价等；黄志刚等（2018）② 评价指标主要包括居住条件、邻里关系、干群关系、就业机会、生活环境、交通便利程度、医疗便利程度、子女接受更好的教育等；何思妤等（2018）③ 评价指标主要包括生活水平、教育、政府公共服务、医疗卫生、住房、供电设施、道路建设、生态环境保护等。

通过以上文献可以看出，学者们对于移民满意度的评价指标主要包括这几个方面：一是家庭发展满意度，如生活水平、居住条件等；二是社区发展满意度，如医疗卫生、干群关系、邻里关系等；三是发展环境满意度，如交通道路、基础设施建设等；四是政策满意度，虽然不是太多，而且政策也未进行细分，但已有学者涉及了，如移民政策等。

2. 指标选取

本研究在广泛参照和借鉴已有学者对满意度指标体系的相关研究的基础上，结合宁夏劳务移民具体的理论与实践以及对劳务移民访谈资料的整理结果，拟从“政策支持满意度”“家庭发展满意度”“社区发展满意度”和“发展环境满意度”4 个维度对劳务移民的搬迁满意度进行评价。

（1）政策支持满意度维度

劳务移民模式在设计之初，就对其理论意义有了充分的认识。劳务移民不仅是解决绝对贫困问题的有效手段，而且是保护迁出地生态环境、实现区域协调发展的重要途径，同时也为迁入地提供了一定的劳动力，加快了城镇化步伐。因而，从劳务移民开始实施起就在政策上给予了大力支持，而且在实施过程中作用日益显现的同时，政府的政策支持力度也在不断地加大。通过对《宁夏“十二五”中南部地区生态移民规划》《宁夏“十三五”中南

---

① 冯邵珍，冯春琴，郭朝阳，吴敏，时松和．南水北调移民搬迁满意度评价与心理社会应激的关系分析［J］．重庆医学．2016，45（01）：83-87.

② 黄志刚，陈晓楠．生计资本对农户移民满意度影响分析——以陕西南部地区为例［J］．干旱区资源与环境．2018，32（11）：47-52.

③ 何思妤，崔丹蕾，陈相伸．库区农村移民对后期扶持满意度实证分析——基于长江上游大型库区 1575 个农村移民的调查数据［J］．农村经济．2018，（07）：108-113.

部地区生态移民规划》的研读，本研究对劳务移民的政策进行了较为系统的梳理。由于政策内容繁多，为了便于问题的深入研究，特别是便于问卷设计和数据收集，本研究选取了医保政策满意度、养老政策满意度、低保政策满意度与金融政策满意度等作为观测变量予以评价。

（2）社区发展满意度维度

劳务移民是在政府有组织有计划的前提下进行的，为了便于管理进行了集中安置，同时采取“熟人社会”的管理方式。当走进劳务移民社区时，整齐的楼房、干净的卫生、整洁的绿化等都映入人们的眼帘，确实让人们感受到了劳务移民社区充满了生机。调研结果显示，劳务移民总体来说对社区管理还是比较满意的，但是由于受劳务移民整体素质和管理干部队伍整体能力的影响，还存在着这样或那样的不足。基于社区发展涉及面极广，为了便于问题研究，本研究选取了社区治安环境满意度、社区干群关系满意度、社区卫生环境满意度与社区管理水平满意度作为观测变量予以评价。

（3）发展环境满意度维度

劳务移民的发展，不仅要使其实现“安居”，还要使其实现“乐业”和可持续发展，这就要为其创造良好的就业环境和发展环境。因此，从劳务移民工作一开始，政府就加大了对其所在区域基础设施的建设力度，包括提升劳务移民子女教育与劳动技能培训的环境，确保劳务移民身体健康的医疗环境，方便人们出行与交流的交通环境等。由于发展环境涉及面较广，为了便于问题研究，特别是便于问卷设计和数据收集，本研究选取了交通环境满意度、教育环境满意度、医疗环境满意度与生态环境满意度作为观测变量予以评价。

（4）家庭发展满意度维度

劳务移民的初衷就是要让搬迁群众摆脱贫困、过上幸福的生活。从与劳务移民群众的具体交谈中可以发现，他们对家庭发展无论是收入水平还是精神风貌等方面都是比较满意的。在具体生活过程中，他们也对一些方面存在着不太满意的地方。同理，由于家庭发展涉及面也是比较广的，为了便于问卷设计和数据收集，本研究选取了家庭收入水平满意度、家庭成员和谐满意度、家庭生活质量满意度与家庭成员就业满意度作为观测变量予以评价。

3. 构建劳务移民搬迁满意度评价指标体系

评价劳务移民搬迁满意度指标体系的构建，采用了利益相关者分析法，确立了包括政策支持满意度、社区发展满意度、发展环境满意度、家庭发展满意度 4 个维度。这既涉及劳务移民发展的宏观层面——政策支持与发展环境，也涉及劳务移民发展的中观层面——社区发展，更涉及劳务移民发展的微观层面——家庭发展。

通过表 5-1 可以看出，劳务移民搬迁满意度的量表既可以测度劳务移民对搬迁的总体满意度水平，又可以测评其对具体微观领域的满意度状况，进而可以为今后改善和提升劳务移民满意度提供进一步的参考依据和决策信息。

表 5-1　劳务移民搬迁满意度评价指标体系

一级指标	二级指标	非常满意	比较满意	一般	不太满意	很不满意
政策支持	医保政策	5	4	3	2	1
	养老政策	5	4	3	2	1
	低保政策	5	4	3	2	1
	金融政策	5	4	3	2	1
社区发展	治安环境	5	4	3	2	1
	干群关系	5	4	3	2	1
	卫生环境	5	4	3	2	1
	管理水平	5	4	3	2	1
发展环境	交通环境	5	4	3	2	1
	教育环境	5	4	3	2	1
	医疗环境	5	4	3	2	1
	生态环境	5	4	3	2	1
家庭发展	收入水平	5	4	3	2	1
	成员和谐	5	4	3	2	1
	生活质量	5	4	3	2	1
	成员就业	5	4	3	2	1

4. 搬迁满意度评价指标体系的确立

为了确保评价结果具有科学性和有效性，采取因子分析方法对问卷进行了分析，包括问卷的信度、效度检验以及因子提取与命名。

（1）问卷信度效度检验

①KMO 测度和巴特利特球形检验

衡量变量是否符合因子分析，通常需要进行 KMO 测度和巴特利特球形检验的显著判断。一般认为 KMO 统计量的取值为 0~1，KMO 值越接近于 1 则越适合做因子分析，相反则不适合做因子分析。Kaiser 给出了一个 KMO 的度量标准：0.9 以上非常适合，>0.8 适合，>0.7 一般，>0.6 不太适合，<0.5 不适合。

本研究采用社会学统计软件 SPSS 26.0 的因子分析法计算出搬迁满意度的 21 个题项的 KMO 值和巴特利特球形检验 p 值，分析结果见表 5-2。

表 5-2　KMO 测度和巴特利特球形检验

KMO 取样适切性量数		0.892
巴特利特球形检验	近似卡方	2374.501
	自由度	120
	显著性	0.000

从表 5-2 可以看出，KMO 值为 0.892，属于“非常适合”，说明量表具有良好的内在信度；同时，巴特利特球形检验值为 2374.501，而且显著性为 0.000（$p<0.001$），说明问卷具有良好的效度。这说明问卷设计良好，符合研究要求，可以进行下一步分析。

②共同度检验

共同度是指一个指标能够解释的因子方差的比例。共同度越高，表示该指标对应的因子解释的方差越大，可以更好地代表该因子（彭苏勉，2013）[①]。

① 彭苏勉．基于价值网的软件企业商业模式创新研究［D］．北京：北京交通大学管理科学，2013.

理论上共同度大于0.5，就具有高效度（张同键等，2008）①。本研究对搬迁满意度的16个变量进行指标有效性检验，结果见表5-3。

表5-3 指标共同度

	初始	提取	样本量
收入水平	1.000	0.726	387
成员和谐	1.000	0.603	387
生活质量	1.000	0.585	387
成员就业	1.000	0.680	387
治安环境	1.000	0.713	387
干群关系	1.000	0.582	387
卫生环境	1.000	0.735	387
管理水平	1.000	0.590	387
医保政策	1.000	0.527	387
养老政策	1.000	0.656	387
低保政策	1.000	0.589	387
金融政策	1.000	0.570	387
交通环境	1.000	0.668	387
教育环境	1.000	0.641	387
医疗环境	1.000	0.597	387
生态环境	1.000	0.618	387

提取方法：主成分分析法。

从表5-3可以看出，共同度最大值为“卫生环境”0.735，最小值为“医保政策”0.527，所有指标共同度都大于0.5，符合因子分析的各项要求。

（2）探索性因子分析

①公因子提取

本研究采用主成分分析法，并以方差最大化正交旋转提取4个公因子。

① 张同键，杨爱民，张成虎．国有商业银行操作风险控制绩效模型实证研究——基于探索性因子分析和验证性因子分析角度的检验［J］．重庆大学学报（社会科学版）.2008，(03)：36-43.

表 5-4　因子提取

		主因子			
		1	2	3	4
卫生环境		0.822	—	—	—
治安环境		0.784	—	—	—
管理水平		0.699	—	—	—
干群关系		0.673	—	—	—
收入水平		—	0.816	—	—
成员就业		—	0.738	—	—
成员和谐		—	0.702	—	—
生活质量		—	0.701	—	—
养老政策		—	—	0.728	—
低保政策		—	—	0.727	—
金融政策		—	—	0.687	—
医保政策		—	—	0.610	—
教育环境		—	—	—	0.751
交通环境		—	—	—	0.737
生态环境		—	—	—	0.692
医疗环境		—	—	—	0.665
旋转前	特征值	5.952	1.748	1.347	1.034
	解释方差百分比(%)	37.198	10.913	8.420	6.482
	累计解释方差百分比(%)	37.198	48.111	56.532	62.933
旋转后	特征值	2.703	2.475	2.469	2.432
	解释方差百分比(%)	16.893	15.469	15.432	15.199
	累计解释方差百分比(%)	16.893	32,362	47.794	62.933

注：提取方法：主成分分析法。
旋转方法：凯撒正态化最大方差法。旋转在 6 次迭代后已收敛。
—，共同度<0.6 均未显示。

从表 5-4 可以看出，第一，提取的因子的最小特征值是 1.034，符合因子分析要求；这 4 个因子累计方差解释量为 62.933%，能够解释大多数方差；再检测各个观测变量指向的因子载荷系数，所有的因子载荷系数均高于 0.6。因此，从总体来看，劳务移民搬迁满意度维度的指标测度是可靠的。第二，各个观测变量的因子载荷最大值为 0.822，最小值为 0.610，均大于

0.6，鉴于较高的因子载荷，这表明结构效度良好。初步结果显示，搬迁满意度因子的变量选择和预测项目是合适的。

②公因子命名

根据表5-4，对分析结果产生的因子命名如下：

因子1：包括“卫生环境满意度”“治安环境满意度”“管理水平满意度”与“干群关系满意度”4个可观测变量。可以发现这4个可观测变量都属于原先构想的“社区发展满意度”维度，因子载荷系数分别为0.822、0.784、0.699、0.673，都高于0.6。因而，将这个因子命名为“社区发展满意度”。

因子2：包括“收入水平满意度”“成员就业满意度”“成员和谐满意度”与“生活质量满意度”4个可观测变量。可以发现这4个可观测变量都属于原先构想的“家庭发展满意度”维度，因子载荷系数分别为0.816、0.738、0.702、0.701，都高于0.7。因而，将这个因子命名为“家庭发展满意度”。

因子3：包括“养老政策满意度”“低保政策满意度”“金融政策满意度”与“医保政策满意度”4个可观测变量。可以发现这4个可观测变量都属于原先构想的“政策支持满意度”维度，因子载荷系数分别为0.728、0.727、0.687、0.610，都高于0.6。因而，将这个因子命名为“政策支持满意度”。

因子4：包括“教育环境满意度”“交通环境满意度”“生态环境满意度”与“医疗环境满意度”4个可观测变量。可以发现这4个可观测变量都属于原先构想的“发展环境满意度”维度，因子载荷系数分别为0.751、0.737、0.692、0.665，都高于0.6。因而，将这个因子命名为“发展环境满意度”。

以上4个公共因子对16个指标的因子累计方差解释量为62.933%，能解释大多数方差，因此比较理想。劳务移民搬迁满意度因子包括4个维度，即“社区发展满意度”“家庭发展满意度”“发展环境满意度”和“政策支持满意度”。

③搬迁满意度各维度信度、效度检验

信度分析主要考察的是各维度中每个测量项目的可靠性和一致性。实证研究中一般使用内部一致性 Cronbach's α 系数来检验数据的可靠性（谢洪明等，2006）[①]。根据 Nunnally（1978）提出的信度检验标准，Cronbach's α 系数应该大于 0.7[②]。

表 5-5　问卷总体量表的信度分析

维度	社区发展	发展环境	家庭发展	政策支持	
测量项目	卫生环境	教育环境	收入水平	低保政策	以上 16 个题项
	治安环境	交通环境	成员就业	金融政策	
	管理水平	生态环境	成员和谐	养老政策	
	干群关系	医疗环境	生活质量	医保政策	
α	0.820	0.780	0.795	0.765	0.885

从表 5-5 中可以看出，4 个量表的 Cronbach's α 系数均大于 0.7，总量表 Cronbach's α 系数则为 0.885，据此可以认为，该问卷具有比较好的内部一致性信度，问卷题目设置比较合理，数据较为可靠。如前所知，各个观测指标的共同度都大于 0.5，观测变量指向公共因子的载荷系数都大于 0.6，具有较高的收敛效度。跨因子载荷都很小，因此具有很好的区别效度。

（二）搬迁满意度评价步骤

1. 建立综合评价的因素集

设评定劳务移民搬迁满意度的指标集为 U＝（u_1，u_2，u_3，u_4），u_1表示“社区发展”，u_2表示“家庭发展”，u_3表示“发展环境”，u_4表示“政策支持”。

2. 建立综合评价的评价集

设评定劳务移民搬迁满意度评价集为 V＝（v_1，v_2，v_3，v_4，v_5），v_1，v_2，

① 谢洪明，刘常勇，陈春辉．市场导向与组织绩效的关系：组织学习与创新的影响——珠三角地区企业的实证研究［J］．管理世界．2006，(02)：80-94+143+171-172.

② J. Nunnally. Psychometric Theory（2nd ed）［M］．New York：McGraw-Hill，1978.

v_3，v_4，v_5分别表示“非常满意、比较满意、一般、不太满意、很不满意”，赋值为“5、4、3、2、1”。通过问卷调查收集资料，并对数据进行整理，形成表5-6。

表5-6　劳务移民对各项可观测变量满意度分布频率

一级指标	二级指标	评语集					合计
		v_1 (5)	v_2 (4)	v_3 (3)	v_4 (2)	v_5 (1)	
社区发展	治安环境	0.134	0.556	0.199	0.085	0.026	1
	干群关系	0.129	0.494	0.264	0.103	0.010	1
	卫生环境	0.160	0.605	0.158	0.059	0.018	1
	管理水平	0.090	0.421	0.238	0.194	0.057	1
家庭发展	收入水平	0.031	0.258	0.258	0.388	0.065	1
	成员和谐	0.067	0.341	0.269	0.266	0.057	1
	生活质量	0.080	0.429	0.315	0.160	0.016	1
	成员就业	0.059	0.305	0.279	0.318	0.039	1
发展环境	交通环境	0.186	0.620	0.142	0.036	0.016	1
	教育环境	0.124	0.607	0.212	0.057	0.000	1
	医疗环境	0.101	0.563	0.258	0.070	0.008	1
	生态环境	0.137	0.641	0.191	0.028	0.003	1
政策支持	医保政策	0.114	0.494	0.266	0.109	0.017	1
	养老政策	0.078	0.444	0.354	0.106	0.018	1
	低保政策	0.041	0.300	0.519	0.116	0.024	1
	金融政策	0.186	0.620	0.142	0.036	0.016	1

3. 确定权重向量与构造权重判断矩阵

（1）一级指标权重的确定

由表5-7可以看出，旋转后的特征值不同于旋转前的特征值。旋转前的特征值依次为5.952、1.746、1.347、1.034，解释变异量依次为37.198、10.913、8.420、6.462；旋转后的特征值依次为2.703、2.475、2.469、2.432，解释变异量依次为16.893、15.469、15.432、15.199。说明旋转后解释变异量更均匀，更有利于分析解释问题，进行因子旋转使得分析变得更有意义（管健等，2019）①。

① 管健，郭倩琳．我国青年国家认同的结构与验证［J］．南开学报（哲学社会科学版）．2019，（06）：82-92.

表 5-7　总方差解释旋转前后对比

提取载荷平方和			旋转载荷平方和		
总计	方差百分比	累计方差百分比	总计	方差百分比	累计方差百分比
5.952	37.198	37.198	2.703	16.893	16.893
1.746	10.913	48.111	2.475	15.469	32.362
1.347	8.420	56.532	2.469	15.432	47.794
1.034	6.462	62.993	2.432	15.199	62.993

根据一级权重计算公式计算结果如表 5-8：

表 5-8　一级权重计算结果

因子	社区管理（W_1）	家庭发展（W_2）	发展环境（W_3）	政策支持（W_4）	合计
旋转后特征值	2.703	2.475	2.469	2.432	
方差百分比（A_i）	16.893	15.469	15.432	15.199	
累计方差百分比（B_i）	62.993				
权重	0.268	0.246	0.245	0.241	1.000

从表 5-8 可以看出，一级指标权重 $W=$（0.268 0.246 0.245 0.241）。

（2）二级指标权重的确定

表 5-9　二级权重计算结果

一级指标	二级指标	平均值（C_{ij}）	标准偏差（D_{ij}）	变异值（E_{ij}）	二级权重（W_{ij}）
社区发展	治安环境	3.69	0.901	0.244	0.262
	干群关系	3.63	0.873	0.240	0.258
	卫生环境	3.83	0.831	0.217	0.234
	管理水平	3.59	0.823	0.229	0.246
家庭发展	收入水平	2.80	0.996	0.356	0.275
	成员和谐	3.10	1.047	0.338	0.261
	生活质量	3.40	0.903	0.266	0.206
	成员就业	3.03	1.009	0.333	0.258

续表

一级指标	二级指标	平均值(C_{ij})	标准偏差(D_{ij})	变异值(E_{ij})	二级权重(W_{ij})
发展环境	交通环境	3.93	0.780	0.198	0.240
	教育环境	3.80	0.724	0.191	0.236
	医疗环境	3.68	0.779	0.212	0.288
	生态环境	3.88	0.672	0.173	0.236
政策支持	医保政策	3.58	0.894	0.250	0.256
	养老政策	3.46	0.852	0.246	0.246
	低保政策	3.26	0.979	0.300	0.274
	金融政策	3.22	0.792	0.246	0.224

4. 建立隶属度矩阵 R

（1）单一因素中隶属度的确定

从表 5-9 可以看出，单一因素隶属度确定结果如下：

社区发展 $W_1=(0.262\ 0.258\ 0.234\ 0.246)$

家庭发展 $W_2=(0.275\ 0.261\ 0.206\ 0.258)$

发展环境 $W_3=(0.240\ 0.236\ 0.288\ 0.236)$

政策支持 $W_4=(0.256\ 0.246\ 0.274\ 0.224)$

（2）搬迁满意度各维度的评价矩阵确立

社区发展 U_1的评判矩阵：

$$R_1=\begin{pmatrix} 0.134 & 0.556 & 0.199 & 0.085 & 0.026 \\ 0.129 & 0.494 & 0.264 & 0.103 & 0.010 \\ 0.160 & 0.605 & 0.158 & 0.059 & 0.018 \\ 0.090 & 0.421 & 0.238 & 0.194 & 0.057 \end{pmatrix}$$

家庭发展 U_2的评判矩阵：

$$R_2=\begin{pmatrix} 0.031 & 0.258 & 0.258 & 0.388 & 0.065 \\ 0.067 & 0.341 & 0.269 & 0.266 & 0.057 \\ 0.080 & 0.429 & 0.315 & 0.160 & 0.016 \\ 0.059 & 0.305 & 0.279 & 0.318 & 0.039 \end{pmatrix}$$

发展环境 U_3的评判矩阵：

$$R_3 = \begin{pmatrix} 0.186 & 0.620 & 0.142 & 0.036 & 0.016 \\ 0.124 & 0.607 & 0.212 & 0.057 & 0.000 \\ 0.101 & 0.563 & 0.258 & 0.070 & 0.008 \\ 0.137 & 0.641 & 0.191 & 0.028 & 0.003 \end{pmatrix}$$

政策支持 U_4的评判矩阵：

$$R_4 = \begin{pmatrix} 0.114 & 0.494 & 0.266 & 0.109 & 0.017 \\ 0.078 & 0.444 & 0.354 & 0.106 & 0.018 \\ 0.041 & 0.300 & 0.519 & 0.116 & 0.024 \\ 0.186 & 0.620 & 0.142 & 0.036 & 0.016 \end{pmatrix}$$

5. 进行分层模糊综合评价

根据原理计算出搬迁满意度各维度的评价向量：

社区发展的评价向量为：

$$b_1 = W_1 \times R_1 = (0.262 \quad 0.258 \quad 0.234 \quad 0.246) \times \begin{pmatrix} 0.134 & 0.556 & 0.199 & 0.085 & 0.026 \\ 0.129 & 0.494 & 0.264 & 0.103 & 0.010 \\ 0.160 & 0.605 & 0.158 & 0.059 & 0.018 \\ 0.090 & 0.421 & 0.238 & 0.194 & 0.057 \end{pmatrix}$$

$$b_1 = (0.128\ 0.518\ 0.216\ 0.110\ 0.028)$$

从计算结果可以看出社区发展评价隶属度处于“比较满意”状态。

家庭发展的评价向量为：

$$b_2 = W_2 \times 2 = (0.275 \quad 0.261 \quad 0.206 \quad 0.258) \times \begin{pmatrix} 0.031 & 0.258 & 0.258 & 0.388 & 0.065 \\ 0.067 & 0.341 & 0.269 & 0.266 & 0.057 \\ 0.080 & 0.429 & 0.315 & 0.160 & 0.016 \\ 0.059 & 0.305 & 0.279 & 0.318 & 0.039 \end{pmatrix}$$

$$b_2 = (0.058\ 0.327\ 0.278\ 0.291\ 0.046)$$

从计算结果可以看出家庭发展评价隶属度也处于“比较满意”状态。

发展环境的评价向量为：

$$b_3 = W_3 \times R_3 = (0.240 \quad 0.236 \quad 0.288 \quad 0.236) \times \begin{pmatrix} 0.186 & 0.620 & 0.142 & 0.036 & 0.016 \\ 0.124 & 0.607 & 0.212 & 0.057 & 0.000 \\ 0.101 & 0.563 & 0.258 & 0.070 & 0.008 \\ 0.137 & 0.641 & 0.191 & 0.028 & 0.003 \end{pmatrix}$$

$$b_3 = (0.135\ 0.605\ 0.203\ 0.049\ 0.008)$$

从计算结果可以看出发展环境评价隶属度也处于“比较满意”状态。

政策支持的评价向量为：

$$b_4 = W_4 \times R_4 = (0.256 \quad 0.246 \quad 0.274 \quad 0.224) \times \begin{pmatrix} 0.114 & 0.494 & 0.266 & 0.109 & 0.017 \\ 0.078 & 0.444 & 0.354 & 0.106 & 0.018 \\ 0.041 & 0.300 & 0.519 & 0.116 & 0.024 \\ 0.186 & 0.620 & 0.142 & 0.036 & 0.016 \end{pmatrix}$$

$$b_4 = (0.101\ 0.457\ 0.329\ 0.094\ 0.019)$$

从计算结果可以看出政策支持评价隶属度也处于“比较满意”状态。

6. 计算综合隶属度

$$b_1 = = (0.128\ 0.518\ 0.216\ 0.110\ 0.028)$$

$$b_2 = (0.058\ 0.327\ 0.278\ 0.291\ 0.046)$$

$$b_3 = (0.135\ 0.605\ 0.203\ 0.049\ 0.008)$$

$$b_4 = (0.101\ 0.457\ 0.329\ 0.094\ 0.019)$$

$$B = (b_1^T, b_2^T, b_3^T, b_4^T)^T$$

$$B = \begin{pmatrix} 0.128 & 0.518 & 0.216 & 0.110 & 0.028 \\ 0.058 & 0.327 & 0.278 & 0.291 & 0.046 \\ 0.135 & 0.605 & 0.203 & 0.049 & 0.008 \\ 0.101 & 0.457 & 0.329 & 0.094 & 0.019 \end{pmatrix}$$

$$W = (0.268\ 0.246\ 0.245\ 0.241)$$

计算综合隶属度：

$$E = W \times B = (0.258 \quad 0.246 \quad 0.245 \quad 0.241) \times \begin{pmatrix} 0.128 & 0.518 & 0.216 & 0.110 & 0.028 \\ 0.058 & 0.327 & 0.278 & 0.291 & 0.046 \\ 0.135 & 0.605 & 0.203 & 0.049 & 0.008 \\ 0.101 & 0.457 & 0.329 & 0.094 & 0.019 \end{pmatrix}$$

$$E = (E_1, E_2, E_3, E_4, E_5)$$
$$= (0.106\ 0.478\ 0.255\ 0.136\ 0.025)$$

从计算结果可以得出劳务移民搬迁满意度综合隶属度处于“比较满意”。

（三）结果与分析

1. 结果

根据等级规定基数，结合模糊评价的结果 E 进行综合考虑，得到劳务移民搬迁满意度总体评判分值 Q：

$$Q = 5 \times E_1 + 4 \times E_2 + 3 \times E_3 + 2 \times E_4 + 1 \times E_5$$
$$Q = 0.106 \times 5 + 0.478 \times 4 + 0.255 \times 3 + 0.136 \times 2 + 0.025 \times 1 = 3.504$$

从计算结果可以得出劳务移民搬迁满意度为 3.504，为“高满意度”。

2. 分析

通过表 5-10 可以看出，劳务移民搬迁满意度的最后总体得分为 3.504，大于 3.5，属于“高满意度”，但应该属于“高满意度”的“低水平”。继续分析后又将搬迁满意度分为两类：

第一类：高满意度类，属于继续巩固和提高类，包括“社区发展满意度”“发展环境满意度”“政策支持满意度”3 类。

①社区发展满意度：由于其观测指标包括“卫生环境满意度”“治安环境满意度”“管理水平满意度”与“干群关系满意度”，得分依次为 3.83、3.69、3.59、3.63，均大于 3.5，4 个指标的满意度均为“高满意度”；同时“社区发展满意度”自身得分为 3.61，因此也属于“高满意度”。

②发展环境满意度：由于其观测指标包括“教育环境满意度”“交通环境满意度”“生态环境满意度” “医疗环境满意度”，得分依次为 3.80、3.93、3.88、3.68，均大于 3.5，4 个指标的满意度均为“高满意度”；同时“发展环境满意度”自身得分为 3.81，因此也属于“高满意度”。

表 5-10　搬迁满意度总体评价表

<table>
<tr><th>观察指标</th><th>平均值</th><th>评价</th><th>准目标层</th><th>平均值</th><th>评价</th><th>目标层</th><th>平均值</th><th>评价</th></tr>
<tr><td>卫生环境</td><td>3.83</td><td>高</td><td rowspan="4">社区发展</td><td rowspan="4">3.61</td><td rowspan="4">高</td><td rowspan="16">搬迁满意度</td><td rowspan="16">3.504</td><td rowspan="16">高</td></tr>
<tr><td>治安环境</td><td>3.69</td><td>高</td></tr>
<tr><td>管理水平</td><td>3.59</td><td>高</td></tr>
<tr><td>干群关系</td><td>3.63</td><td>高</td></tr>
<tr><td>收入水平</td><td>2.80</td><td>中</td><td rowspan="4">家庭发展</td><td rowspan="4">3.06</td><td rowspan="4">中</td></tr>
<tr><td>成员就业</td><td>3.03</td><td>中</td></tr>
<tr><td>成员和谐</td><td>3.10</td><td>中</td></tr>
<tr><td>生活质量</td><td>3.40</td><td>中</td></tr>
<tr><td>教育环境</td><td>3.80</td><td>高</td><td rowspan="4">发展环境</td><td rowspan="4">3.81</td><td rowspan="4">高</td></tr>
<tr><td>交通环境</td><td>3.93</td><td>高</td></tr>
<tr><td>生态环境</td><td>3.88</td><td>高</td></tr>
<tr><td>医疗环境</td><td>3.68</td><td>高</td></tr>
<tr><td>养老政策</td><td>3.46</td><td>中</td><td rowspan="4">政策支持</td><td rowspan="4">3.53</td><td rowspan="4">高</td></tr>
<tr><td>医保政策</td><td>3.58</td><td>高</td></tr>
<tr><td>金融政策</td><td>3.22</td><td>中</td></tr>
<tr><td>低保政策</td><td>3.26</td><td>中</td></tr>
</table>

③政策支持满意度：评判相对复杂。由于其观测指标包括“养老政策满意度”“金融政策满意度”“低保政策满意度”，得分依次为3.46、3.22、3.26，均大于2.5，但小于3.5，3个指标的满意度均为“中满意度”；但“医保政策满意度”得分为3.58，其满意度属于“高满意度”。同时“政策支持满意度”自身得分为3.53，因此也属于“高满意度”，相对来说偏低一些。

第二类：中满意度类，属于不断提高和优化类，这既需要政府在政策上予以继续加大支持力度，也需要家庭成员做出积极有效的努力，包括“家庭发展满意度”1类。

家庭发展满意度，由于其观测指标包括“收入水平满意度”“成员就业满意度”“成员和谐满意度”“生活质量满意度”，得分依次为2.80、3.03、3.10、3.40，均大于2.5，但小于3.5，4个指标的满意度均为“中满意度”；同时“家庭发展满意度”自身得分为 3.06，因此也属于“中满意度”。

通过以上分析可以看出，除了“家庭发展满意度”为“中满意度”外，其余均属于“高满意度”，说明在提高搬迁满意度过程中应该把“家庭发展满意度”作为重点来抓，特别是要想方设法提高劳务移民的就业水平、有效增加其收入，同时积极创造条件改善其居住条件，进一步提高其生活质量。

二　劳务移民搬迁满意度与就业稳定性关系

（一）研究假设

从以上评价结果来看，劳务移民搬迁满意度总体评价为 3.504，属于“高满意度”，其中，社区发展满意度（3.61）、发展环境满意度（3.81）、政策支持满意度（3.53），均属于“高满意度”，家庭发展满意度（3.06）属于“中满意度”。那么搬迁满意度的各个维度与就业稳定性之间的关系如何是本节研究的重点。

根据马斯洛层次需求理论和弗鲁姆的期望理论，本节对劳务移民的搬迁满意度与就业稳定性之间所具有的密切联系进行了分析，提出了理论假设并构建了结构方程模型图。

关于搬迁满意度与就业稳定性的关系，中国古语“安居乐业”就是生动的写照。只有实现“安居”，切实解决后顾之忧，劳务移民才能积极主动寻求工作、实现“乐业”，并逐步做到稳定就业；只有实现“乐业”，积极就业获得更多的收入，才能为劳务移民“安居”提升水平提供更多的物质基础。因此，搬迁满意度是提升劳务移民就业稳定性的前提条件，就业稳定性是提升搬迁满意度的必然结果，两者相辅相成、相得益彰。

劳务移民的搬迁满意度所涉及的面是比较广的，在梳理和借鉴已有文献的基础上，结合宁夏具体的劳务移民的理论与实践，至少应该包括政策支持满意度、社区发展满意度、发展环境满意度和家庭发展满意度4个维度。在总体安居乐业已经实现的前提下，搬迁满意度的各个维度与劳务移民就业稳定性之间的关系又是如何、程度又是怎样，必须加以认识，进而找出薄弱环节，为进一步采取措施、更好服务安居乐业提供理论依据和现实依据。

1.政策支持满意度与劳务移民就业稳定性的关系

劳务移民模式在设计之初，就对其理论意义有了充分的认识。劳务移民不仅是解决绝对贫困问题的有效手段，也是保护迁出地生态环境、实现区域协调发展的重要途径，同时也为迁入地提供了一定的劳动力，加快了城镇化步伐。因而，从劳务移民开始实施起就在政策上给予了大力支持，而且在实施过程中作用日益显现的同时，政府的政策支持力度也在不断地加大。

政策泛指某一团体组织为达到设定目标所采取的方法、策略（刘昌雄，2003）①。劳务移民就是中国政府运用政策手段有效解决绝对贫困问题的重要实践活动。为了确保劳务移民及其所在社区能够实现可持续发展，政府出台了一系列政策予以支持，包括住房政策、就业政策、低保政策、金融政策、医保政策以及养老政策等。

为了实现安居，政府提供了一定面积的住房；为了促进就业，政府提供了一定的就业技能培训、就业信息；为了确保基本生活需求，政府提供了最低生活保障；为了确保身心健康，政府提供了医疗保险；为了解决后顾之忧，政府提供了养老保险；为了缓解原有债务，政府提供了金融政策支持；等等。因此测度政策支持满意度的可观测变量是比较多的，它们均与就业稳定性有着一定的关系，包括医保政策满意度、养老政策满意度、低保政策满意度以及金融政策满意度等。

政策支持满意度与就业稳定性之间存在着密切的联系。政策支持的目的

---

① 刘昌雄．公共政策：涵义、特征和功能［J］．探索．2003，（04）：37-41.

就是实现安居乐业，政策支持满意度越高，就业稳定性水平也就越高。政策支持满意度的提高可以有效地提高就业稳定性，从而改善劳务移民的就业状况，促进其可持续发展。政府可以通过改善劳务移民的就业环境，从而提高劳务移民政策支持满意度，提高其就业稳定性。针对劳务移民的政策支持满意度与就业稳定性之间的关系，提出以下假设：

假设 1a：政策支持满意度与劳务移民就业稳定性之间呈正相关关系。

2. 社区发展满意度与劳务移民就业稳定性的关系

劳务移民是在政府有组织有计划的前提下进行的，为了便于管理进行了集中安置，同时采取熟人社会管理的方式加强管理。当走进劳务移民社区时，无论是社区的基础设施建设、人们居住的环境，还是精神风貌，都让人感受到劳务移民发展的诸多可喜变化。调研结果显示，劳务移民总体来说对社区发展还是比较满意的，评价结果达到了 3.61，属于“高满意度”，这为劳务移民的可持续发展奠定了良好的基础。

社区发展在劳务移民安居乐业方面起着基础性作用。一方面，社区基层组织为劳务移民日常生活提供了众多服务，包括治安、卫生、绿化以及协调邻里关系等，力图使劳务移民有更好的归属感，实现“安居”；另一方面，社区基层组织为劳务移民提供就业服务，包括就业政策的宣传、就业技能的培训、就业信息的提供以及就业岗位的联系等，实现“乐业”。

作为一种新兴的城市社区，要使其得以可持续发展，就必须加强基层管理。在劳务移民搬迁初期，采取了谁搬迁谁管理的“熟人社会”管理方式，不仅加快了管理节奏，而且也有利于群众问题的解决，对于管理水平与干群关系劳务移民还是比较满意的；与一般社区相比，劳务移民社区也应该搞好社会治安、卫生绿化以及社区邻里关系，这些也得到劳务移民的认可；等等。因此测度社区发展满意度的可观测变量是比较多的，它们均与就业稳定性之间有着一定的关系，包括卫生环境满意度、治安环境满意度、干群关系满意度、管理水平满意度以及邻里关系满意度等。

社区发展满意度与就业稳定性之间存在着密切的联系。社区发展水平越高越能使安居乐业落到实处，进而为提高劳务移民的就业稳定性奠定良好基础。社区发展满意度的提高可以为劳务移民提供更多的机会，从而改善就业环境，提高就业稳定性。另外，社区发展满意度的提高也可以改善社会环境，为就业稳定性提供更多的保障。针对劳务移民的社区发展满意度与就业稳定性之间的关系，提出以下假设：

假设1b：社区发展满意度与劳务移民就业稳定性之间呈正相关关系。

3. 发展环境满意度与劳务移民就业稳定性的关系

劳务移民的发展，不仅要使其实现“安居”，还要使其实现“乐业”和可持续发展，这就要为其创造良好的就业环境和发展环境。因此从劳务移民工作一开始，政府就加大了对其基础设施的建设力度，包括提升劳务移民子女教育与劳动技能培训的环境，确保劳务移民身体健康的医疗环境，方便人们出行与交流的交通环境等。

为了确保劳务移民实现安居乐业，政府建造了各种基础设施，为其营造了良好的区域发展环境。包括便于劳务移民外出参与社会活动的交通环境、子女接受良好教育的教育环境、居民可以享受的良好的医疗环境、寻求工作所需要的良好的就业环境以及良好的居住环境等。

劳务移民之所以能够得以顺利发展，一个重要的原因就在于良好的发展环境吸引了劳务移民。良好的教育环境为劳务移民子女的未来发展提供了千载难逢的机遇，良好的交通环境为其寻求更广阔的发展空间提供了便利条件，良好的医疗环境为解决人们的疾患、提高健康水平提高了便利，良好的生态环境使人们摆脱了恶劣的自然环境的束缚，对这些劳务移民都是满意的。由此可见，测度发展环境的可观测变量也是众多的，包括教育环境满意度、生态环境满意度、交通环境满意度以及医疗环境满意度等，都与劳务移民的就业稳定性有着密切的关系。

发展环境满意度与就业稳定性之间存在着密切的联系。发展环境越好劳务移民就业的机会也就越多，进而劳务移民就业稳定性水平也会得以提高。一个良好的发展环境可以为就业者提供更多的就业机会，从而提高就业稳定性。另一方面，就业稳定性也可以为发展环境提供更多的资源，从而提高发展环境的满意度。因此，发展环境满意度与就业稳定性之间存在着相互促进的关系。针对劳务移民的发展环境满意度与就业稳定性之间的关系，提出以下假设：

假设 1c：发展环境满意度与劳务移民就业稳定性之间呈正相关关系。

4. 家庭发展满意度与劳务移民就业稳定性的关系

劳务移民的初衷就是通过易地搬迁使生存条件和生活条件都极差的绝对贫困群众摆脱贫困、进而过上幸福生活。应该说，经过实践，这一初衷已经得以初步实现，劳务移民无论是在住房条件还是在生活质量上都取得了显著成效，更为可喜的是其精神面貌发生了巨大的变化，“我要富”“我想富”的信心不断增强。

劳务移民家庭发展水平的提高，不仅取决于政策有效支持、社区良好发展以及发展环境的持续改善，更取决于劳务移民的不断进取，特别是主动就业与积极就业。为了提高劳务移民的就业水平，政府不仅为其进行了形式多样的技能培训，还提供了众多的就业信息和指导。当然，为了提高其就业积极性和就业稳定性，还出台了相应的激励措施和鼓励政策。对于劳务移民来说，他们也在不断地根据自己的实际情况调动自己的主观能动性，积极寻求工作和就业。

家庭发展满意度与就业稳定性之间有着密切的联系。家庭成员就业越多、越稳定，家庭发展水平就越高；家庭发展水平越高，也就越激励家庭成员进行就业；两者之间相辅相成、互相促进。在具体的调研过程中，劳务移民普遍反映凡是就业比较稳定的家庭其发展水平相对较高，相反亦然。根据劳务移民家庭发展与就业稳定性的关系，提出以下假设：

假设 1d：家庭发展满意度与劳务移民就业稳定性之间呈正相关关系。

5. 搬迁满意度4个维度协同影响劳务移民就业稳定性

当然，搬迁满意度的 4 个维度“政策支持满意度”“社区发展满意度”“发展环境满意度”与“家庭发展满意度”之间也有着密切的关系，相互支持、相互促进。政策支持满意度是社区发展满意度、发展环境满意度和家庭发展满意度的重要前提，因为政策支持可以为社区的发展、区域环境的改善与家庭发展水平的提升提供资金支持和技术支持，从而改善社区发展状况、区域发展环境与家庭发展状况，提高社区发展满意度、发展环境满意度和家庭发展满意度。同时，社区发展满意度与发展环境满意度、家庭发展满意度相互促进、相互影响。发展环境满意度可以影响社区发展满意度和家庭发展满意度，因为良好的发展环境可以为社区发展、家庭发展提供良好的条件，从而提高社区发展满意度、家庭发展满意度；社区发展满意度也可以影响发展环境满意度、家庭发展满意度，因为良好的社区发展可以为发展环境、家庭发展提供良好的条件，从而提高发展环境满意度和家庭发展满意度；家庭发展满意度既是社区发展满意度与发展环境满意度的结果，也是提升社区发展满意度与发展环境满意度的重要前提。

根据以上的研究假设，构建了搬迁满意度与劳务移民就业稳定性的结构方程初始模型，具体见图 5-1。

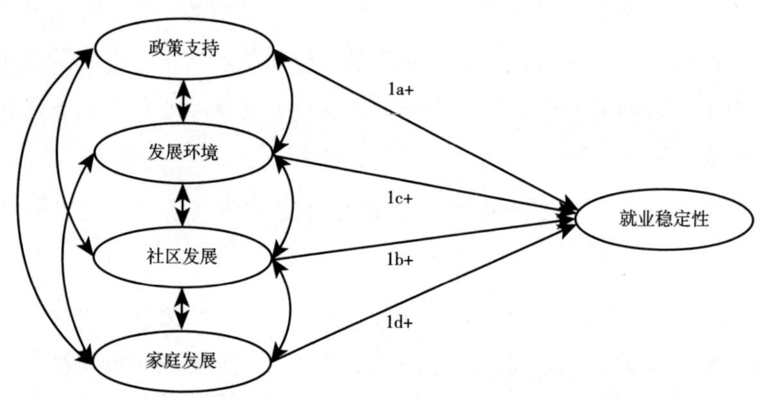

图 5-1　劳务移民搬迁满意度与就业稳定性结构方程初始模型

（二）量表设计

结合宁夏劳务移民的实际情况，以及借鉴前人已有文献，设计了劳务移民搬迁满意度与就业稳定性关系量表 5-11。

表 5-11　劳务移民搬迁满意度与就业稳定性关系量表

变量			题项	简化	非常满意	比较满意	一般	不太满意	很不满意
外生潜变量	搬迁满意度	社区发展	我对现在的社区治安环境满意状况是	治安环境	5	4	3	2	1
			我对现在的社区干群关系满意状况是	干群关系	5	4	3	2	1
			我对现在的社区卫生环境满意状况是	卫生环境	5	4	3	2	1
			我对现在的社区邻里关系满意状况是	邻里关系	5	4	3	2	1
			我对现在的社区管理水平满意状况是	管理水平	5	4	3	2	1
		发展环境	我对现在的社区交通环境满意状况是	交通环境	5	4	3	2	1
			我对现在的社区教育环境满意状况是	教育环境	5	4	3	2	1
			我对现在的社区医疗环境满意状况是	医疗环境	5	4	3	2	1
			我对现在的社区生态环境满意状况是	生态环境	5	4	3	2	1
		政策支持	我对劳务移民住房政策满意状况是	住房政策	5	4	3	2	1
			我对劳务移民医保政策满意状况是	医保政策	5	4	3	2	1
			我对劳务移民养老政策满意状况是	养老政策	5	4	3	2	1
			我对劳务移民低保政策满意状况是	低保政策	5	4	3	2	1
			我对劳务移民金融政策满意状况是	金融政策	5	4	3	2	1
		家庭发展	我对家庭收入水平满意状况是	收入水平	5	4	3	2	1
			我对家庭居住条件满意状况是	居住条件	5	4	3	2	1
			我对家庭成员和谐满意状况是	家庭和谐	5	4	3	2	1
			我对家庭生活质量满意状况是	生活质量	5	4	3	2	1
内生潜变量	就业稳定性		我对已有就业环境满意度状况是	就业环境	5	4	3	2	1
			我对家庭成员就业满意度状况是	成员就业	5	4	3	2	1
			我对已有就业政策满意度状况是	就业政策	5	4	3	2	1
			我对自己就业稳定性状况评价是	就业自评	5	4	3	2	1
			我对已有就业方式适应性状况是	就业方式	5	4	3	2	1

（三）实证分析

1. 描述性统计分析

运用 SPSS26.0 软件对研究中潜变量的观测变量进行相应的分析，以初步探究各变量间的关系和影响程度，结果如表 5-12 所示。

从表 5-12 可以看出，由“社区发展满意度”到“就业稳定性”维度的所有题项中，最小值为1，最大值为5，说明问卷回答具有一定的差异性。其中，均值最大为4.10，最小为2.80；指标的偏度大多数小于0（-1到0.3之间），表明数据分布形态与正态分布相比为左偏，数据左端有较多的极端值（劳务移民搬迁满意度需要进一步提高）；指标的峰度集中于-1~+3，满足一定的正态分布。

表5-12　样本的统计描述

维度	题项	最小值	平均值	标准差	偏度	峰度	总体均值
社区发展	治安环境	1	3.69	0.901	-0.903	0.825	3.74
	干群关系	1	3.63	0.873	-0.514	0.000	
	卫生环境	1	3.83	0.831	-1.059	1.670	
	邻里关系	1	3.95	0.683	-0.576	1.143	
	管理水平	1	3.59	0.823	-0.753	0.622	
政策支持	住房政策	1	3.29	1.058	-0.439	-.596	3.36
	医保政策	1	3.58	0.894	-0.592	0.132	
	养老政策	1	3.46	0.852	-0.448	0.131	
	低保政策	1	3.26	0.979	-0.381	-0.222	
	金融政策	1	3.22	0.792	-0.193	0.463	
就业稳定性	就业环境	1	3.25	0.930	-0.183	-0.702	3.12
	就业方式	1	3.36	0.909	-0.411	-0.294	
	就业自评	1	2.84	1.069	0.037	-0.923	
	成员就业	1	3.03	1.009	0.065	-0.877	
发展环境	交通环境	1	3.93	0.780	-1.120	2.436	3.82
	教育环境	2	3.80	0.724	-0.580	0.463	
	医疗环境	1	3.68	0.779	-0.661	0.632	
	生态环境	1	3.88	0.672	-0.626	1.280	
家庭发展	收入水平	1	2.80	0.996	0.197	-0.856	3.35
	居住条件	1	3.10	1.047	-0.138	-0.831	
	家庭和谐	1	4.10	0.750	-0.834	1.354	
	生活质量	1	3.40	0.903	-0.340	-0.394	

“就业稳定性”的总体均值为3.12，处于较低水平，说明劳务移民的就业稳定性较低。其中以“就业自评”为最低（2.84），表明了政府的主要工

作方向和本研究的主要研究方向。在“劳务移民搬迁满意度”的4个维度中，“政策支持满意度”（3.36）和“家庭发展满意度”（3.35）的总体均值相对较低，说明劳务移民搬迁的相关政策支持需进一步健全和加强落实，家庭必须充分发挥自身主体作用。其中，政策支持尤以低保政策（3.26）和金融政策（3.22）为低，金融政策和低保政策应是进一步提高劳务移民满意度的工作重点；家庭发展尤以收入水平（2.80）为低，说明增加收入是目前的重中之重。

“社区发展满意度”和“发展环境满意度”的总体均值分别为3.74和3.82，说明居民对迁入地的发展环境和社区发展有较高的满意度，同时说明“社区发展满意度”和“发展环境满意度”是劳务移民就业稳定性的重要影响因素。

2. 探索性因子分析

对于劳务移民搬迁满意度与就业稳定性的关系的研究，学界虽然有所涉及但未展开深入研究，特别是将搬迁满意度细分为政策支持满意度、社区发展满意度、发展环境满意度以及家庭发展满意度4个维度实属首次；同时，由于本研究量表均为自己创设，为了提高量表的质量，在分析前均采用SPSS 26.0进行了探索性因子分析（下同）。

（1）KMO值和巴特利特球形检验

表5-13　KMO值和巴特利特球形检验

维度		KMO值(≥0.7)
社区发展满意度		0.802
政策支持满意度		0.746
发展环境满意度		0.737
家庭发展满意度		0.688
就业稳定性		0.793
总体		0.891
巴特利特球形检验	近似卡方	2351.916
	自由度	120
	显著性	0.000

从表5-13可以看出，经检验样本的总体KMO值为0.891（>0.7），在5个维度的KMO值中，除了“家庭发展满意度”的值<0.7外，其余4个均>0.7，表明变量间的偏相关性较强；巴特利特球形检验卡方统计值为2351.916，显著性为0.000，模型各项指标均为优良，变量之间的相关程度也较高。因此，样本数据适合进行因子分析。

（2）公因子提取

本研究采用主成分分析（Principal Components）方法，并以方差最大化正交旋转（Varimax Rotation）提取公因子。为了能够清晰地分析搬迁满意度与就业稳定性的关系，强制性地提取了4个公因子。劳务移民搬迁满意度与就业稳定性量表的因子分析结果见表5-14。

表5-14　劳务移民搬迁满意度与就业稳定性量表的因子分析结果

		成分			
		1	2	3	4
卫生环境		0.831			
治安环境		0.781			
管理水平		0.715			
干群关系		0.677			
养老政策			0.767		
医保政策			0.731		
低保政策			0.667		
金融政策			0.613		
教育环境				0.758	
交通环境				0.738	
生态环境				0.705	
医疗环境				0.673	
就业方式					0.805
就业自评					0.795
成员就业					0.685
旋转前	特征值	5.469	1.776	1.329	0.997
	提取载荷平方和(%)	36.463	48.300	57.158	63.804
旋转后	特征值	2.678	2.415	2.386	2.093
	旋转载荷平方和(%)	17.853	33.950	49.854	63.804

从表 5-14 可以看出，旋转前 4 个因子中的最小特征值是 0.997 接近于 1，旋转后最小特征值是 2.093；4 个因子累计方差解释量为 63.804%，能够解释大多数方差；所有的因子载荷系数均高于 0.6。因此，从总体来看，劳务移民搬迁满意度与就业稳定性维度的指标测度是可靠的。

（3）公因子命名

从表 5-14 可以看出：

因子 1 包括社区卫生环境满意度、社区治安环境满意度、社区管理水平满意度、社区干群关系满意度 4 个观测变量。可以发现这 4 个观测变量都属于原先构想的“社区发展满意度”维度，因子载荷系数分别为 0.831、0.781、0.715、0.677，都高于 0.6。因而，将这个因子命名为“社区发展满意度”。

因子 2 包括养老政策满意度、医保政策满意度、低保政策满意度、金融政策满意度 4 个观测变量。可以发现这 4 个项目都属于原先构想的“政策支持满意度”维度，因子载荷系数分别为 0.767、0.731、0.667、0.613，都高于 0.6。因而，将这个因子命名为“政策支持满意度”。

因子 3 包括教育环境满意度、交通环境满意度、生态环境满意度、医疗环境满意度 4 个观测变量。可以发现这 4 个观测变量都属于原先构想的“发展环境满意度”维度，因子载荷系数分别为 0.758、0.738、0.705、0.673，都高于 0.6。因而，将这个因子命名为“发展环境满意度”。

因子 4 包括就业方式适应性、就业稳定性自评、成员就业满意度 3 个观测变量。可以发现这 3 个观测变量都属于原先构想的“就业稳定性”维度，因子载荷系数分别为 0.805、0.795、0.685，都高于 0.6。因而，将这个因子命名为“就业稳定性”。

同时，以上 4 个公共因子对 16 个指标的因子累计方差解释量为 63.804%，能解释大多数方差，因此比较理想。

3. 验证性因子分析

为验证所构建模型的合理性，对问卷和量表进行了验证性因子分析以及信效度检验。

表 5-15 信度、效度分析

变量名称	变量项数	Cronbach α (≥0.7)	AVE (>0.5)	组合信度 (>0.8)
社区发展满意度	4	0.820	0.566	0.900
政策支持满意度	4	0.765	0.482	0.861
发展环境满意度	4	0.780	0.512	0.878
就业稳定性	3	0.789	0.554	0.896
总体	15	0.878	—	—

从表 5-15 可以看出，数据整体 Cronbach's α 系数为 0.878，4 个潜变量均>0.7，表明问卷样本具有良好的信度，符合实证分析要求；

一般情况下，AVE>0.5、CR>0.7，就说明数据具有良好的聚敛效度。从表 5-15 可以看出，各潜变量 AVE 除“政策支持满意度”（0.482）<0.5，但接近于 0.5，其余均>0.5；各潜变量组合信度均>0.8。说明问卷数据信度、效度高，量表可靠性高。

4. 模型适配度指标检验

用于模型适配度检验的指标相对较多，主要包括 CMIN/DF、GFI、AGFI、RMSEA、NFI、TLI、CFI、IFI、PNFI、PCFI，各自都有着自己的取值范围。对于结构方程模型通行的模型适配度指标进行汇总，具体结果见表 5-16。

表 5-16 模型适配度指标检验

适配度指标	指标名称	适配指标之标准	数值	适配度
卡方检定	CMIN/DF	小于 3 为符合标准	2.517	佳
绝对适配检定	GFI	大于 0.9 为符合标准，0.8~0.9 为可接受	0.929	佳
	AGFI	大于 0.9 为符合标准，0.8~0.9 为可接受	0.899	可
	RMSEA	小于 0.08 为符合标准	0.063	佳
增值适配检定	NFI	大于 0.9 为符合标准	0.902	佳
	TLI	大于 0.9 为符合标准	0.922	佳
	CFI	大于 0.9 为符合标准	0.938	佳
	IFI	大于 0.9 为符合标准	0.922	佳
精简适配检定	PNFI	大于 0.5 表示模型通过标准	0.721	佳
	PCFI	大于 0.5 表示模型通过标准	0.750	佳

从表 5-16 可以看出，除了 AGFI（0.899）小于 0.9、不符合“大于 0.9 为符合标准”的要求，但其接近于 0.9，基本符合要求，其余指标均符合要求，因而此次模型的拟合优度为优，符合预期。

5. 路径系数输出结果

初始结构方程模型包括 4 个潜变量和 15 个可观测变量，对模型进行验证性因子分析以检验社区发展满意度、发展环境满意度及政策支持满意度等是否能真实反映搬迁满意度这一指标，同时还检验了就业自评、就业方式适应性以及成员就业满意度等是否能真实反映就业稳定性这一指标。采用 SPSS Amos 26.0 给出的极大似然法对模型进行参数估计，最终得到模型的参数估计结果以及标准化路径系数，见表 5-17。

表 5-17　路径（载荷）系数输出结果

			非标准路径系数	标准路径系数	S. E.	C. R.	P
就业稳定性	←	政策支持	0.734	0.633	0.124	5.940	***
就业稳定性	←	发展环境	-0.285	-0.240	0.129	-2.204	0.028
就业稳定性	←	社区发展	0.258	0.245	0.098	2.638	0.008
医疗环境	←	发展环境	1.000	0.661	—	—	—
生态环境	←	发展环境	0.947	0.724	0.083	11.369	***
交通环境	←	发展环境	1.053	0.695	0.101	10.391	***
教育环境	←	发展环境	0.946	0.672	0.088	10.719	***
干群关系	←	社区发展	1.000	0.665	—	—	—
管理水平	←	社区发展	0.996	0.703	0.086	11.599	***
治安环境	←	社区发展	1.246	0.804	0.099	12.621	***
卫生环境	←	社区发展	1.076	0.752	0.089	12.122	***
就业方式	←	就业稳定性	1.000	0.673	—	—	—
就业自评	←	就业稳定性	1.048	0.599	0.109	9.646	***
成员就业	←	就业稳定性	1.286	0.780	0.130	9.864	***
金融政策	←	政策支持	1.000	0.666	—	—	—
低保政策	←	政策支持	1.185	0.639	0.112	10.609	***
医保政策	←	政策支持	1.072	0.633	0.108	9.902	***
养老政策	←	政策支持	1.244	0.771	0.108	11.516	***
发展环境	↔	政策支持	0.176	0.649	0.025	6.969	***
发展环境	↔	社区发展	0.198	0.665	0.027	7.375	***
社区发展	↔	政策支持	0.176	0.575	0.026	6.684	***

注：“***”“**”“*”分别表示路径系数在 1%、5%、10%水平上显著。含“—”的 4 条路径表示 SEM 参数估计的基准，系统进行估计时将其作为显著路径，来估计其他路径是否显著（下同）。

从表5-17可以看出，采用临界比值法对路径系数进行显著性检验，18项观测变量与潜变量路径、3项潜变量与潜变量路径中，除“就业稳定性←发展环境”“就业稳定性←社区发展”在0.05水平上通过显著性检验外，其余均在0.01水平上通过显著性检验。

最终输出的结构方程模型图如图5-2。

6. 潜变量间的相互关系

从表5-17可以看出：

（1）外生潜变量与内生潜变量相互关系

第一，政策支持满意度对就业稳定性的标准化总路径系数是0.633，且在1%的水平上显著，说明政策支持满意度对就业稳定性具有正向影响。据此，原假设1a“政策支持满意度与劳务移民就业稳定性间具有正向影响”成立。

第二，社区发展满意度对就业稳定性的标准化总路径系数是0.245，且在5%的水平上显著，说明社区发展满意度对就业稳定性具有正向影响关系。据此，原假设1b“社区发展满意度与劳务移民就业稳定性间具有正向影响”成立。

第三，发展环境满意度对就业稳定性的标准化总路径系数是-0.240，且在5%的水平上显著，说明发展环境满意度对就业稳定性具有负向影响。据此，原假设1c“发展环境满意度与劳务移民就业稳定性间具有正向影响”不成立。这个问题值得讨论。

（2）外生潜变量与外生潜变量相互关系

第一，从政策支持满意度来看，其与发展环境满意度、社区发展满意度的标准化路径系数分别为0.649、0.575，且均显著。说明政策支持满意度与两者的影响均呈现正相关关系，而且较为密切。

第二，从社区发展满意度来看，其与发展环境满意度、政策支持满意度的标准化路径系数分别为0.665、0.575，且均显著。说明社区发展满意度与两者的影响均呈现正相关关系，而且较为密切。

第三，从发展环境满意度来看，其与政策支持满意度、社区发展满意度

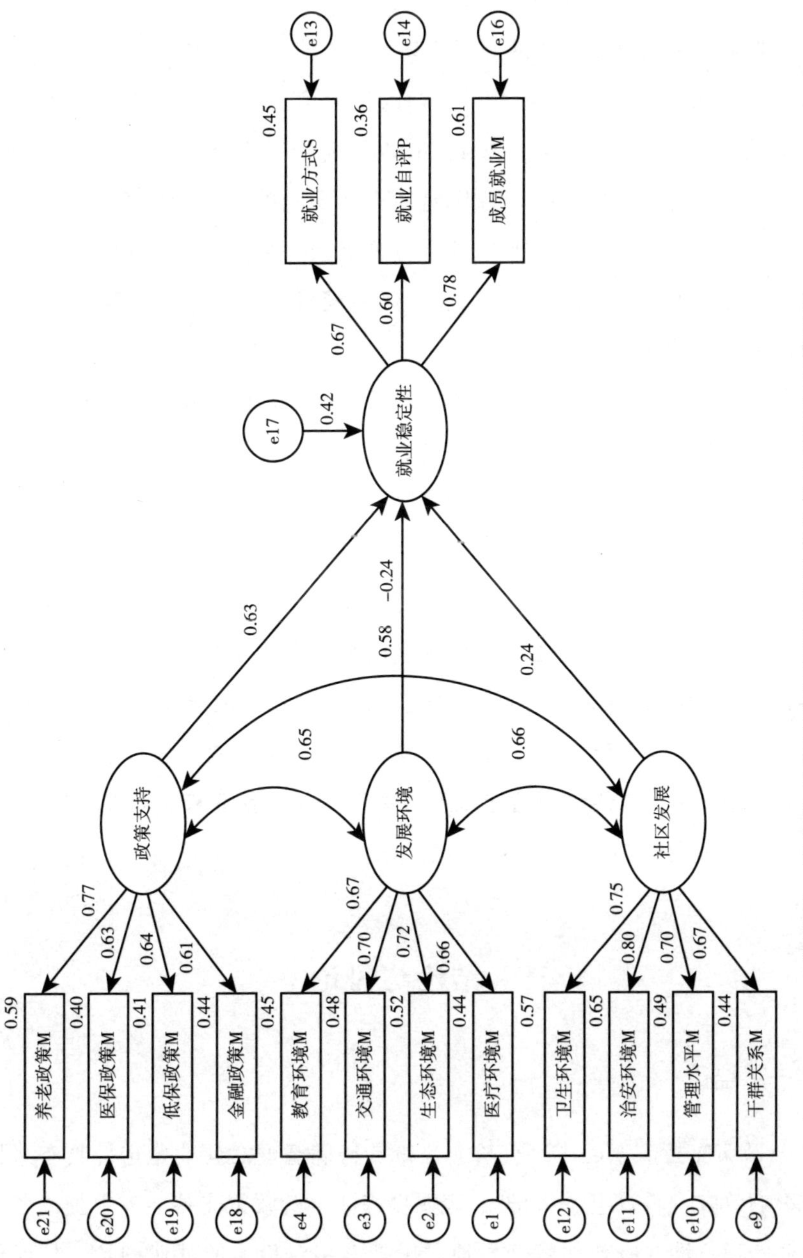

图 5-2　劳务移民搬迁满意度与就业稳定性关系结构方程模型图

的标准化路径系数分别为 0.649、0.665，且均显著。说明发展环境满意度与两者的影响均呈现正相关关系，而且较为密切。

7. 可观测变量与潜变量间的相互关系

（1）从政策支持满意度来看，金融政策满意度、低保政策满意度、医保政策满意度、养老政策满意度的直接影响程度依次为 0.666、0.639、0.633、0.771，均为正向影响，且均超过了 0.6，说明各项政策满意度对政策满意度影响都是较大的，尤其是养老政策满意度系数高达 0.771。

（2）从发展环境满意度来看，医疗环境满意度、生态环境满意度、交通环境满意度、教育环境满意度的直接影响程度依次为 0.661、0.724、0.695、0.672，均为正向影响，且均超过了 0.6，说明四者对发展环境满意度的影响都是较大的，尤其是生态环境满意度系数最高，为 0.724。

（3）从社区发展满意度来看，干群关系满意度、管理水平满意度、治安环境满意度、卫生环境满意度的直接影响程度依次为 0.665、0.703、0.804、0.752，均为正向影响，且均超过了 0.6，说明各个方面均对社区发展满意度影响较大，尤其是治安环境满意度系数高达 0.804。

（4）从就业稳定性来看，就业方式、就业自评、成员就业满意度的直接影响程度依次为 0.673、0.599、0.780，均为正向影响，除就业自评未超过 0.6 但接近 0.6，其余均超过了 0.6，说明三者对就业稳定性的影响都是比较大的，尤其是成员就业满意度系数达到了 0.780。

三　结论与讨论

（一）结论

1. 从政策支持满意度维度分析，政策支持满意度对就业稳定性具有直接的正向影响效应，其效应为 0.633，表明良好健全的政策支持能有效提高劳务移民就业的稳定性，有效保障迁入地居民拥有相对稳定的就业岗位，从而促进脱贫致富目标的实现。从政策支持满意度的 4 个观测变量来看，金融政策、低保政策、医保政策、养老政策的路径系数分别为 0.666、0.639、0.633、0.771。其中，养老政策的最高（0.771），说明移民对当地养老政策的期待更高，落实好养老政策，让居民的基本养老得到良好的保障，能够较大程度地提高劳务移民的满意度，进而促进就业稳定性的提升。其次是金融政策和低保政策。

2. 从发展环境满意度维度分析，发展环境满意度对就业稳定性具有效应为-0.240 的负向直接影响，效应表示移民对迁入区发展环境的满意度每提高一个单位，对当地的就业稳定性就会降低 0.240 个单位。在发展环境满意度的 4 个观测变量中，医疗环境、生态环境、交通环境、教育环境的路径系数分别为 0.661、0.724、0.695、0.672。生态环境对发展环境满意度的解释程度最高，为 0.724，进而对就业稳定性的影响最大，其次是交通环境。医疗环境、生态环境、交通环境、教育环境反映着百姓的基本生活要求和生活期望，因此完善区域发展环境，提升医疗、生态、教育以及交通条件，能在一定程度上推进当地百姓稳定就业。但应该注意的是，发展环境满意度与就业稳定性之间呈现负相关，理论与现实有着较大的差距。如何解释这一现象呢？这是因为目前正处于劳务移民搬迁的初期——初步适应时期，发展环境越好、越满意，劳务移民的工作选择机会就越多，进而影响了劳务移民的就业稳定性。随着时间的推移，这一现象将逐步消失，形成发展环境越满意就业越稳定的良好局面。

3. 从社区发展满意度维度分析，社区发展满意度对就业稳定性具有效应为 0.245 的正向直接影响，效应表示移民对迁入区发展环境的满意度每提高一个单位，对当地的就业稳定性就会提升 0.245 个单位。在社区发展满意度的 4 个观测变量中，干群关系、管理水平、治安环境、卫生环境的路径系数分别为 0.665、0.703、0.804、0.752，治安环境对社区管理满意度的解释程度最高，为 0.804，进而对就业稳定性的影响最大，其次是卫生环境、管理水平。良好的干群关系、管理水平、治安环境、卫生环境也反映着百姓的基本生活要求和生活期望，因此，提高劳务移民社区的发展水平，提升治安环境、卫生环境、干群关系以及管理水平能在一定程度上推进当地百姓稳定就业。

（二）讨论

从搬迁满意度与就业稳定性之间的关系入手，构建结构方程模型，分析了影响两者关系的因素及各因素的影响路径与影响程度。结果表明，政策支持满意度、社区发展满意度与劳务移民就业稳定性间具有正向的直接影响，发展环境满意度与劳务移民就业稳定性间具有负向的直接影响。

1. 从路径系数大小分析：按路径系数高低将可观测变量划分为三个层级

表 5-18　观测变量层级分类表

层级	>0.7	0.65<a<0.7	<0.65
性质	高度满意 继续保持	予以肯定，持相对满意态度，仍有提升空间	相对不太满意 努力提高的方向
观测变量	治安环境满意度 0.804 成员就业满意度 0.780 养老政策满意度 0.771 卫生环境满意度 0.752 生态环境满意度 0.724 管理水平满意度 0.703	就业方式满意度 0.673 教育环境满意度 0.672 交通环境满意度 0.695 金融政策满意度 0.666 干群关系满意度 0.665 医疗环境满意度 0.661	低保政策满意度 0.639 医保政策满意度 0.633 就业自评满意度 0.599

从表 5-18 可以看出：

第一层面，大于 0.7。从高到低依次为：治安环境满意度 0.804、成员就业满意度 0.780、养老政策满意度 0.771、卫生环境满意度 0.752、生态环境满意度 0.724、管理水平满意度 0.703。说明劳务移民群体在这几个方面对政府的努力还是高度满意的。

第二层面，小于 0.7，大于 0.65。从高到低依次为：就业方式满意度 0.673、教育环境满意度 0.672、交通环境满意度 0.695、金融政策满意度 0.666、干群关系满意度 0.665、医疗环境满意度 0.661。说明劳务移民对政府这些方面的努力予以肯定，持相对满意态度，仍有很大的提升空间。

第三层面，小于 0.65。从高到低依次为：低保政策满意度 0.639、医保政策满意度 0.633、就业自评满意度 0.599。说明劳务移民群体对这几个方面相对来说不太满意，也正好体现了要处理好搬迁满意度与就业稳定性关系的侧重点所在。

2. 关于“发展环境满意度与就业稳定性”路径显著但为负相关的讨论

由于劳务移民是一项新生事物，正处于发展初期，劳务移民也正处于逐步适应阶段。因而，发展环境越好，意味着劳务移民根据自身的特点与对工作要求就有着更多的选择性，致使其发展环境满意度与就业稳定性呈现相反方向变化。随着劳务移民适应能力的不断提高，其就业稳定性将会逐步提高且趋于稳定。

第六章　劳务移民搬迁适应性与就业稳定性关系

一　劳务移民搬迁适应性测度

（一）确定评价指标体系

1. 已有文献适应性指标的选取

关于移民适应性的研究多见于三峡移民与水库移民之中，学者们根据自己研究目的的不同选取了不同的指标体系。习涓等（2001）[①] 评价指标主要包括生活方式、居住环境、治安环境、人际环境等；杜健梅等（2000）[②] 评价指标主要包括邻里关系、与当地居民关系、被歧视感、干群关系等；马德峰（2002）[③] 评价指标主要包括土地、住房、社区整合、移民代表制度、帮扶制度等；程瑜（2003）[④] 评价指标主要包括语言、环境、生活、生产等；郝

---

① 习涓，风笑天. 三峡移民对新生活环境的适应性分析［J］. 统计与决策. 2001，（02）：20-22.

② 杜健梅，风笑天. 人际关系适应性：三峡农村移民的研究［J］. 社会. 2000，（08）：23-24+19.

③ 马德峰. 影响三峡外迁农村移民社区适应性的客观因素——来自江苏省大丰市首批三峡移民的调查［J］. 管理世界. 2002，（10）：43-50.

④ 程瑜. 广东三峡移民适应性的人类学研究［J］. 中南民族大学学报（人文社会科学版）. 2003，（03）：93-97.

玉章等（2005）[①] 评价指标主要包括生产劳动、经济收入、生活方式（饮食、住房）、气候、语言、风俗习惯、与当地居民关系等；陶格斯（2006）[②] 评价指标主要包括生产方式、经济收入、生活方式、气候、语言、风俗习惯、住房条件、与当地人关系等；韦月成（2007）[③] 评价指标主要包括居住环境、治安环境、土地、劳作环境、家庭副业的萎缩、消费、居住、待客等；吴垠（2008）[④] 评价指标主要包括语言障碍、饮食习惯、气候条件、交通环境、经济生产、社会心理等；彭豪祥等（2008）[⑤] 评价指标主要包括人际关系、生活习俗、劳动方式等；王清华等（2012）[⑥] 评价指标主要包括环境变化、身份变化、生产方式、生活方式、人际关系等；湛若云等（2015）[⑦] 评价指标主要包括住房、交通、邻里关系、生产劳动、经济发展、主观感受、心理融合、社区认同等；李勋华等（2015）[⑧] 评价指标主要包括经济生活、社会生活、社区生活等；嵇雷等（2015）[⑨] 评价指标主要包括住房条件、交通条件、上学条件、医疗条件、与本村村民、与外村村民、参加

---

① 郝玉章，风笑天．三峡外迁移民的社会适应性及其影响因素研究——对江苏 227 户移民的调查［J］．市场与人口分析．2005，(06)：62-67+77.

② 陶格斯．浅谈镶黄旗生态移民在呼和浩特市郊区的社会适应性［J］．华北农学报．2006，(S3)：98-101.

③ 韦月成．广西龙滩库区移民适应性的个案考察——以连迁移民新村为例［J］．南宁师范高等专科学校学报．2007，(04)：49-53.

④ 吴垠．关于三峡工程跨省外迁移民的社会适应性研究［J］．人民长江．2008，(14)：4-6+9+101.

⑤ 彭豪祥，谭平，张国兵．三峡工程移民的社会适应性调查［J］．统计与决策．2008，(24)：99-101.

⑥ 王清华，张惠君．库区移民的文化适应性问题——以云南省楚雄青山嘴水库、保山小湾水电站移民为例［J］．云南社会科学．2012，(06)：116-119.

⑦ 湛若云，张乐群．提高丹江口水库外迁移民社会适应性浅析［J］．人民长江．2015，46(06)：84-86.

⑧ 李勋华，许迎春．三峡库区“农转非”移民市民化适应性分析［J］．人民长江．2015，46(23)：111-115.

⑨ 嵇雷，刘晶晶．水库移民社会适应性的多层次综合评价研究［J］．人民长江．2015，46(13)：100-104.

讨论、意见得到重视等；束锡红等（2016）[①] 评价指标主要包括身体、饮食、住房、人际关系、生产技术条件、民族关系、心理层面等；王珞等（2016）[②] 评价指标主要包括社会关系、移民政策等；康红梅等（2017）[③] 评价指标主要包括生活和生计、生理和心理、环境等；李霞等（2017）[④] 评价指标主要包括风险抵抗能力、生存环境状况、社会适应能力等；刘伟等（2018）[⑤] 评价指标主要包括自然能力、物质能力、人才能力、金融能力、社会能力以及认知能力等。

由以上文献阅读结果来看，学者们对移民适应性的研究主要是从“经济适应性”“生活适应性”“人际关系适应性”“文化适应性”来研究的，有的学者已经提出了“社区适应性”“政治适应性”等视角，这些都为本书研究劳务移民“搬迁适应性”提供了很好的依据和借鉴。

2. 劳务移民搬迁适应性各个维度观测变量的选取

本研究在广泛参照和借鉴已有社会适应性研究学者对指标体系的相关成果的基础上，结合宁夏具体的劳务移民的理论与实践以及对劳务移民访谈资料的整理结果，拟以“经济适应性”“文化适应性”和“社会适应性”3个维度对劳务移民的社会适应性进行评价。

（1）经济适应性维度

从劳务移民实施的目标——脱贫致富奔小康来看，经济适应性是劳务移民搬迁适应性的核心内容。劳务移民从原来的农村社区搬迁至现在的城市社区，其各种经济行为均发生了显著的变化。如就业方式，在原有农村

---

① 束锡红，任志军，聂君．大柳树水利枢纽工程移民社会适应性预测及分析［J］．北方民族大学学报（哲学社会科学版）．2016，（03）：102-105.

② 王珞，骆永菊，王顺克．三峡库区外迁农村移民适应性研究——基于9个省份983户移民样本的实证分析［J］．地域研究与开发．2016，35（01）：168-173.

③ 康红梅，李平福．生态扶贫老年移民的适应性教育［J］．中国老年学杂志．2017，37（14）：3625-3627.

④ 李霞，文琦，朱志玲．基于年龄层次的宁夏生态移民社会适应性研究［J］．干旱区资源与环境．2017，31（05）：26-32.

⑤ 刘伟，徐洁，黎洁．易地扶贫搬迁农户生计适应性研究——以陕南移民搬迁为例［J］．中国农业资源与区划．2018，39（12）：218-223.

社区，就业方式主要有两种，一是被动地从事农业生产，二是为了增加收入主动从事其他经济行为（打工）；迁入城市社区后，就业方式呈现多样性，到企业上班、打零工、自主创业等，但多以被动式为主。再如消费方式，在原有农村社区，消费方式主要以土地产出为主，即主要消费品包括粮食、蔬菜甚至肉禽蛋奶等以自产自用为主，相对来说成本比较低；进入城市社区后，消费方式以货币支出为主，相对来说成本较高。本研究选取了收入来源适应性、就业方式适应性和消费方式适应性作为经济适应性的观测变量予以评价。

（2）文化适应性维度

文化适应性是个体融入新环境的关键所在，是一个相对漫长且复杂的过程，主要指文化对于环境的适应，有时也指文化的各个部分的相互适应（李静等，2018）①。美国文化人类学家 L. A. 怀特认为，文化是特定的动物有机体用来调适自身与外界环境的明确而具体的机制（刘勇等，2014）②。

劳务移民从一个相对封闭的环境来到一个相对开放的环境，其文化适应也呈现多样性。包括贫困文化与先进文化、移民文化与原居民文化、山区文化与川区文化、熟人文化与陌生文化等的交融与交流。具体来说应该从以下几个方面度量：一是语言环境的适应性，如山区方言与当地语言的适应；二是与本地人关系的适应，如能否与当地人进行有效交流；三是交往方式的适应性，山区以亲情交流为主与川区以经济交流为主的适应；四是移民身份的适应性，移民身份是否被认可，是否能适应被人歧视等。本研究选取了语言环境适应性、与本地人关系适应性、交往方式适应性、移民身份适应性等作为文化适应性的观测变量予以评价。

（3）社会适应性维度

社会适应性是个体能否融入迁入地的前提条件，主要强调与他人或他物

① 李静，路宏．变迁、认同与共生：拉卜楞地区藏族教育的文化选择［J］．西北师大学报（社会科学版）．2018，55（06）：68-76.

② 刘勇，杨昌儒．当代发展语境下民族杂居区文化适应研究——基于贵州的人类学观察［J］．贵州民族研究．2014，35（11）：59-64.

之间的适应性，相对来说比较宽泛。包括：一是气候条件的适应性，尽管南部山区与北部川区气候条件同属干旱少雨，但也存在着一定的差异；二是社区管理方式的适应性，原有山区是熟人社会的农村社区的管理方式，现有社区对内是熟人管理的准城市社区管理方式（管理人员基本上是移民）、对外则完全是陌生的城市社区的管理方式；三是住房方式的适应性，原有山区基本上都是庭院相对较大、设施相对简陋的平房，现有社区则是面积相对较小、设施相对齐全且现代化的楼房；四是业余生活的适应性，原有社区相对单一，现有社区则呈现多样性。本研究以气候条件适应性、社区管理适应性、住房方式适应性、业余生活适应性等作为社会适应性的观测变量予以评价。

3. 构建劳务移民社会适应性指标体系

对于劳务移民社会适应性指标体系的构建，我们采用了系统论的分析方法，确立了包括经济适应性、文化适应性和社会适应性 3 个维度。这既涉及劳务移民个人层面——综合素质的适应性，也涉及劳务移民群体层面——群体行为的适应性，当然也涉及劳务移民面临的生存环境与可持续发展环境的适应性。

表 6-1　劳务移民搬迁适应性指标体系

维度	经济适应性	文化适应性	社会适应性
观测变量	就业方式	语言环境	气候条件
	消费方式	与本地人	社区管理
	收入方式	交往方式	住房方式
	—	移民身份	业余生活

从表 6-1 可以看出，劳务移民搬迁适应性指标体系的内容既可以测度劳务移民总体社会适应性的水平，又可以测评其对具体微观领域的适应状况，进而可以为今后改善和提升劳务移民社会适应性提供进一步的参考依据和决策信息。

4. 确立劳务移民搬迁适应性评价指标体系

（1）问卷信度、效度检验

①KMO 测度和巴特利特球形检验

从表 6-2 可以看出，社会适应性 11 个题项的 KMO 值为 0.830，巴特利特球形检验显著（p<0.001），这说明数据具有相关性，因子的相关系数矩阵非单位矩阵，能够提取最少的因子，同时又能解释大部分的方差（李昌峰等，2021）①，符合研究要求，可以进行下一步分析。

表 6-2　KMO 测度和巴特利特球形检验

KMO 取样适切性量数		0.830
巴特利特球形检验	近似卡方	1073.681
	自由度	36
	显著性	0.000

②指标共同度检验

本研究对搬迁适应性的 9 个变量进行指标有效性检验，结果如表 6-3：

表 6-3　劳务移民搬迁适应性指标共同度

	初始	提取		初始	提取		初始	提取
就业方式	1.000	0.790	语言环境	1.000	0.659	与本地人	1.000	0.695
收入方式	1.000	0.803	交往方式	1.000	0.613	业余生活	1.000	0.637
消费方式	1.000	0.486	被人歧视	1.000	0.599	移民身份	1.000	0.636

提取方法：主成分分析法。

从表 6-3 可以看出，除消费方式共同度为 0.486 小于 0.5 但近似于 0.5 外，其他指标共同度都大于 0.5，符合因子分析的各项要求。

① 李昌峰，徐冬婷，张姗姗．基于结构方程模型的行业文明服务满意度测评［J］．统计与决策．2021，37（18）：81-84.

（2）因子分析

①因子提取

从表6-4可知，本次共提取了3个公因子。

第一，因子的最小特征值是1.892，符合因子分析要求。这3个因子累计方差解释量为65.770%，能够解释大多数方差。再检测各个观测变量指向的因子载荷系数，所有的因子载荷系数均高于0.6。因此，从总体来看，劳务移民社会适应性维度的指标测度是可靠的。

第二，量表的哥伦巴赫阿尔法系数较大，整个量表的可靠性系数达到0.830，鉴于较高的因子载荷，这表明结构效度良好。初步结果显示，社会适应性因子的变量选择和预测项目是合适的。

表6-4　劳务移民搬迁适应性量表的因子分析结果

		公因子		
		1	2	3
收入方式		0.880	—	—
就业方式		0.854	—	—
消费方式		0.613	—	—
业余生活		—	0.746	—
被人歧视		—	0.726	—
移民身份		—	0.717	—
与本地人		—	—	0.809
语言环境		—	—	0.787
交往方式		—	—	0.662
旋转前	特征值	3.771	1.324	0.824
	解释方差百分比(%)	41.902	14.715	9.153
	累计解释方差百分比(%)	41.902	56.617	65.770
旋转后	特征值	2.066	1.961	1.892
	解释方差百分比(%)	22.955	21.792	21.023
	累计解释方差百分比(%)	22.955	44.747	65.770

注：提取方法：主成分分析法。

旋转方法：凯撒正态化最大方差法。

a. 旋转在6次迭代后已收敛。

②公因子命名

对分析结果产生的因子命名如下。

因子 1：包括收入方式、就业方式、消费方式 3 个项目。可以发现这 3 个项目都属于原先构想的“经济适应性”维度，因子载荷系数分别为 0.880、0.854、0.613，都大大高于 0.6。因而，将这个因子命名为“经济适应性”。

因子 2：包括业余生活、他人歧视、移民身份 3 个项目。可以发现这 3 个项目都属于原先构想的“社会适应性”维度，因子载荷系数分别为 0.746、0.726、0.717，都大大高于 0.7。因而，将这个因子命名为“社会适应性”。

因子 3：包括与本地人、语言环境、交往方式 3 个项目。可以发现这 3 个项目都属于原先构想的“文化适应性”维度，因子载荷系数分别为 0.809、0.787、0.662，都大大高于 0.6。因而，将这个因子命名为“文化适应性”。

以上 3 个公共因子对 9 个指标的因子累计方差解释量为 65.770%，能解释大多数方差，因此比较理想。劳务移民社会适应性因子包括 3 个维度，即经济适应性、文化适应性和社会适应性。

③信度、效度检验

表 6-5　问卷总体量表的信度分析

变量	经济适应性	社会适应性	文化适应性	以上 9 个题项
测量项目	收入方式	业余生活	与本地人	
	就业方式	他人歧视	语言环境	
	消费方式	移民身份	交往方式	
α	0.765	0.706	0.713	0.824

从表 6-5 中可以看出，3 个量表的 Cronbach's α 系数均大于 0.7，总量表 Cronbach's α 系数则为 0.824，据此可以认为，该问卷具有比较好的内部一致性信度，问卷题目设置比较合理，数据较为可靠。

如前所知，各个观测指标的共同度都大于 0.5，观测变量指向公共因子的载荷系数都大于 0.6，具有较高的收敛效度。跨因子载荷都很小，因此具有很好的区别效度。

（二）搬迁适应性评价步骤

1. 建立综合评价的因素集

设评定劳务移民社会适应性的指标集为 U=（u_1，u_2，u_3），u_1表示经济适应性，u_2表示文化适应性，u_3表示社会适应性。

2. 建立综合评价的评价集

设评定劳务移民搬迁满意度的评价集为 V=（v_1，v_2，v_3，v_4，v_5），v_1，v_2，v_3，v_4，v_5分别表示非常适应、比较适应、一般、不太适应、很不适应，分别赋值为 5、4、3、2、1。

表 6-6　劳务移民对各项可观测变量满意度分布频率

一级指标	二级指标	5	4	3	2	1	合计
经济适应性	收入方式	0.036	0.424	0.336	0.163	0.041	1
	就业方式	0.068	0.429	0.320	0.160	0.023	1
	消费方式	0.059	0.346	0.300	0.274	0.021	1
社会适应性	业余生活	0.052	0.506	0.305	0.114	0.023	1
	他人歧视	0.052	0.408	0.393	0.129	0.018	1
	移民身份	0.062	0.571	0.261	0.085	0.021	1
文化适应性	与本地人	0.181	0.623	0.171	0.022	0.003	1
	语言环境	0.209	0.594	0.147	0.047	0.003	1
	交往方式	0.098	0.656	0.192	0.049	0.005	1

3. 确定权重向量与构造权重判断矩阵

（1）一级指标权重的确定

表 6-7　总方差解释旋转前后对比

提取载荷平方和			旋转载荷平方和		
总计	方差百分比	累积%	总计	方差百分比	累积%
3.771	41.902	41.902	2.066	22.955	22.955
1.324	14.715	56.617	1.961	21.792	44.747
0.824	9.153	65.770	1.892	21.023	65.770

由表 6-7 可以看出，旋转前的特征值依次为 3.771、1.324、0.824，解释变异量依次为 41.902、14.715、9.153；旋转后的特征值依次为 2.066、1.961、1.892，解释变异量依次为 22.955、21.792、21.023。说明旋转后解释变异量较旋转前的解释变异量更均匀，进行因子旋转使得分析变得更有意义。

表 6-8　一级权重计算结果

因子	社区管理 W_1	家庭发展 W_2	发展环境 W_3	
旋转后特征值	2.066	1.961	1.892	合计
方差百分比(A)	22.955	21.792	21.023	
累计方差百分比(B)	65.770			
权重	0.349	0.331	0.320	1.000

从表 6-8 可以看出，一级指标权重 W＝（0.349 0.331 0.320）

（2）二级指标权重的确定

表 6-9　二级权重计算结果

一级指标	二级指标	平均值(C)	标准偏差(D)	变异值(E)	二级权重
经济适应性	收入方式	3.25	0.914	0.281	0.328
	就业方式	3.36	0.909	0.271	0.317
	消费方式	3.15	0.959	0.304	0.355
社会适应性	业余生活	3.45	0.848	0.246	0.339
	被人歧视	3.35	0.836	0.250	0.345
	移民身份	3.57	0.816	0.229	0.316
文化适应性	与本地人	3.96	0.683	0.172	0.314
	语言环境	3.96	0.752	0.190	0.347
	交往方式	3.79	0.701	0.185	0.338

从表 6-9 可以看出，二级指标权重计算结果如下：

经济适应性 W_1＝(0.328 0.317 0.355)

社会适应性 W_2＝(0.339 0.345 0.316)

文化适应性 W_3＝(0.314 0.347 0.338)

4. 确立评价矩阵 R

经济适应性 U_1 的评判矩阵

$$R_1 = \begin{bmatrix} 0.036 & 0.424 & 0.336 & 0.163 & 0.041 \\ 0.068 & 0.429 & 0.320 & 0.160 & 0.023 \\ 0.059 & 0.346 & 0.300 & 0.274 & 0.021 \end{bmatrix}$$

社会适应性 U_2 的评判矩阵

$$R_2 = \begin{bmatrix} 0.052 & 0.506 & 0.305 & 0.114 & 0.023 \\ 0.052 & 0.408 & 0.393 & 0.129 & 0.018 \\ 0.062 & 0.571 & 0.261 & 0.085 & 0.021 \end{bmatrix}$$

文化适应性 U_3 的评判矩阵

$$R_3 = \begin{bmatrix} 0.181 & 0.623 & 0.171 & 0.022 & 0.003 \\ 0.209 & 0.594 & 0.147 & 0.047 & 0.003 \\ 0.098 & 0.656 & 0.192 & 0.049 & 0.005 \end{bmatrix}$$

5. 计算三级评价向量

经济适应性的评价向量为：

$$b_1 = W_1 \times R_1 = (0.328 \quad 0.317 \quad 0.355) \times \begin{bmatrix} 0.036 & 0.424 & 0.336 & 0.163 & 0.041 \\ 0.068 & 0.429 & 0.320 & 0.160 & 0.023 \\ 0.059 & 0.346 & 0.300 & 0.274 & 0.021 \end{bmatrix}$$

$$b_1 = (0.054\ 0.398\ 0.318\ 0.202\ 0.028)$$

从计算结果可以看出经济适应性评价隶属度处于“比较满意”状态。

社会适应性的评价向量为：

$$b_2 = W_2 \times R_2 = (0.339 \quad 0.345 \quad 0.316) \times \begin{bmatrix} 0.052 & 0.506 & 0.305 & 0.114 & 0.023 \\ 0.052 & 0.408 & 0.393 & 0.129 & 0.018 \\ 0.062 & 0.571 & 0.261 & 0.085 & 0.021 \end{bmatrix}$$

$$b_2 = (0.055\ 0.493\ 0.321\ 0.110\ 0.021)$$

从计算结果可以看出文化适应性评价隶属度也处于“比较满意”状态。

文化适应性的评价向量为：

$$b_3 = W_{3\times}R_3 = (0.314 \quad 0.347 \quad 0.338) \times \begin{bmatrix} 0.181 & 0.623 & 0.171 & 0.022 & 0.003 \\ 0.209 & 0.594 & 0.147 & 0.047 & 0.003 \\ 0.098 & 0.656 & 0.192 & 0.049 & 0.005 \end{bmatrix}$$

$$b_3 = (0.162\ 0.623\ 0.170\ 0.040\ 0.005)$$

从计算结果可以看出社会适应性评价隶属度也处于“比较满意”状态。

6. 计算综合隶属度

$$b_1 = (0.054\ 0.398\ 0.318\ 0.202\ 0.028)$$

$$b_2 = (0.055\ 0.493\ 0.321\ 0.110\ 0.021)$$

$$b_3 = (0.162\ 0.623\ 0.170\ 0.040\ 0.005)$$

$$B = (b_1^{\mathrm{T}}, b_2^{\mathrm{T}}, b_3^{\mathrm{T}})^{\mathrm{T}}$$

$$B = \begin{bmatrix} 0.054 & 0.398 & 0.318 & 0.202 & 0.028 \\ 0.055 & 0.493 & 0.321 & 0.110 & 0.021 \\ 0.162 & 0.623 & 0.170 & 0.040 & 0.005 \end{bmatrix}$$

$$W = (0.349\ 0.331\ 0.320)$$

计算综合隶属度：

$$E = W \times B = (0.349 \quad 0.331 \quad 0.320) \times \begin{bmatrix} 0.054 & 0.398 & 0.318 & 0.202 & 0.028 \\ 0.055 & 0.493 & 0.321 & 0.110 & 0.021 \\ 0.162 & 0.623 & 0.170 & 0.040 & 0.005 \end{bmatrix}$$

$$E = (E_1, E_2, E_3, E_4, E_5) = (0.089\ 0.501\ 0.272\ 0.120\ 0.018)$$

从计算结果可以得出劳务移民社会适应性综合隶属度处于“比较满意”。

（三）结果与分析

1. 结果

劳务移民社会适应性总体评判分值：

$$D = E_1 \times 5 + E_2 \times 4 + E_3 \times 3 + E_4 \times 2 + E_5 \times 1$$
$$= 0.089 \times 5 + 0.501 \times 4 + 0.272 \times 3 + 0.120 \times 2 + 0.018 \times 1$$
$$= 3.523$$

从计算结果可以得出劳务移民社会适应性为3.523，为“高适应性”。

借鉴符全胜对满意度水平划分的标准，劳务移民社会适应性为“高适应性”。

2. 分析

通过对表6-10分析后可以看到，劳务移民社会适应性的最后总体得分为3.523，大于3.5，属于“高适应性”，但应该属于“高适应性”的“低水平”。继续分析后又将社会适应性分为两类：

第一类：高适应性类，属于继续巩固和提高类，包括文化适应性1类。

由于文化适应性观测指标包括“与本地人适应性、语言环境适应性、交往方式适应性”，得分依次为3.96、3.96、3.79，均大于3.5，3个指标的适应性均为“高适应性”；同时“文化适应性”自身得分为3.897，因此也属于“高适应性”。

第二类：中适应性类，属于不断提高和优化类，这既需要政府在政策上继续加大支持力度，也需要劳务移民做出积极的努力，包括经济适应性和社会适应性2类。

①经济适应性：由于观测指标包括“收入方式适应性、就业方式适应性、消费方式适应性”，得分依次为3.25、3.36、3.15，均大于2.5但均小于3.5，3个指标的适应性均为“中适应性”；同时经济适应性自身得分为3.248，也属于“中适应性”。

②社会适应性：由于其观测指标包括“业余生活适应性、他人歧视适应性、移民身份适应性”，得分依次为3.45、3.35、3.57，其中前2项均大于2.5但小于3.5，这2个指标的适应性均为“中适应性”；对于“移民身份适应性”得分大于3.5，为“高适应性”；同时社会适应性自身得分为3.451，因此也属于“中适应性”。

表 6-10　搬迁适应性总体评价表

观察指标	平均值	评价	准目标层	平均值	评价	目标层	平均值	评价
收入方式	3.25	中	经济适应性	3.248	中	社会适应性	3.523	高
就业方式	3.36	中						
消费方式	3.15	中						
业余生活	3.45	中	社会适应性	3.451	中			
被人歧视	3.35	中						
移民身份	3.57	高						
与本地人	3.96	高	文化适应性	3.897	高			
语言环境	3.96	高						
交往方式	3.79	高						

二　劳务移民搬迁适应性与就业稳定性关系

（一）研究假设

从以上评价结果来看，劳务移民搬迁适应性总体评价为 3.523，属于"高适应性"，其中，经济适应性（3.248）、社会适应性（3.451）均属于"中适应性"，文化适应性（3.897）属于"高适应性"。那么搬迁适应性的各个维度与就业稳定性之间的关系如何是本节研究的重点。

根据弗洛伊德的精神分析理论和马斯洛的人本主义理论，本研究对劳务移民的搬迁适应性与就业稳定性之间所具有的密切联系进行了分析，提出了理论假设并构建了结构方程模型图。

搬迁适应性与就业稳定性之间有着密切的关系，中国古语"适者生存"足以说明它们的关系。适应能力越强，也就表明其适应环境、主动寻找工作、实现就业的能力越强，进而逐步实现稳定就业的目标；相反，如果劳务移民自身的工作越稳定，收入状况越稳定，越能为其提供较好的物质基础，提高其综合素质，进而更能提高其适应能力。因此，在安居乐业的前提下，提高搬迁适应性是提升劳务移民就业稳定性的关键所在，就业稳定性的提升必将再次提升劳务移民的适应性，两者之间相互促进、相互提升。

劳务移民的搬迁适应性所涉及的面也是比较广的，在梳理和借鉴已有文献的基础上，结合宁夏具体的劳务移民的理论与实践，至少应该包括经济适应性、文化适应性和社会适应性 3 个维度。在总体安居乐业已经实现的前提下，搬迁适应性的各个维度与劳务移民就业稳定性之间的关系又是如何、程度又是怎样，必须加以认识，进而找出薄弱环节，为进一步采取措施、更好服务安居乐业提供理论依据和现实依据。

1. 经济适应性与就业稳定性的关系

经济适应性是指个体适应所处区域发展环境、通过自身努力获取或支配收入的能力。对于劳务移民来说，经济适应性主要包括就业方式的适应性、收入来源的适应性以及消费方式的适应性等。首先，要适应就业方式的变化，改变以往“天生就是农民有业可就”以及“等业上门”的就业观念，通过多种途径实现主动就业；其次，要适应变化了的收入来源方式，改变以往“以出售土地产出获取收入”的模式，通过实现主动就业而获取应有的劳动报酬；最后，要适应变化了的消费方式，改变以往“以土地产出为主的农村消费方式”的传统，在主动就业获取报酬的前提下转变为“以货币支出为主的城市消费模式”。劳务移民只有不断适应新的发展环境的变化，才能实现经济可持续发展。

经济适应性和就业稳定性之间存在着密切的联系。经济适应性是指一个经济体能够适应外部环境变化的能力，而就业稳定性则是指一个经济体能够维持就业水平的能力。两者之间的关系是相互依赖的，因为经济适应性可以帮助经济体应对外部环境变化，从而维持就业水平。反之，就业稳定性也可以帮助经济体更好地适应外部环境变化，从而提高经济适应性。据此提出以下假设：

假设 2a：经济适应性与劳务移民就业稳定性间具有正向影响。

2. 文化适应性与就业稳定性的关系

文化适应性是指个体所拥有的文化适应环境的能力以及与他文化相互适

应相互协调的能力。对于劳务移民来说，文化适应性主要包括语言环境的适应性、与当地人关系的适应性以及交往方式的适应性等。首先，要不断提升适应语言环境的能力，这是劳务移民加强交流、立足发展的根本所在，宁夏劳务移民迁出地与迁入地语言是相同的，因而劳务移民发展是比较理想的；其次，要不断增强与当地人的关系是劳务移民扩大视野、增强合作的重要前提，常言道“多一个朋友多一条路”，加强与本地人的联系会有更多的选择；最后，要不断适应交往方式的多样性是劳务移民满足需求、寻求机遇的重要基础，人与人的交往方式存在着较大的差异，不断调整与不断适应才会有更多的发展机遇。劳务移民只有不断主动适应新的文化环境的变化，加大自身文化建设与适应力度，才能结交更多的朋友、创造更多的就业机会，以提升劳务移民就业稳定性。

文化适应性和就业稳定性之间存在着密切的联系。文化适应性是指一个人能够适应不同文化背景的能力，而就业稳定性则是指一个人在一个特定的文化环境中能够保持就业的能力。因此，文化适应性可以帮助一个人更好地适应不同文化环境，从而提高就业稳定性。据此提出以下假设：

假设 2b：文化适应性与劳务移民就业稳定性间具有正向影响。

3. 社会适应性与就业稳定性的关系

社会适应性是指个体能够与社会环境相互协调相互适应的能力，包括人与人之间的沟通、人对社会的适应等多方面的内容。对于劳务移民来说，社会适应性主要包括移民身份的适应性、被人歧视的适应性以及业余生活的适应性等。首先，要淡化移民身份带来的特殊性，要以当地居民的身份积极参与各项社会活动；其次，要弱化被人歧视所面临的窘况，要以平常心态积极化解误解所带来的不利局面；最后，要强化业余生活的同质性，要以市民的身份融入当地丰富多彩的社会活动中。劳务移民只有不断主动适应新的社会环境的变化，加大与他人彼此尊重、和谐共生，才能争取更多的就业机会，从而提升劳务移民就业稳定性。

社会适应性和就业稳定性之间存在着密切的联系。社会适应性是指个体能够适应社会环境的能力，而就业稳定性则是指个体能够在社会中保持就业的能力。社会适应性越强，个体就越有可能获得稳定的就业机会，从而提高就业稳定性。另外，社会适应性也可以帮助个体更好地适应社会环境，从而更好地实现就业稳定性。据此提出以下假设：

假设 2c：社会适应性与劳务移民就业稳定性间具有正向影响。

4. 搬迁适应性3个维度协同影响劳务移民就业稳定性

当然，搬迁适应性的 3 个维度“经济适应性”“文化适应性”“社会适应性”之间也有着相互支持、相互促进的密切关系。经济适应性是指一个社会或组织能够适应经济变化的能力，这种能力越强，越能为文化适应性与社会适应性提供雄厚的经济基础；文化适应性是指一个社会或组织能够适应文化变化的能力，这种能力越强，越能为经济适应性与社会适应性提供良好的文化基础；社会适应性则是指一个社会或组织能够适应社会变化的能力，这种能力越强，越能为经济适应性与文化适应性奠定稳固的社会基础。这三者之间的关系是相互联系的，它们之间的关系可以用一句话来概括：经济适应性、文化适应性和社会适应性是社会发展的三大要素，共同促进劳务移民就业稳定性水平的提高。

5. 研究初始模型

根据以上理论假设，构建出搬迁适应性与就业稳定性的结构方程初始模型。具体见图 6-1。

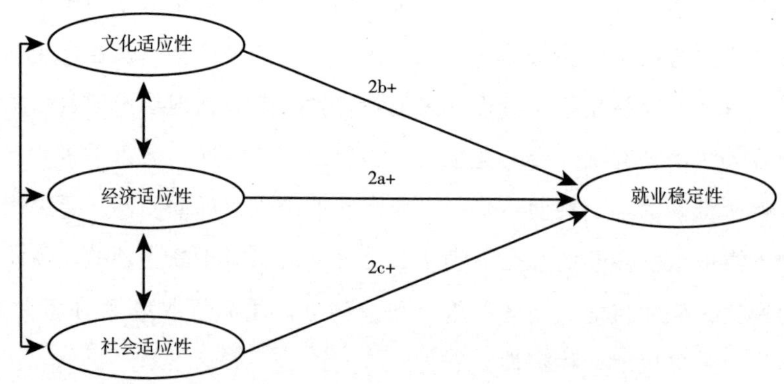

图 6-1 劳务移民社会适应性与就业稳定性关系模型

（二）量表设计

结合宁夏劳务移民的实际情况，以及借鉴前人已有文献，设计了劳务移民搬迁适应性与就业稳定性测量量表。全部构念以李克特五级量表进行度量，可能的回答是“非常适应”“比较适应”“一般”“不太适应”和“很不适应”，对应的分值分别为5、4、3、2和1。每个潜变量及其观测变量指标见表6-11。

表6-11　劳务移民搬迁适应性与就业稳定性关系测量量表

<table>
<tr><th colspan="3">变量</th><th>题项</th><th>简化</th><th>非常适应</th><th>比较适应</th><th>一般</th><th>不太适应</th><th>很不适应</th></tr>
<tr><td rowspan="9">外生潜变量</td><td rowspan="9">搬迁适应性</td><td rowspan="3">经济适应性</td><td>我对已有收入方式适应性状况是</td><td>收入方式</td><td>5</td><td>4</td><td>3</td><td>2</td><td>1</td></tr>
<tr><td>我对已有就业方式适应性状况是</td><td>就业方式</td><td>5</td><td>4</td><td>3</td><td>2</td><td>1</td></tr>
<tr><td>我对已有消费方式适应性状况是</td><td>消费方式</td><td>5</td><td>4</td><td>3</td><td>2</td><td>1</td></tr>
<tr><td rowspan="3">文化适应性</td><td>我对已有业余生活适应性状况是</td><td>业余生活</td><td>5</td><td>4</td><td>3</td><td>2</td><td>1</td></tr>
<tr><td>我对已有他人歧视适应性状况是</td><td>被人歧视</td><td>5</td><td>4</td><td>3</td><td>2</td><td>1</td></tr>
<tr><td>我对已有移民身份适应性状况是</td><td>移民身份</td><td>5</td><td>4</td><td>3</td><td>2</td><td>1</td></tr>
<tr><td rowspan="3">社会适应性</td><td>我对已有与本地人适应性状况是</td><td>与本地人</td><td>5</td><td>4</td><td>3</td><td>2</td><td>1</td></tr>
<tr><td>我对已有语言环境适应性状况是</td><td>语言环境</td><td>5</td><td>4</td><td>3</td><td>2</td><td>1</td></tr>
<tr><td>我对已有交往方式适应性状况是</td><td>交往方式</td><td>5</td><td>4</td><td>3</td><td>2</td><td>1</td></tr>
<tr><td rowspan="4">内生潜变量</td><td rowspan="4" colspan="2">就业稳定性</td><td>我对已有就业环境满意度状况是</td><td>就业环境</td><td>5</td><td>4</td><td>3</td><td>2</td><td>1</td></tr>
<tr><td>我对家庭成员就业满意度状况是</td><td>成员就业</td><td>5</td><td>4</td><td>3</td><td>2</td><td>1</td></tr>
<tr><td>我对已有就业政策满意度状况是</td><td>就业政策</td><td>5</td><td>4</td><td>3</td><td>2</td><td>1</td></tr>
<tr><td>我对自己就业稳定性状况评价是</td><td>就业自评</td><td>5</td><td>4</td><td>3</td><td>2</td><td>1</td></tr>
</table>

（三）实证分析

1. 样本的统计描述

运用SPSS26.0软件对研究中潜变量的观测变量进行相应的分析，以初步探究各变量间的关系和影响程度，结果如表6-12所示。

表 6-12　样本的统计描述

维度	题项	最小值	最大值	平均值	标准差	偏度	峰度	总体均值
经济适应性	收入方式	1	5	3.25	0.914	-0.558	-0.207	3.25
	就业方式	1	5	3.36	0.909	-0.411	-0.294	
	消费方式	1	5	3.15	0.959	-0.038	-0.863	
社会适应性	业余生活	1	5	3.45	0.848	-0.725	0.314	3.46
	被人歧视	1	5	3.35	0.836	-0.375	-0.019	
	移民身份	1	5	3.57	0.816	-0.927	0.937	
文化适应性	与本地人	1	5	3.96	0.683	-0.581	1.156	3.90
	语言环境	1	5	3.96	0.752	-0.744	0.972	
	交往方式	1	5	3.79	0.701	-0.917	1.658	
就业稳定性	就业政策	1	5	3.18	0.994	-0.226	-0.542	3.08
	就业自评	1	5	2.84	1.069	0.037	-0.923	
	就业环境	1	5	3.25	0.930	-0.183	-0.702	
	成员就业	1	5	3.03	1.009	0.065	-0.877	

从表6-12中可以看出，由“经济适应性”到“就业稳定性”维度的所有题项中，最小值为1，最大值为5，说明问卷回答具有一定的差异性。其中，均值最大为3.96，最小为2.84；指标的偏度大多数小于0（-1到+1之间），表明数据分布形态与正态分布相比为左偏，数据左端有较多的极端值（劳务移民工作的适应性需要进一步提高）；指标的峰度集中于-1～+2，满足一定的正态分布。

“就业稳定性”的总体均值为3.08，处于较低水平，说明劳务移民的就业稳定性较低。其中以“就业自评”为最低（2.84），表明了政府的主要工作方向和本研究的主要研究方向一致。

在“劳务移民适应性”的3个维度中，“经济适应性”（3.25）和“社会适应性”（3.46）的总体均值相对较低，说明劳务移民经济适应性和社会适应性需进一步提升。其中，经济适应性又尤以消费方式适应性（3.15）为低，提升消费方式适应性应是进一步提高劳务移民社会适应性的工作重点；社会适应性尤以他人歧视适应性（3.35）为低，说明增加劳务移民自信心是目前的重中之重。

“文化适应性”总体均值为3.90，说明居民对自身社会适应性有较高的评价，同时说明“文化适应性”是劳务移民就业稳定性的重要影响因素。

2. 探索性因子分析

（1）KMO与巴特利特球形检验

表6-13　KMO值和巴特利特球形检验

维度		KMO值(≥0.5)
经济适应性		0.643
社会适应性		0.670
文化适应性		0.679
就业稳定性		0.786
总体		0.887
巴特利特球形检验	近似卡方	1760.078
	自由度	78
	显著性	0.000

从表6-13可以看出，经检验样本的KMO值为0.887（>0.5），表明变量间的偏相关性较强；巴特利特球形检验卡方统计值为1760.078，模型指标优良，变量之间相关程度较高。因此，样本数据适合进行因子分析（李平则等，2019）①。

（2）公因子提取

从表6-14可知，共提取4个公因子。因子的最小特征值是1.928，大于1；这4个因子累计方差解释量为65.034%，能够解释大多数方差；再检测各个观测变量指向的因子载荷系数，所有的因子载荷系数均高于0.6。因此，从总体来看，劳务移民搬迁满意度与就业稳定性维度的指标测度是可靠的。

① 李平则，刘浩杰，林杰. 基于因子分析下的平顺县农户扶贫满意度研究［J］. 河北农业科学. 2019，23（02）：19-24.

表 6-14 劳务移民搬迁适应性量表的因子分析结果

		公因子			
		社区管理	政策支持	就业稳定性	发展环境
就业政策		0.773	—	—	—
就业环境		0.752	—	—	—
成员就业		0.704	—	—	—
就业自评		0.671	—	—	—
收入方式		—	0.791	—	—
就业方式		—	0.713	—	—
消费方式		—	0.670	—	—
业余生活		—	—	0.742	—
被人歧视		—	—	0.695	—
移民身份		—	—	0.691	—
与本地人		—	—	—	0.811
语言环境		—	—	—	0.773
交往方式		—	—	—	0.663
旋转前	特征值	5.096	1.584	0.957	0.818
	解释方差百分比(%)	39.196	12.184	7.363	6.290
	累计解释方差百分比(%)	39.196	51.380	58.744	65.034
旋转后	特征值	2.568	1.981	1.977	1.928
	解释方差百分比(%)	19.755	15.240	15.207	14.832
	累计解释方差百分比(%)	19.755	34.995	50.202	65.034

注：提取方法：主成分分析法。
旋转方法：凯撒正态化最大方差法。
旋转在 6 次迭代后已收敛。
—，为<0.6。

（3）公因子命名

从表 6-14 可以看出：

因子 1：包括就业政策满意度、就业环境满意度、成员就业满意度与就业稳定性自评 4 个观测变量。可以发现这 4 个观测变量都属于原先构想的“就业稳定性”维度，因子载荷系数分别为 0.773、0.752、0.704、0.671，都大于 0.6。因而将这个因子命名为“就业稳定性”。

因子 2：包括收入方式适应性、就业方式适应性、消费方式适应性 3 个观测变量。可以发现这3个观测变量都属于原先构想的“经济适应性”维度，因子载荷系数分别为0.791、0.713、0.670，都大于0.6。因而将这个因子命名为“经济适应性”。

因子3：包括业余生活适应性、被人歧视适应性、移民身份适应性3个观测变量。可以发现这3个观测变量都属于原先构想的“社会适应性”维度，因子载荷系数分别为0.742、0.695、0.691，都大于0.6。因而将这个因子命名为“社会适应性”。

因子4：包括与本地人适应性、语言环境适应性、交往方式适应性3个观测变量。可以发现这3个观测变量都属于原先构想的“文化适应性”维度，因子载荷系数分别为0.811、0.773、0.663，都大于0.6。因而将这个因子命名为“文化适应性”。

3.验证性因子分析

（1）信度分析

表6-15　信度分析

变量名称	变量项数	Cronbach α(≥0.65)	AVE	组合信度
经济适应性	3	0.765	0.528	0.880
社会适应性	3	0.706	0.504	0.839
文化适应性	3	0.713	0.565	0.870
就业稳定性	4	0.786	0.703	0.884
总体	13	0.868	—	—

从表6-15可以看出，量表的数据整体Cronbach's α系数为0.868，4个维度经济适应性、社会适应性、文化适应性、就业稳定性的值分别为0.765、0.706、0.713、0.786，均大于0.7，说明问卷数据信度高。

（2）效度分析

从表6-15可以看出，各个潜变量经济适应性、社会适应性、文化适应性、就业稳定性的AVE分别为0.528、0.504、0.565、0.703，均>0.5，组合信度分别为0.880、0.839、0.870、0.884，均>0.8，说明量表可靠性高。

4. 路径系数输出结果

(1) 初步结果

表 6-16 路径（载荷）系数输出结果

			Estimate	S. Estimate	S. E.	C. R.	P
社会	←	经济	0.757	0.687	0.094	8.086	***
文化	←	经济	0.466	0.501	0.075	6.256	***
就业稳定性	←	社会	0.229	0.194	0.109	2.094	0.036
就业稳定性	←	经济	0.813	0.624	0.129	6.323	***
就业稳定性	←	文化	0.064	0.046	0.096	0.670	0.503
消费方式	←	经济	1.000	0.552	—	—	—
就业方式	←	经济	1.476	0.860	0.142	10.375	***
收入方式	←	经济	1.342	0.777	0.131	10.225	***
交往方式	←	文化	1.000	0.703	—	—	—
语言环境	←	文化	0.974	0.638	0.108	9.052	***
与本地人	←	文化	0.943	0.680	0.103	9.122	***
移民身份	←	社会	1.000	0.715	—	—	—
被人歧视	←	社会	0.888	0.619	0.094	9.456	***
业余生活	←	社会	0.976	0.671	0.094	10.350	***
就业政策	←	就业稳定性	1.000	0.694	—	—	—
就业环境	←	就业稳定性	1.007	0.746	0.080	12.565	***
成员就业	←	就业稳定性	1.056	0.722	0.087	12.075	***
就业自评	←	就业稳定性	0.965	0.622	0.092	10.532	***

注：“***”“**”“*”分别表示路径系数在1%、5%、10%水平上显著。含“—”的4条路径表示SEM参数估计的基准，系统进行估计时将其作为显著路径，来估计其他路径是否显著。

采用临界比值法对路径系数进行显著性检验（见表6-16），结果发现，16项观测变量与潜变量路径、3项潜变量与潜变量路径中，①“就业稳定性←文化适应性”未通过显著性检验；②“就业稳定性←社会适应性”在0.05水平上通过显著性检验；③其余均在0.01水平上通过显著性检验。

（2）模型优化

表 6-17　模型修正过程

修正路径			修正理由
e7	↔	e16	移民身份适应性是以一定的文化为基础的，劳务移民身份适应性（e7）与其自身的文化适应性（e16）之间有着紧密的联系
e1	↔	e15	消费方式适应性是以环境变迁为前提的，劳务移民必须适应迁入地的消费方式，劳务移民消费方式适应性（e1）与社会适应性（e15）之间有着密切的联系
e9	↔	e16	业余生活适应性是以一定的文化为基础的，劳务移民业余生活适应性（e9）与其自身的文化适应性（e16）之间有着紧密的联系
e6	↔	e8	与本地人关系适应性与被人歧视适应性有着紧密的联系，与本地人关系适应性（e6）越强，被人歧视的可能性（e8）就越小，即被人歧视适应性也就越强；反之亦成立

由于在调研过程中切身感受到文化适应性对就业稳定性有着较强的促进作用，因而对模型进行了修正。通过以上修正，并取得了良好的效果。

（3）优化结果

表 6-18　修正前后结果的对比

				Estimate	S. Estimate	S. E.	C. R.	P
修正前	就业稳定性	←	社会	0. 229	0. 194	0. 109	2. 094	0. 036
	就业稳定性	←	经济	0. 813	0. 624	0. 129	6. 323	***
	就业稳定性	←	文化	0. 064	0. 046	0. 096	0. 670	0. 503
修正后	就业稳定性	←	社会	0. 253	0. 206	0. 101	2. 510	0. 012
	就业稳定性	←	经济	0. 785	0. 567	0. 126	6. 226	***
	就业稳定性	←	文化	0. 188	0. 134	0. 090	2. 096	0. 036

注：“***”“**”“*”分别表示路径系数在 1%、5%、10%水平上显著。

从表 6-18 可以看出，经过修正后路径显著性明显增强，路径系数值也发生了一些变化：

第一，修改后“就业稳定性←文化”显著性 $p=0.036$，即在 $p<0.05$ 下显著，标准化路径系数也得到了提高，为 0. 134，提高了 0. 088。

第二，修改后“就业稳定性←社会”显著性也有所提高，由0.036提高到了0.012，路径系数也由0.194提高到0.206，提高了0.012。

第三，修改后“就业稳定性←经济”显著性未变，而路径系数有所下降，由0.624下降到0.567，下降了0.057，但总体影响不大。

（4）修正后路径（载荷）系数输出结果

表6-19 路径（载荷）系数修正后输出结果

			Estimate	S. Estimate	S. E.	C. R.	P
社会	←	经济	0.739	0.655	0.091	8.127	***
文化	←	经济	0.454	0.459	0.077	5.879	***
就业稳定性	←	社会	0.253	0.206	0.101	2.510	0.012
就业稳定性	←	经济	0.785	0.567	0.126	6.226	***
就业稳定性	←	文化	0.188	0.134	0.090	2.096	0.036
消费方式	←	经济	1.000	0.519	—	—	—
就业方式	←	经济	1.615	0.886	0.165	9.775	***
收入方式	←	经济	1.440	0.785	0.146	9.839	***
交往方式	←	文化	1.000	0.704	—	—	—
语言环境	←	文化	1.006	0.659	0.107	9.430	***
与本地人	←	文化	0.874	0.637	0.093	9.363	***
移民身份	←	社会	1.000	0.700	—	—	—
被人歧视	←	社会	0.877	0.588	0.100	8.738	***
业余生活	←	社会	0.964	0.647	0.098	9.787	***
就业政策	←	就业稳定性	1.000	0.695	—	—	—
就业环境	←	就业稳定性	1.005	0.746	0.080	12.567	***
成员就业	←	就业稳定性	1.054	0.721	0.087	12.078	***
就业自评	←	就业稳定性	0.965	0.623	0.091	10.546	***

从表6-19可看出修正后，除“就业稳定性←文化适应性”“就业稳定性←社会适应性”在0.05水平上通过显著性检验；其余均在0.01水平上通过显著性检验。

5. 模型适配度指标检验

表 6-20　模型适配度指标检验

适配度指标	指标名称	适配指标之标准	修正前	修正后	适配度
卡方检定	CMIN/DF	小于 3 为符合标准	2.925	1.933	佳
绝对适配检定	GFI	大于 0.9 为符合标准,0.8~0.9 为可接受	0.933	0.960	佳
	AGFI	大于 0.9 为符合标准,0.8~0.9 为可接受	0.899	0.935	佳
	RMSEA	小于 0.8 为符合标准	0.071	0.049	佳
增值适配检定	NFI	大于 0.9 为符合标准	0.902	0.939	佳
	TLI	大于 0.9 为符合标准	0.912	0.957	佳
	CFI	大于 0.9 为符合标准	0.932	0.969	佳
	IFI	大于 0.9 为符合标准	0.933	0.970	佳
精简适配检定	PNFI	大于 0.5 表示模型通过标准	0.694	0.674	佳
	PCFI	大于 0.5 表示模型通过标准	0.717	0.696	佳

从表 6-20 可以看出，修正后所有指标均符合要求，因而此次模型的拟合度为优，符合预期。优化后结构方程模型图如图 6-2。

6. 潜变量间的相互关系

从图 6-2 可以看出：

（1）外生潜变量与内生潜变量相互关系

第一，经济适应性对就业稳定性的标准化路径系数是 0.567，且在 1%（$p<0.01$）的水平上显著，说明经济适应性对就业稳定性具有正向影响。据此，原假设 2a“经济适应性与劳务移民就业稳定性间具有正向影响”成立。

第二，社会适应性对就业稳定性的标准化路径系数是 0.206，且在 5%（$p<0.05$）的水平上显著，说明社会适应性对就业稳定性具有正向影响。据此，原假设 2c“社会适应性与劳务移民就业稳定性间具有正向影响”成立。

第三，文化适应性对就业稳定性的标准化路径系数是 0.134，且在 5%（$p<0.05$）的水平上显著，说明文化适应性对就业稳定性具有正向影响。据此，原假设 2b“文化适应性与劳务移民就业稳定性间具有正向影响”成立。

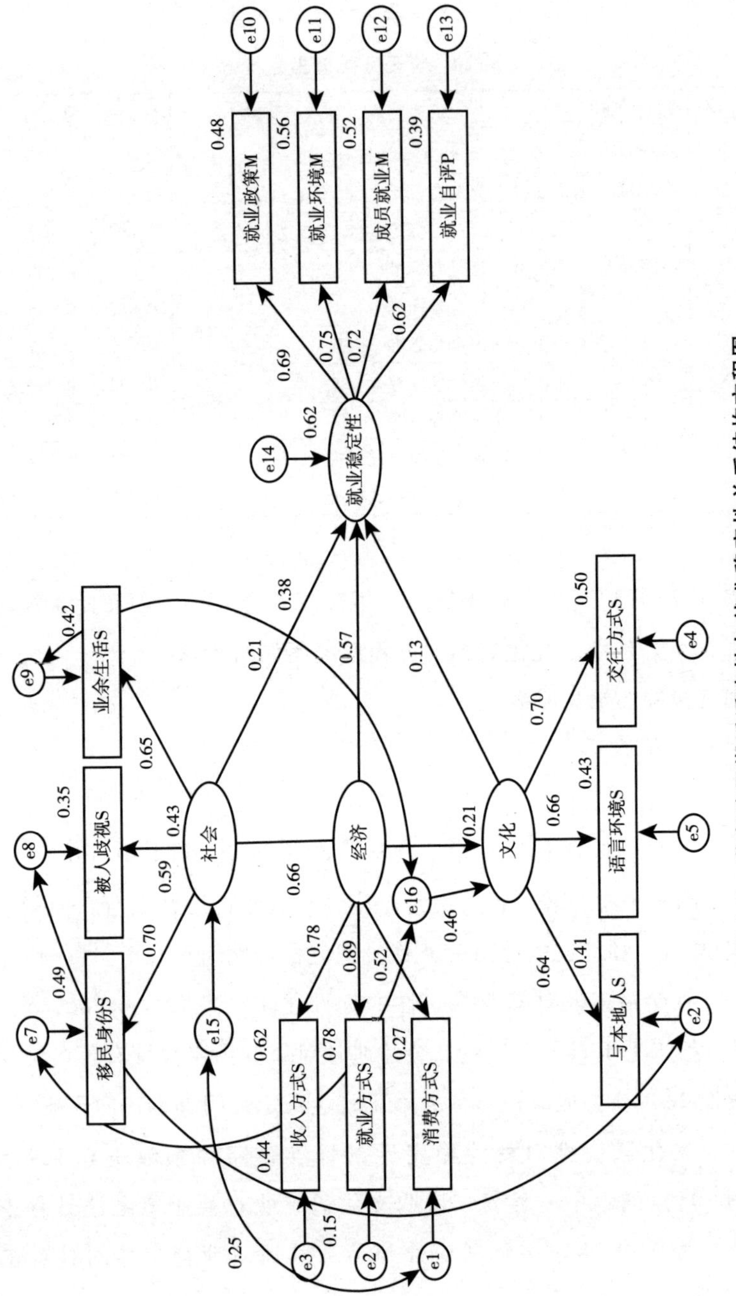

图 6-2 劳务移民搬迁适应性与就业稳定性关系结构方程图

（2）外生潜变量与外生潜变量相互关系

第一，在 3 个外生变量中，经济适应性具有决定的作用。

第二，从显著性来看，经济适应性对社会适应性与文化适应性均在 P<0.01 下显著，且都有着正向影响。

第三，从路径系数的值可以看出，经济适应性对社会适应性（0.655）的影响要大于对文化适应性（0.459）的影响，说明在经济适应性增强的情况下，社会适应性的变化要强于文化适应性的变化，相对而言，文化适应性的变化要弱于经济适应性与社会适应性的变化。

7. 可观测变量与潜变量间的相互关系

第一，经济适应性方面。从表 6-21 可以看出，在经济适应性中，就业方式适应性、收入方式适应性、消费方式适应性的直接影响程度依次为 0.886、0.785、0.519，均为正向影响；前两者均超过了 0.7，说明其对经济适应性影响是较大的，尤其是就业方式适应性系数高达 0.886；消费方式适应性较低，为 0.519，相对而言对经济适应性影响较小。

第二，社会适应性方面。在社会适应性中，移民身份适应性、业余生活适应性、被人歧视适应性的直接影响程度依次为 0.700、0.647、0.588，均为正向影响，前两者均超过了 0.6，说明其对社会适应性的影响是较大的，尤其是移民身份适应性系数达到 0.700；被人歧视适应性较低，为 0.588，相对而言对社会适应性影响较小。

第三，文化适应性方面。在文化适应性中，交往方式适应性、语言环境适应性、与本地人适应性的直接影响程度依次为 0.704、0.659、0.637，均为正向影响，且均超过了 0.6，说明各个方面均对文化适应性的影响都是较大的，尤其是交往方式适应性系数达到了 0.704。

第四，就业稳定性方面。在就业稳定性中，就业环境满意度、成员就业满意度、就业政策满意度、就业自评的直接影响程度依次为 0.748、0.721、0.695、0.623，均为正向影响，且均超过了 0.6，说明各个方面对就业稳定性的影响都是较大的，尤其是就业环境满意度系数达到了 0.748。

三　结论与讨论

（一）结论

影响效应包括直接效应和间接效应。直接效应表示从原因变量（外生变量或内生变量）到结果变量（内生变量）的直接影响，通过原因变量到结果变量的路径系数来衡量；间接效应指原因变量通过影响一个或多个中介变量，最终对结果变量产生间接影响（贾新明，2011）①。本研究构建的模型研究中既涉及直接效应，也涉及间接效应。根据图 6-2 的劳务移民搬迁满意度与就业稳定性关系结构方程与模型的路径系数输出结果，计算得到劳务移民搬迁适应性对就业稳定性的影响效应，如表 6-21 所示。

表 6-21　潜变量效应

潜变量		维度	对就业稳定性的效应		
观测变量	路径系数		总效应	直接效应	间接效应
消费方式	0.519	经济适应性	0.763	0.567	0.196
就业方式	0.886				
收入方式	0.785				
移民身份	0.700	社会适应性	0.206	0.206	—
被人歧视	0.588				
业余生活	0.647				
交往方式	0.704	文化适应性	0.134	0.134	—
语言环境	0.659				
与本地人	0.637				

1. 从经济适应性维度分析，经济适应性对就业稳定性总效应为 0.763，是三者中最大的；同时既具有直接的正向影响效应 0.567，也具有间接的直

① 贾新明．结构方程模型评价体系的可比性问题［J］．数理统计与管理．2011，30（02）：246-253.

接效应 0.196。表明较高的经济适应性能有效提高劳务移民就业的稳定性，有效保障迁入地居民拥有相对稳定的就业岗位，从而促进脱贫致富目标的实现。从经济适应性的 3 个观测变量来看，就业方式适应性、收入方式适应性、消费方式适应性的直接影响程度依次为 0.886、0.785、0.519，其中，就业方式适应性最高（0.886），说明只有不断提高就业方式的适应性，劳务移民才会逐步提升收入方式和消费方式的适应性，这三者之间有着密切的联系，彼此相互促进、相互提高。

2. 从社会适应性维度分析，社会适应性对就业稳定性具有的效应是直接效应为 0.206，表示社会适应性对就业稳定性的作用相对较小。从社会适应性的 3 个观测变量移民身份适应性、业余生活适应性、被人歧视适应性的直接影响程度依次为 0.700、0.647、0.588，其中，移民身份适应性最高（0.700），说明只有不断提高移民身份的适应性融入当地社会，才能逐步融入当地的业余生活之中，摆脱他人对劳务移民的歧视性和异样性的影响。当然这三者之间关系也是极为密切的，只有不断提高被人歧视适应性，才能主动提高社会适应性的各个方面。

3. 从文化适应性维度分析，文化适应性对就业稳定性具有 0.134 的正向直接影响效应，是三者中最小的。表示劳务移民对迁入区文化适应性每提高一个单位，对当地的就业稳定性就会提升 0.134 个单位。从文化适应性的 3 个观测变量来看，交往方式适应性、语言环境适应性、与本地人适应性的直接影响程度依次为 0.704、0.659、0.637，交往方式适应性对文化适应性的解释程度较高，进而对就业稳定性的影响程度较大，其次是语言环境适应性。交往方式适应性、语言环境适应性、与本地人适应性都体现了劳务移民的主动性。应该说，从山区到川区，或者是区域内的搬迁，劳务移民的语言环境和与交往方式的适应性是较强的，一样的方言、一样的风土人情；相对来说与本地人的关系必须通过主动联系才能获得更多的收获，包括经济方面的和非经济方面的，比如说找工作、子女上学、就地通婚等。

（二）讨论

从搬迁适应性与就业稳定性之间的关系入手，构建结构方程模型，分析了影响两者关系的因素及各因素的影响路径与影响程度。结果表明，经济适应性、社会适应性与文化适应性对劳务移民就业稳定性均具有正向的直接影响，而且经济适应性与劳务移民就业稳定性间还具有一定的正向的间接影响。

进一步分析可以看出，按路径系数高低将可观测变量划分为三个层级：

表 6-22　观测变量层级分类表

层级	>0. 7	0. 65<a<0. 7	<0. 65
性质	高适应性	予以肯定，持相对满意 态度，仍然有提升空间	相对不太满意 努力提高的方向
观测变量	就业方式适应性 0. 886 收入方式适应性 0. 785 就业环境满意度 0. 746 成员就业满意度 0. 721 交往方式适应性 0. 704 移民身份适应性 0. 700	就业政策满意度 0. 695 语言环境适应性 0. 659	业余生活适应性 0. 647 与本地人适应性 0. 637 就业状况自评价 0. 623 被人歧视适应性 0. 588 消费方式适应性 0. 519

从表 6-22 可以看出：

第一层面，大于 0. 7。从高到低依次为就业方式适应性（0. 886）、收入方式适应性（0. 785）、就业环境满意度（0. 746）、成员就业满意度（0. 721）、交往方式适应性（0. 704）、移民身份适应性（0. 700）。说明由于劳务移民在就业方式，收入方式、交往方式和移民身份方面具有较高的适应性，所以他们对就业环境和成员就业都呈现较高的满意度，这是确保就业稳定性和提升就业稳定性的重要前提和基础。

第二层面，小于 0. 7，大于 0. 65。从高到低依次为就业政策满意度（0. 695）、语言环境适应性（0. 659）。说明劳务移民认为就业政策的满意度以及语言环境适应性对于就业稳定性具有一定的作用，其对政府及自身在这些方面的努力还是予以肯定的，持相对满意态度，仍然有提升空间。

第三层面，小于0.65。从高到低依次为业余生活适应性（0.647）、与本地人适应性（0.637）、就业自评（0.623）、被人歧视适应性（0.588）、消费方式适应性（0.519）。说明劳务移民群体对这几个方面相对来说不太满意，也正好体现了提升适应性、促进就业稳定性关系的侧重点所在。

第七章　劳务移民主观性人力资本与就业稳定性关系

一　劳务移民主观性人力资本水平测度

（一）确定评价指标体系

1. 已有文献人力资本指标的选取

在研究移民人力资本问题时，学者们基本上都遵循了舒尔茨人力资本理论，即人力资本包括知识、技能、经验和健康（江涛，2008）[①] 4个方面。

韩振燕（2007）[②] 主要采用通用人力资本、岗位人力资本（专业人力资本）和企业家人力资本等来分析；王志凯（2008）[③] 采用了体力、健康、经验、知识和技能及其他精神存量等指标；胡静等（2009）[④] 分析时采用健康

① 江涛．舒尔茨人力资本的核心思想及其启示［J］．扬州大学报（人文社会科学版）．2008，12（06）：84-87。

② 韩振燕．城市非自愿移民人力资本开发探析［J］．科技管理研究．2007，（07）：120-121+124.

③ 王志凯．小浪底农村水库移民人力资本开发研究［D］．西安：西北农林科技大学作物，2008.

④ 胡静，杨云彦．大型工程非自愿移民的人力资本失灵——对南水北调中线工程的实证分析［J］．经济评论．2009，（04）：74-80.

状况、正规教育、培训及迁移等指标；范如国等（2011）[①] 采用了劳动力的文化程度、技能状况、健康状况、就业培训状况、劳动工作持续时间等指标；石智雷等（2011）[②] 运用了健康水平、受教育程度、技能/培训、迁移、态度、制度其他因素、政府安置、社会资本等指标；何志扬等（2014）[③] 分析时使用了健康、智能和技能等指标；胡江霞等（2016）[④] 分析时使用了知识水平、能力水平和经验水平等指标；冯伟林等（2016）[⑤] 使用了劳动力数量、劳动力平均年龄、劳均受教育程度、拥有的手艺和技术、劳动力健康状况、有外出务工经历的人数和最远足迹等指标；何思好等（2019）[⑥] 分析主要采用家庭成员健康情况、家庭平均受教育年限、参加过技能培训情况、就业能力等指标；乔雯（2019）[⑦] 使用了自我效能感、乐观、亲和与随和性、沟通能力等指标；何家军等（2020）[⑧] 使用了正规教育、在职培训、卫生保健和社会保障等指标。

从以上文献可以看出，学者们对于移民人力资本指标的使用大体一致，即人力资本包括“知识、技能、经验和健康”，本研究也遵循这一基本内容。但在分析时，将劳务移民的人力资本分为客观性人力资本与主观性人力资本。其中，客观性人力资本沿用舒尔茨人力资本的内涵，客观性人力资本

① 范如国，李星．三峡库区移民人力资本因素与劳动报酬收入关系的实证研究［J］．技术经济．2011，30（02）：81-87.

② 石智雷，杨云彦，田艳平．非自愿移民经济再发展：基于人力资本的分析［J］．中国软科学．2011，（03）：115-127.

③ 何志扬，张梦佳．气候变化影响下的气候移民人力资本损失与重构——以宁夏中南部干旱地区为例［J］．中国人口·资源与环境．2014，24（12）：109-116.

④ 胡江霞，文传浩．人力资本、社会网络与移民创业绩效——基于三峡库区的调研数据［J］．软科学．2016，30（03）：36-40.

⑤ 冯伟林，李树茁，李聪．生态移民经济恢复中的人力资本与社会资本失灵——基于对陕南生态移民的调查［J］．人口与经济．2016，（01）：98-107.

⑥ 何思好，黄婉婷，曾维忠．场域视角下水库移民人力资本、社会资本的重建［J］．农村经济．2019，（10）：47-54.

⑦ 乔雯．人力资本、社会资本对易地搬迁移民社会融合的影响［J］．劳动保障世界．2019，（21）：78-79.

⑧ 何家军，闫晨，樊连生，张峻豪．三峡库区移民人力资本与区域经济发展研究——基于A县实证研究［J］．当代经济．2020，（01）：29-34.

学者们研究有所论述，但未展开实质性的研究，如王志凯（2008）[①]“其他精神存量”，石智雷等（2011）[②]“态度”，乔雯（2019）[③]“自我效能感、乐观、亲和与随和性、沟通能力”等，这些均为本研究对主观性人力资本内涵的认识以及指标体系的建立提供了有益的帮助和借鉴。

2. 劳务移民主观性人力资本各维度观测变量选取

本研究在广泛参照和借鉴国内外人力资本研究学者对指标体系的相关研究的基础上，结合宁夏具体的劳务移民的理论与实践以及对劳务移民访谈资料的整理结果，对于主观性人力资本可以将其划分为自我评价、工作态度、综合能力 3 个维度。

（1）自我评价

自我评价是自我意识的一种形式，是主体对自己思想、愿望、行为和个性特点的判断和评价（林崇德，1999）[④]。根据已有文献的借鉴，以及对劳务移民社区干部群众的座谈与走访，拟选取自我价值、优缺点、自信心等进行评价。

（2）工作态度

由于劳务移民从农村环境到城市环境，工作方式、工作环境、工作纪律等都发生了显著变化，因而对于其工作态度的评价可以从一定程度上了解其与就业稳定性的关系。主要包括对自己工作态度、接受挑战性工作的欲望、工作主动性、工作计划性、克服困难能力等的评价。

（3）综合能力

作为劳务移民必须不断提升自己的各种能力，这不仅是未来工作对劳务移民的基本要求，而且也是劳务移民适应市场经济发展需要的要求。具体来说，

---

① 王志凯．小浪底农村水库移民人力资本现状及对策研究［J］．现代农业科学，2008，（07）：87-88。

② 石智雷，扬云彦，田艳平．非自愿移民经济再发展：基于人力资本的分析［J］．中国软科学，2011，（03）：115-127。

③ 乔雯．人力资本、社会资本对易地搬迁移民社会融合的影响［J］．劳动保障世界，2019，（21）：78-79。

④ 林崇德．培养和造就高素质的创造性人才［J］．北京师范大学学报（社会科学版）．1999，（01）：5-13.

劳务移民综合能力方面应该包括：一是社交能力，这是劳务移民寻求工作、稳定工作的基础；二是求知欲，只有不断学习、努力提高自己才能更好地适应未来工作的需要；三是获取成功能力、改变现状能力、运用政策能力等。

3. 构建劳务移民主观性人力资本指标体系

对于评价劳务移民主观性人力资本指标体系的构建，我们采用了系统论的分析方法，确立了包括自我评价、工作态度评价和综合能力评价 3 个维度。这既涉及劳务移民人力资本的客观层面——客观性人力资本，即已经存在的受教育水平、技能培训和身体健康状况等；也涉及劳务移民人力资本的主观层面——主观性人力资本，即相当复杂且难以度量的自我价值、综合能力、工作态度等。本研究重点研究主观性人力资本的测度与就业稳定性的关系，关于劳务移民主观性人力资本指标体系见表7-1。

通过劳务移民主观性人力资本的量表内容可以看出，这既可以测度劳务移民总体主观性人力资本的水平，又可以测评其对具体微观领域的主观性人力资本状况，进而可以为今后改善和提升劳务移民主观性人力资本水平提供进一步的参考依据和决策信息。

表 7-1　劳务移民主观性人力资本指标体系

维度	自我评价	工作态度	综合能力
观测变量	自我价值评价	工作态度评价	社交能力评价
	优缺点评价	接受挑战性工作评价	求知欲评价
	自信心评价	工作主动性评价	获取成功能力评价
	—	工作计划性评价	改变现状能力评价
	—	克服困难能力评价	运用政策能力评价
	—	学习新知能力评价	—

4. 主观性人力资本指标体系确立

（1）问卷信度效度检验

①KMO 测度和巴特利特球形检验

从表 7-2 可以看出，劳务移民主观性人力资本的 14 个题项的 KMO 值为0.930，巴特利特球形检验显著（p<0.001），这说明数据具有相关性，因子的相关系数矩阵非单位矩阵，能够提取最少的因子，同时又能解释大部分的方差，符合研究要求，可以进行下一步分析。

表 7-2 KMO 测度和巴特利特球形检验

KMO 取样适切性量数		0.930
巴特利特球形检验	近似卡方	2483.439
	自由度	0.99
	显著性	0.000

②指标共同度检验

从表 7-3 可以看出，除“社交能力”（0.499）小于 0.5 但接近 0.5 外，其余指标共同度都大于 0.5，符合因子分析的各项要求。

表 7-3 劳务移民搬迁满意度指标共同度

	初始	提取		初始	提取		初始	提取
自身价值	1.000	0.693	工作态度	1.000	0.557	学习知识能力	1.000	0.654
自身优点	1.000	0.629	挑战性工作	1.000	0.613	改变现状能力	1.000	0.634
自信心	1.000	0.634	成功欲望	1.000	0.643	运用政策能力	1.000	0.644
社交能力	1.000	0.499	工作主动性	1.000	0.670	求知欲	1.000	0.569
工作计划性	1.000	0.633	克服困难能力	1.000	0.706	提取方法:主成分分析法		

（2）因子分析

①因子提取

从表 7-4 可知，共提取 3 个公因子。

第一，因子的最小特征值是 1.009，符合因子分析要求。这 3 个因子累计方差解释量为 66.315%，能够解释大多数方差。再检测各个观测变量指向的因子载荷系数，所有的因子载荷系数均高于 0.5。因此，从总体来看，劳务移民主观性人力资本维度的指标测度是可靠的。

表 7-4 劳务移民主观性人力资本量表的因子分析结果

		1	2	3
工作主动性		0.812	—	—
工作态度		0.762	—	—
挑战性工作		0.706	—	—
克服困难能力		0.671	—	—
改变现状能力		—	0.786	—
运用政策能力		—	0.742	—
学习知识能力		—	0.654	—
自身价值		—	—	0.822
自身优点		—	—	0.779
自信心		—	—	0.583
旋转前	特征值	5.148	1.138	1.009
	解释方差百分比(%)	46.799	10.346	9.170
	累计解释方差百分比(%)	46.799	57.145	66.315
旋转后	特征值	3.004	2.324	1.966
	解释方差百分比(%)	27.307	21.132	17.877
	累计解释方差百分比(%)	27.307	48.438	66.315

注：提取方法：主成分分析法。
旋转方法：凯撒正态化最大方差法。
a. 旋转在 6 次迭代后已收敛；b. —，为<0.6。

第二，量表的哥伦巴赫阿尔法系数较大，整个量表的可靠性系数达到 0.864，鉴于较高的因子载荷，表明结构效度良好。初步结果显示，主观性人力资本因子的变量选择和预测项目是合适的。

②因子命名

对分析结果产生的因子命名如下：

因子 1：包括工作主动性评价、工作态度评价、挑战性工作评价和克服困难能力评价 4 个项目。可以发现这 4 个项目都属于原先构想的“工作态度”维度，因子载荷系数分别为 0.812、0.762、0.706、0.671，都大于 0.6。因而，将这个因子命名为“工作态度”。

因子 2：包括改变现状能力评价、运用政策能力评价和学习知识能力评价3个项目。可以发现这3个项目都属于原先构想的综合能力维度，因子载荷系数分别为0.786、0.742、0.654，都高于0.6。因而，将这个因子命名为“综合能力”。

因子3：包括自身价值评价、自身优点评价和自信心评价3个项目。可以发现这3个项目都属于原先构想的自我评价维度，因子载荷系数分别为0.822、0.779、0.583，都高于0.5。因而，将这个因子命名为“自我评价”。

以上3个公共因子对10个指标的因子累计方差解释量为66.315%，能解释大多数方差，因此比较理想。劳务移民主观性人力资本因子包括3个维度，即工作态度、综合能力和自我评价。

③信度、效度检验

表7-5　问卷总体量表的信度分析

维度	自我评价	工作态度	综合能力	
观测变量	自身价值	工作主动性	改变现状能力	以上10个题项
	自身优点	工作态度	运用政策能力	
	自信心	挑战性工作	学习知识能力	
		克服困难能力		
α	0.734	0.811	0.725	0.864

从表7-5中可以看出，3个量表的Cronbach's α系数均大于0.7，总量表Cronbach's α系数则为0.864，据此可以认为，该问卷具有比较好的内部一致性信度，问卷题目设置比较合理，数据较为可靠。

如前所知，各个观测指标的共同度都大于0.5，观测变量指向公共因子的载荷系数都大于0.6，具有较高的收敛效度。跨因子载荷都很小，具有很好的区别效度。

（二）劳务移民搬迁适应性评价

1.建立综合评价的因素集

设评定劳务移民主观性人力资本的指标集为U=（u_1，u_2，u_3），u_1表示工作态度，u_2表示综合能力，u_3表示自我评价。

2. 建立综合评价的评价集

设评定劳务移民主观性人力资本的评价集为 V = （v_1，v_2，v_3，v_4，v_5），v_1，v_2，v_3，v_4，v_5分别表示非常强、比较强、一般、比较弱、很弱，分别赋值为 5、4、3、2、1。

表 7-6　劳务移民对各项可观测变量满意度分布频率

一级指标	二级指标	5	4	3	2	1	合计
工作态度	工作主动性	0.191	0.535	0.238	0.034	0.003	1
	工作态度	0.279	0.506	0.202	0.013	0.000	1
	挑战性工作	0.168	0.491	0.274	0.057	0.010	1
	克服困难能力	0.116	0.444	0.382	0.044	0.013	1
综合能力	改变现状能力	0.078	0.349	0.398	0.142	0.034	1
	运用政策能力	0.049	0.300	0.452	0.171	0.028	1
	学习知识能力	0.109	0.408	0.359	0.096	0.028	1
自我评价	自身价值	0.062	0.315	0.514	0.096	0.013	1
	自身优点	0.057	0.359	0.432	0.132	0.021	1
	自信心	0.106	0.426	0.351	0.101	0.016	1

3. 确定权重向量与构造权重判断矩阵

（1）一级指标权重的确定

表 7-7　总方差解释旋转前后对比

提取载荷平方和			旋转载荷平方和		
总计	方差百分比	累计%	总计	方差百分比	累计%
5.148	46.799	46.799	3.004	27.307	27.307
1.138	10.346	57.145	2.324	21.132	48.438
1.009	9.170	66.315	1.966	17.877	66.315

由表 7-7 可以看出，本例旋转后的特征值不同于旋转前的特征值。旋转前的特征值依次为 5.148、1.138、1.009，解释变异量依次为 46.799、10.346、

9.170；旋转后的特征值依次为3.004、2.324、1.966，解释变异量依次为27.307、21.132、17.877。说明旋转后解释变异量较旋转前的解释变异量更均匀，更有利于分析解释问题。因此，进行因子旋转使分析变得更有意义。

表 7-8　一级权重计算结果

<table>
<tr><td>因子</td><td>社区管理 W_1</td><td>家庭发展 W_2</td><td>发展环境 W_3</td><td rowspan="4">合计</td></tr>
<tr><td>旋转后特征值</td><td>3.004</td><td>2.324</td><td>1.966</td></tr>
<tr><td>方差百分比(A)</td><td>27.307</td><td>21.132</td><td>17.877</td></tr>
<tr><td>累计方差百分比(B)</td><td colspan="3">66.315</td></tr>
<tr><td>权重</td><td>0.412</td><td>0.319</td><td>0.269</td><td>1.000</td></tr>
</table>

从表7-8可以看出，一级指标权重W＝（0.412 0.319 0.269）

（2）二级指标权重的确定

表 7-9　二级权重计算结果

一级指标	二级指标	平均值(C)	标准偏差(D)	变异值(E)	一级权重
工作态度	工作主动性	3.88	0.757	0.195	0.238
	工作态度	4.05	0.729	0.180	0.220
	挑战性工作	3.75	0.837	0.223	0.272
	克服困难能力	3.61	0.799	0.221	0.270
综合能力	改变现状能力	3.29	0.922	0.280	0.343
	运用政策能力	3.17	0.868	0.274	0.335
	学习知识能力	3.47	0.911	0.263	0.322
自我评价	自身价值	3.32	0.782	0.236	0.319
	自身优点	3.30	0.844	0.256	0.346
	自信心	3.51	0.871	0.248	0.335

二级指标权重

工作态度 $W_1=(0.238\ 0.220\ 0.272\ 0.270)$

综合能力 $W_2=(0.343\ 0.335\ 0.322)$

自我评价 $W_3=(0.319\ 0.346\ 0.335)$

4. 确立评价矩阵 R

工作态度 U_1的评判矩阵

$$R_1 = \begin{bmatrix} 0.191 & 0.535 & 0.238 & 0.034 & 0.003 \\ 0.279 & 0.506 & 0.202 & 0.013 & 0.000 \\ 0.168 & 0.491 & 0.274 & 0.057 & 0.010 \\ 0.116 & 0.444 & 0.382 & 0.044 & 0.013 \end{bmatrix}$$

综合能力 U_2的评判矩阵

$$R_2 = \begin{bmatrix} 0.078 & 0.349 & 0.398 & 0.142 & 0.034 \\ 0.049 & 0.300 & 0.452 & 0.171 & 0.028 \\ 0.109 & 0.408 & 0.359 & 0.096 & 0.028 \end{bmatrix}$$

自我评价 U_3的评判矩阵

$$R_3 = \begin{bmatrix} 0.062 & 0.315 & 0.514 & 0.096 & 0.013 \\ 0.057 & 0.359 & 0.432 & 0.132 & 0.021 \\ 0.106 & 0.426 & 0.351 & 0.101 & 0.016 \end{bmatrix}$$

5. 计算三级评价向量

工作态度的评价向量为：

$$b_1 = W \times R_1 = (0.238 \quad 0.220 \quad 0.272 \quad 0.270) \times \begin{bmatrix} 0.191 & 0.535 & 0.238 & 0.034 & 0.003 \\ 0.279 & 0.506 & 0.202 & 0.013 & 0.000 \\ 0.168 & 0.491 & 0.274 & 0.057 & 0.010 \\ 0.116 & 0.444 & 0.382 & 0.044 & 0.013 \end{bmatrix}$$

$$b_1 = (0.184\ 0.492\ 0.279\ 0.038\ 0.007)$$

从计算结果可以看出工作态度评价隶属度处于“比较满意”状态。

综合能力的评价向量为：

$$b_2 = W_2 \times R_2 = (0.343 \quad 0.335 \quad 0.322) \times \begin{bmatrix} 0.078 & 0.349 & 0.398 & 0.142 & 0.034 \\ 0.049 & 0.300 & 0.452 & 0.171 & 0.028 \\ 0.109 & 0.408 & 0.359 & 0.096 & 0.028 \end{bmatrix}$$

$$b_2 = (0.078\ 0.352\ 0.404\ 0.136\ 0.030)$$

从计算结果可以看出综合能力评价隶属度也处于“一般”状态。

自我评价的评价向量为：

$$b_3 = W_3 \times R_3 = (0.319 \quad 0.346 \quad 0.335) \times \begin{bmatrix} 0.062 & 0.315 & 0.514 & 0.096 & 0.013 \\ 0.057 & 0.359 & 0.432 & 0.132 & 0.021 \\ 0.106 & 0.426 & 0.351 & 0.101 & 0.016 \end{bmatrix}$$

$$b_3 = (0.075\ 0.367\ 0.431\ 0.110\ 0.017)$$

从计算结果可以看出自我评价隶属度也处于“一般”状态。

6. 计算综合隶属度

$$b_1 = (0.184\ 0.492\ 0.279\ 0.038\ 0.007)$$

$$b_2 = (0.078\ 0.352\ 0.404\ 0.136\ 0.030)$$

$$b_3 = (0.075\ 0.367\ 0.431\ 0.110\ 0.017)$$

$$B = (b_1^{\mathrm{T}}, b_2^{\mathrm{T}}, b_3^{\mathrm{T}})^{\mathrm{T}}$$

$$B = \begin{bmatrix} 0.184 & 0.492 & 0.279 & 0.038 & 0.007 \\ 0.078 & 0.352 & 0.404 & 0.136 & 0.030 \\ 0.075 & 0.367 & 0.432 & 0.110 & 0.017 \end{bmatrix}$$

$$W = (0.412\ 0.319\ 0.269)$$

计算综合隶属度：

$$E = W \times B$$

$$E = W \times B = (0.412 \quad 0.319 \quad 0.269) \times \begin{bmatrix} 0.184 & 0.492 & 0.279 & 0.038 & 0.007 \\ 0.078 & 0.352 & 0.404 & 0.136 & 0.030 \\ 0.075 & 0.367 & 0.432 & 0.110 & 0.017 \end{bmatrix}$$

$$E = (0.121\ 0.414\ 0.359\ 0.089\ 0.017)$$

从计算结果可以得出劳务移民主观性人力资本综合隶属度处于“比较满意”状态。

（三）结果与分析

1. 结果

劳务移民主观性人力资本总体评判分值：

$$
\begin{aligned}
D &= 0.121\times5+0.414\times4+0.359\times3+0.089\times2+0.017\times1 \\
&= 3.533
\end{aligned}
$$

从计算结果可以得出劳务移民主观性人力资本为3.533，劳务移民主观性人力资本为“高主观性人力资本”。

2. 分析

表7-10　主观性人力资本总体评价表

观察指标	平均值	评价	准目标层	平均值	评价	目标层	平均值	评价
工作主动性	3.88	高	工作态度	3.81	高	主观性人力资本	3.533	高
工作态度	4.05	高						
挑战性工作	3.75	高						
克服困难能力	3.61	高						
改变现状能力	3.29	中	综合能力	3.31	中			
运用政策能力	3.17	中						
学习知识能力	3.47	中						
自身价值	3.32	中	自我评价	3.37	中			
自身优点	3.30	中						
自信心	3.51	高						

通过对表7-10分析后，我们可以看到劳务移民主观性人力资本的最后总体得分为3.533，大于3.5，属于“高水平”，但应该属于“高水平”的“低水平”。继续分析后又将主观性人力资本分为两类：

第一类：高水平类，属于继续巩固和提高类，包括工作态度1类。

由于工作态度观测指标包括“工作主动性评价、工作态度评价、挑战性工作评价和克服困难能力评价”，得分依次为3.88、4.05、3.75、3.61，均大于3.5，4个指标的水平均为“高水平”；同时“工作态度”自身得分为3.81，因此也属于“高水平”。

第二类：中水平类，属于不断提高和优化类，这既需要政府在政策上予以继续加大引导力度，也需要劳务移民做出积极有效的努力，包括综合能力和自我评价2类。

①综合能力：由于其观测指标包括“改变现状能力评价、运用政策能力评价和学习知识能力评价”，得分依次为3.29、3.17、3.47，均大于2.5，但小于3.5，3个指标的水平均为“中水平”；同时综合能力得分为3.31，因此也属于“中水平”。

②自我评价：由于其观测指标包括“自身价值评价、自身优点评价、自信心评价”，得分依次为3.32、3.30、3.51，其中前2项均大于2.5，但小于3.5，这2个指标的水平均为“中水平”；对于“自信心评价”得分大于3.5，为“高水平”；同时自我评价得分为3.37，因此也属于“中水平”。

二　劳务移民主观性人力资本与就业稳定性关系

（一）研究假设

从以上评价结果来看，劳务移民主观性人力资本总体评价为3.533，属于“高适应性”，其中，综合能力（3.31）、自我评价（3.37）均属于“中适应性”，工作态度（3.81）属于“高适应性”。那么主观性人力资本的各个维度与就业稳定性之间的关系如何是本节研究的重点。

根据国外学者包括亚当·斯密、李斯特、约翰·穆勒等，以及国内学者施恩、姚引妹、乔雯等有关主观性人力资本的论述，本研究对劳务移民的主观性人力资本与就业稳定性之间所具有的密切联系进行了分析，提出了理论假设并构建了结构方程模型图。

主观性人力资本的具体表现就是劳务移民自身主观能动性的发挥。只有不断地提升自己的主观能动性，才能通过积极努力寻求到工作；也只有充分发挥自己的主观能动性，在工作中积极进取，勤奋工作，才能使自己的工作处于稳定之中。同时，随着就业稳定性水平的不断提高，劳务移民的就业自信心不断增强，进而更能激发主观性人力资本水平的发挥。主观性人力资本水平的提升是就业稳定性提高的基础，就业稳定性是主观性人力资本水平发挥的结果，两者之间相互促进、共同提升。

劳务移民的主观性人力资本的内涵是非常丰富的，其所涉及的面也是比较广的，结合社会学、经济学、管理学等多学科知识，并结合多年研究实践经验，借鉴已有文献和对劳务移民调查的实际以及研究的需要，本研究认为主观性人力资本由工作态度评价、综合能力和自我评价 3 个维度组成。在总体安居乐业已经实现的前提下，主观性人力资本的各个维度与劳务移民就业稳定性之间的关系又是如何、程度又是怎样，必须加以认识，进而找出薄弱环节，为进一步采取措施、更好服务安居乐业提供理论依据和现实依据。

1. 工作态度与劳务移民就业稳定性

工作态度是指对工作所持有的评价与行为倾向，包括工作的认真度、责任度、努力程度等（杜明义等，2014）[①]。对于劳务移民来说，工作态度主要包括工作的主动性、工作的积极性、对挑战性工作态度以及对困难性工作态度等。首先，在工作中必须以积极的心态去主动完成工作，不能两者分离，要么只有积极性，要么只有主动性，既不利于工作整体的顺利进行，也不利于个体形象的塑造；其次，在工作中要敢于面对具有挑战性的工作，人们对工作总是要经历一个从不会到会的过程的转变，要善于调动自己的积极性来完成挑战性工作；最后，在工作中要勇于面对各种困难，有些困难是可以自己克服的，有的困难则需要加强主动学习与合作才能克服。劳务移民只有端正工作态度，才能赢得工作机会，才能在工作中实现自己的价值，进而提升劳务移民就业稳定性。

工作态度与就业稳定性之间存在着密切的联系。一个人的工作态度决定了他的工作表现，而工作表现又直接影响到他的就业稳定性。积极乐观的工作态度，能够帮助人们更好地完成工作，从而获得更多的赞誉，进而提高就业稳定性。反之，消极懒散的工作态度，会导致工作表现不佳，从而降低就业稳定性。据此提出以下假设：

假设 3a：工作态度与劳务移民就业稳定性间具有正向影响。

① 杜明义，余忠淑．人力资本与大学生就业策略探讨［J］．当代职业教育．2014，（05）：94-98.

2. 综合能力与劳务移民就业稳定性

综合能力是指一个人解决问题的能力或面对困难的反应能力以及应变能力，包括观察能力、实践能力、思维能力、整合能力和交流能力等（陈华等，2013）[①]。对于劳务移民来说，综合能力主要包括学习知识能力、运用政策能力和改变现状能力等。首先，要不断强化自身的学习新知识能力。面对新的环境，劳务移民所面临的问题与困难呈现多样性，只有不断加强学习，才能提高自身应对新局面的能力，包括劳动技能、生存能力等。其次，要不断提升自身的运用政策的能力。劳务移民本身就是政策的产物，作为每一个具体的劳务移民，就必须加强对政策的学习与掌握，并在具体实践活动中运用政策特别是就业政策来使自身利益最大化。最后，要不断增强自身改变现状的能力。在知识能力与政策能力不断增强的同时，还必须适应新环境的要求，审时度势地选择适合于自身的改变现状的方式与方法，特别是要切实接受能够实际应用的劳动技能培训，以增强可持续发展的能力。

综合能力与就业稳定性之间存在着密切的关系。综合能力是一个人就业稳定性的重要因素。综合能力包括技能、知识、经验和个人特质等，这些能力可以帮助一个人在职场中取得成功，从而获得更长久的就业稳定性。据此提出以下假设：

假设 3b：综合能力与劳务移民就业稳定性间具有正向影响。

3. 自我评价与劳务移民就业稳定性

自我评价是指一个人对自己的身心状况、能力和特点，以及自己所处的地位、与他人及社会关系的认识和评价。对于劳务移民来说，自我评价主要包括自身价值评价、自信心评价与自身优点评价等（杨连生等，2021）[②]。首先，要对自身的价值做出正确的评价。自我价值评价是一个非常复杂的问题，既包括社会评价，也包括个人评价，评价过高或过低都不利于自身的发

① 陈华，江鸿波．基于“知识—能力—素质”三要素的辅导员职业准入标准研究［J］．思想教育研究．2013，(08)：57-59.

② 杨连生，谭晓斐．大学生自我评价的内涵、特点及教育对策［J］．教育科学．2021，37(04)：76-81.

展。在对自身价值评判的前提下寻找适合自身的就业方式与途径。其次，要对自身的自信心做出正确的评价。自信心是做好事情的一个重要基础，信心满满往往会事半功倍，信心不足则会影响问题的有效解决甚至会半途而废。必须充满信心地做好自身已经找到的工作，才能使自己的就业状况处于相对稳定之中。最后，要对自己的优缺点做出正确的评价。只有认识到了自己的优缺点，才能找出自己的优势与劣势，进而扬长避短、发挥优势，以寻求更好的发展。在具体就业活动中，力争做到发扬光大优势，使自己始终处于有利的就业环境之中。

自我评价和就业稳定性之间存在着密切的联系。自我评价能够帮助个人更好地了解自己的能力和技能，从而更好地适应工作环境，提高工作效率，进而提高就业稳定性。此外，自我评价还能够帮助个人更好地了解自己的优势和劣势，从而更好地把握机会，提高就业稳定性。据此提出以下假设：

假设 3c：自我评价与劳务移民就业稳定性间具有正向影响。

4. 主观性人力资本三个维度协同影响劳务移民就业稳定性

工作态度是影响综合能力的重要因素，积极乐观的工作态度可以帮助员工更好地完成工作，提高综合能力。自我评价也是影响综合能力的重要因素，良好的自我评价可以帮助员工更好地完成工作，提高综合能力。就业稳定性与综合能力也有关系，综合能力越高，就业稳定性越高。

5. 研究初始模型

根据以上分析，构建劳务移民主观性人力资本与就业稳定性关系结构方程初始模型，见图 7-1。

（二）量表设计

结合宁夏劳务移民的实际情况，以及借鉴前人已有文献，设计了劳务移民主观性人力资本与就业稳定性测量量表。全部构念以李克特五级量表进行度量，可能的回答是“非常满意”“比较满意”“一般”“不太满意”和“很不满意”，对应的分值分别为 5、4、3、2 和 1。每个潜变量及其观测变量指标见表 7-11。

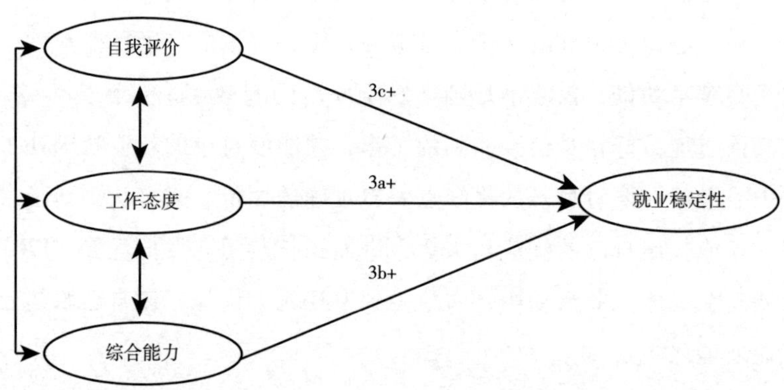

图 7-1 劳务移民主观性人力资本与就业稳定性结构方程初始模型

表 7-11 劳务移民搬迁满意度与就业稳定性关系测量量表

变量			题项	简化	非常满意	比较满意	一般	不太满意	很不满意
外生潜变量	主观性人力资本	工作态度	我对自己工作主动性状况评价是	主动性	5	4	3	2	1
			我对自己工作积极性状况评价是	积极性	5	4	3	2	1
			我对应对挑战性工作性状况评价是	挑战性	5	4	3	2	1
			我对应对困难性工作性状况评价是	困难性	5	4	3	2	1
		综合能力	我对自己改变现状能力评价是	改变现状	5	4	3	2	1
			我对自己运用政策能力评价是	运用政策	5	4	3	2	1
			我对自己学习新知能力评价是	学习新知	5	4	3	2	1
		自我评价	我对自身价值评价是	自身价值	5	4	3	2	1
			我对自身优点评价是	自身优点	5	4	3	2	1
			我对自身自信心评价是	自信心	5	4	3	2	1
内生潜变量	就业稳定性		我对已有就业环境满意度状况是	就业环境	5	4	3	2	1
			我对家庭成员就业满意度状况是	成员就业	5	4	3	2	1
			我对已有就业政策满意度状况是	就业政策	5	4	3	2	1
			我对已有就业方式适应性状况是	就业方式	5	4	3	2	1
			我对自己就业稳定性状况评价是	就业自评	5	4	3	2	1

（三）实证分析

1. 样本描述性统计

运用 SPSS26.0 软件对研究中潜变量的观测变量进行相应的分析，以初步探究各变量间的关系和影响程度，结果如表 7-12 所示。

从表 7-12 中可以看出，从“综合能力”到“就业稳定性”维度的所有题项中，最小值为 1，最大值为 5，说明问卷回答具有一定的差异性。其中，均值最大为 4.05，最小为 2.84；指标的偏度大多数小于 0（-1 到+1 之间），表明数据分布形态与正态分布相比为左偏，数据左端有较多的极端值（劳务移民工作的主观性人力资本水平需要进一步提高）；指标的峰度集中于 -1～+1，满足一定的正态分布。

表 7-12　描述性统计

维度	题项	最小值	最大值	平均值	标准误	偏度	峰度	总体均值
综合能力	学习知识	1	5	3.47	0.911	-0.434	0.139	3.31
	改变现状	1	5	3.29	0.922	-0.278	-0.118	
	运用政策	1	5	3.17	0.868	-0.146	-0.089	
自我评价	自信心	1	5	3.51	0.871	-0.350	-0.017	3.38
	自身优点	1	5	3.30	0.844	-0.250	0.004	
	自身价值	1	5	3.32	0.782	-0.002	0.314	
工作态度	困难性	1	5	3.61	0.799	-0.307	0.432	3.82
	主动性	1	5	3.88	0.757	-0.404	0.181	
	挑战性	1	5	3.75	0.837	-0.510	0.316	
	积极性	2	5	4.05	0.729	-0.280	-0.500	
就业稳定性	就业自评	1	5	2.84	1.069	0.037	-0.926	3.10
	就业方式	1	5	3.36	0.909	-0.410	-0.305	
	就业政策	1	5	3.18	0.994	-0.225	-0.551	
	成员就业	1	5	3.03	1.009	0.064	-0.881	

“就业稳定性”的总体均值为3.10，处于较低水平，说明劳务移民的就业稳定性较低。其中以“就业自评”为最低（2.84），指明了政府的主要工作方向和本书的主要研究方向。

在“主观性人力资本”的3个维度中，“综合能力”（3.31）和“自我评价”（3.38）的总体均值相对较低，说明劳务移民综合能力和自我评价需进一步提升。其中，综合能力又尤以运用政策能力（3.17）为低，提升掌握和运用政策能力应是进一步提高劳务移民主观性人力资本水平的工作重点；自我评价尤以自我优点（3.30）为低，说明正确认识自我、增加劳务移民自信心是目前的重中之重。“工作态度”总体均值为3.82，说明劳务移民对自身工作态度有较高的评价，同时说明“工作态度”是劳务移民就业稳定性的重要影响因素。

2. 因子分析

（1）KMO值和巴特利特球形检验

表7-13　KMO值和巴特利特球形检验

维度		KMO值(≥0.7)
工作态度		0.779
综合能力		0.670
自我评价		0.615
就业稳定性		0.777
总体		0.878
巴特利特球形检验	近似卡方	1958.748
	自由度	91
	显著性	0.000

从表7-13可以看出，经检验样本的KMO值为0.878（>0.5），表明变量间的偏相关性较强；巴特利特球形检验卡方统计值为1958.748，模型指标优良，变量之间相关程度较高。因此，样本数据适合进行因子分析。

（2）公因子提取

表 7-14　劳务移民主观性人力资本量表的因子分析结果

		主因子			
		1	2	3	4
主动性		0.810	—	—	—
积极性		0.780	—	—	—
挑战性		0.701	—	—	—
困难性		0.673	—	—	—
成员就业		—	0.788	—	—
就业方式		—	0.761	—	—
就业政策		—	0.744	—	—
就业自评		—	0.715	—	—
改变现状		—	—	0.786	—
运用政策		—	—	0.703	—
学习新知识		—	—	0.663	—
自身优点		—	—	—	0.794
自身价值		—	—	—	0.791
自信心		—	—	—	0.579
旋转前	特征值	5.127	1.908	1.099	1.005
	解释方差百分比(%)	36.618	13.630	7.850	7.178
	累计解释方差百分比(%)	36.618	50.248	58.098	65.276
旋转后	特征值	2.789	2.463	2.068	1.819
	解释方差百分比(%)	19.922	17.594	14.769	12.990
	累计解释方差百分比(%)	19.922	37.517	52.285	65.276

注：提取方法：主成分分析法。
旋转方法：凯撒正态化最大方差法。
旋转在 6 次迭代后已收敛。
—，为<0.6。

从表 7-14 可知，共提取 4 个公因子。因子特征值均大于 1。这 4 个因子累计方差解释量为 65.276%，能够解释大多数方差。再检测各个观测变量指向的因子载荷系数，除“自信心”为 0.579 外，其余的因子载荷系数均高于 0.6。因此，从总体来看，劳务移民主观性人力资本与就业稳定性维度的指标测度是可靠的。

小结：采用主成分分析法对数据进行了探索性因子分析，结果表明各观测变量标准因子载荷系数均>0.6，累计贡献率为65.322%，表明所选观测变量对潜变量的衡量效果较好，均符合做因子分析的要求。

(3) 公因子命名

从表7-14可以看出：

因子1：包括工作主动性评价、工作积极性评价、应对挑战性工作评价、应对困难性工作评价4个观测变量。可以发现这4个观测变量都属于原先构想的“工作态度”维度，因子载荷系数分别为0.810、0.780、0.701、0.673，都大于0.6。因而将这个因子命名为“工作态度”。

因子2：包括成员就业满意度、就业方式适应性、就业政策满意度、就业稳定性自评4个观测变量。可以发现这4个观测变量都属于原先构想的“就业稳定性”维度，因子载荷系数分别为0.788、0.761、0.744、0.715，都大于0.6。因而将这个因子命名为“就业稳定性”。

因子3：包括改变现状能力评价、运用政策能力评价、学习新知识能力评价3个观测变量。可以发现这3个观测变量都属于原先构想的“综合能力”维度，因子载荷系数分别为0.786、0.703、0.663，都大于0.6。因而将这个因子命名为“综合能力”。

因子4：包括自身优点评价、自身价值评价、自信心评价3个观测变量。可以发现这3个观测变量都属于原先构想的“自我价值”维度，因子载荷系数分别为0.794、0.791、0.579，除“自信心评价”为0.579，小于0.6外其余都大于0.6。因而将这个因子命名为“自我价值”。

3. 验证性因子分析

表7-15 信度分析

变量名称	变量项数	Cronbach α(≥0.7)	AVE(≥0.5)	组合信度(≥0.8)
工作态度	4	0.811	0.736	0.895
综合能力	3	0.725	0.517	0.845
自我评价	3	0.734	0.530	0.849
就业稳定性	4	0.771	0.755	0.901
总体	14	0.858	—	—

从表 7-15 可以看出，数据整体 Cronbach's α 系数为 0.858，4 个维度的值也都大于 0.7，说明问卷数据信度高；各潜变量的 AVE 值均>0.5、组合信度值均>0.8，说明量表可靠性高。

4. 模型路径系数输出结果

（1）初始结果

初始结构方程模型包括 4 个潜变量和 14 个可观测变量，对模型进行验证性因子分析以检验工作态度、综合能力及自我评价等是否能真实反映劳务移民主观性人力资本这一指标，同时还检验了成员就业满意度、就业自评、就业方式适应性以及就业环境满意度、就业政策满意度等是否能真实反映就业稳定性这一指标。采用 SPSS Amos 26.0 给出的极大似然法对模型进行参数估计，最终得到模型的参数估计结果以及标准化路径系数（见表 7-16）。

表 7-16　路径（载荷）系数输出结果

			非标准化路径系数	标准化路径系数	S. E.	C. R.	P
就业稳定性	←	自我评价	0.425	0.287	0.173	2.461	.014
就业稳定性	←	工作态度	-0.182	-0.110	0.269	-0.676	.499
就业稳定性	←	综合能力	0.489	0.313	0.249	1.961	.050
成员就业	←	就业稳定性	1.000	0.741			
就业政策	←	就业稳定性	0.857	0.644	0.079	10.850	***
就业方式	←	就业稳定性	0.845	0.695	0.076	11.126	***
就业自评	←	就业稳定性	0.906	0.633	0.088	10.253	***
积极性	←	工作态度	1.000	0.621			
挑战性	←	工作态度	1.267	0.684	0.117	10.820	***
主动性	←	工作态度	1.214	0.726	0.105	11.589	***
困难性	←	工作态度	1.459	0.827	0.125	11.665	***
自身价值	←	自我评价	1.000	0.645			
自身优点	←	自我评价	0.972	0.580	0.101	9.593	***
自信心	←	自我评价	1.427	0.826	0.130	10.982	***
运用政策	←	综合能力	1.000	0.550			
改变现状	←	综合能力	1.324	0.686	0.139	9.517	***
学习知识	←	综合能力	1.523	0.798	0.159	9.600	***

续表

			非标准化路径系数	标准化路径系数	S. E.	C. R.	P
工作态度	↔	自我评价	0.736		0.023	7.362	***
工作态度	↔	综合能力	0.825		0.025	7.225	***
自我评价	↔	综合能力	0.699		0.026	6.522	***

注："***""**""*"分别表示路径系数在1%、5%、10%水平上显著。含"—"的4条路径表示SEM参数估计的基准，系统进行估计时将其作为显著路径，来估计其他路径是否显著。

采用临界比值法对路径系数进行显著性检验（见表7-16），结果发现，17项观测变量与潜变量路径、3项潜变量与潜变量路径中，①"就业稳定性←工作态度"未通过显著性检验；②"就业稳定性←综合能力"和"就业稳定性←自我评价"在0.05水平上通过显著性检验；③其余均在0.01水平上通过显著性检验。

（2）模型优化

由于在调研过程中切身感受到工作态度对就业稳定性有着较强的影响作用，因而对模型进行了修正，并取得了良好的效果。在AMOS软件MI功能的引导下，结合在调研过程中了解到的实际情况对模型进行了如表7-17的修正。

表7-17 模型修正过程

修正路径	修正理由
e12↔工作态度	运用政策能力评价(e12)与工作态度维度之间有着密切的联系。运用政策能力越强也就意味着掌握政策的能力越强，争取利益最大化的可能性也就越强；同理，在实际工作中，规章制度掌握得越好，就可以运用规章制度保护自己的合法权益，争取利益最大化的可能性也就越大
e5↔e7	工作主动性(e5)与工作积极性(e7)之间有着密切的关系。一般情况下，工作主动性越强、积极性越高；相反亦是如此

（3）优化结果

从表7-18可以看出，修正后无论是在显著性还是路径系数上都有所改进，具体如下：

①“就业稳定性←工作态度”的显著性由“不显著”变为在 P = 0.032<0.05 下的显著，路径系数由-0.110 变为-0.511，降低了 0.401，显著增强；

②“就业稳定性←自我评价”的显著性由 0.014 提高到了 0.008，提高了 0.006；路径系数由 0.287 提高到 0.337，提高了 0.050，有所增强；

③“就业稳定性←综合能力”的显著性由 0.050 提高到了 0.005，提高了 0.045；路径系数由 0.313 提高到 0.661，提高了 0.348，显著增强。

表 7-18　修正前后结果的对比

				非标准化路径系数	标准化路径系数	S. E.	C. R.	P
修正前	就业稳定性	←	自我评价	0.425	0.287	0.173	2.461	0.014
	就业稳定性	←	工作态度	-0.182	-0.110	0.269	-0.676	0.499
	就业稳定性	←	综合能力	0.489	0.313	0.249	1.961	0.050
修正后	就业稳定性	←	自我评价	0.499	0.337	0.188	2.661	0.008
	就业稳定性	←	工作态度	-0.935	-0.511	0.437	-2.140	0.032
	就业稳定性	←	综合能力	0.942	0.661	0.334	2.822	0.005

注：“***”“**”“*”分别表示路径系数在 1%、5%、10%水平上显著。

（4）修正后路径（载荷）系数输出结果

表 7-19　路径（载荷）系数修正后输出结果

			非标准化路径系数	标准化路径系数	S. E.	C. R.	P
就业稳定性	←	自我评价	0.499	0.337	0.188	2.661	0.008
就业稳定性	←	工作态度	-0.935	-0.511	0.437	-2.140	0.032
就业稳定性	←	综合能力	0.942	0.661	0.334	2.822	0.005
成员就业	←	就业稳定性	1.000	0.741			
就业政策	←	就业稳定性	0.864	0.649	0.079	10.916	***
就业方式	←	就业稳定性	0.840	0.691	0.075	11.172	***
就业自评	←	就业稳定性	0.904	0.632	0.088	10.289	***
积极性	←	工作态度	1.000	0.561			

续表

			非标准化路径系数	标准化路径系数	S. E.	C. R.	P
挑战性	←	工作态度	1.390	0.678	0.141	9.890	***
主动性	←	工作态度	1.268	0.684	0.108	11.791	***
困难性	←	工作态度	1.654	0.846	0.154	10.738	***
自身价值	←	自我评价	1.000	0.645			
自身优点	←	自我评价	0.970	0.579	0.101	9.595	***
自信心	←	自我评价	1.426	0.826	0.129	11.074	***
运用政策	←	综合能力	1.000	0.604			
改变现状	←	综合能力	1.164	0.662	0.119	9.744	***
学习知识	←	综合能力	1.333	0.767	0.129	10.310	***

5. 模型适配度指标检验

表 7-20 模型适配度指标检验

	指标名称	适配指标之标准	修正前	修正后	适配度
卡方检定	CMIN/DF	小于 3 为符合标准	2.593	1.879	佳
绝对适配检定	GFI	>0.9 符合标准,0.8~0.9 可接受	0.936	0.954	佳
	AGFI	>0.9 符合标准,0.8~0.9 可接受	0.905	0.930	佳
	RMSEA	<0.08 符合标准	0.064	0.048	佳
增值适配检定	NFI	>0.9 符合标准	0.907	0.935	佳
	TLI	>0.9 符合标准	0.924	0.958	佳
	CFI	>0.9 符合标准	0.940	0.968	佳
	IFI	>0.9 符合标准	0.941	0.968	佳
精简适配检定	PNFI	>0.5 表示模型通过标准	0.708	0.709	佳
	PCFI	>0.5 表示模型通过标准	0.734	0.734	佳

对于结构方程模型通行的模型适配度指标我们进行了汇总，具体结果如表 7-20 所示。从表 7-20 可以看出，修正前与修正后，所有指标均符合要求，且修正后各项指标趋于更优。因而此次模型的拟合优度为优，符合预期。

6. 潜变量间的相互关系

从图 7-2“劳务移民主观性人力资本与就业稳定性关系结构方程图”可以看出：

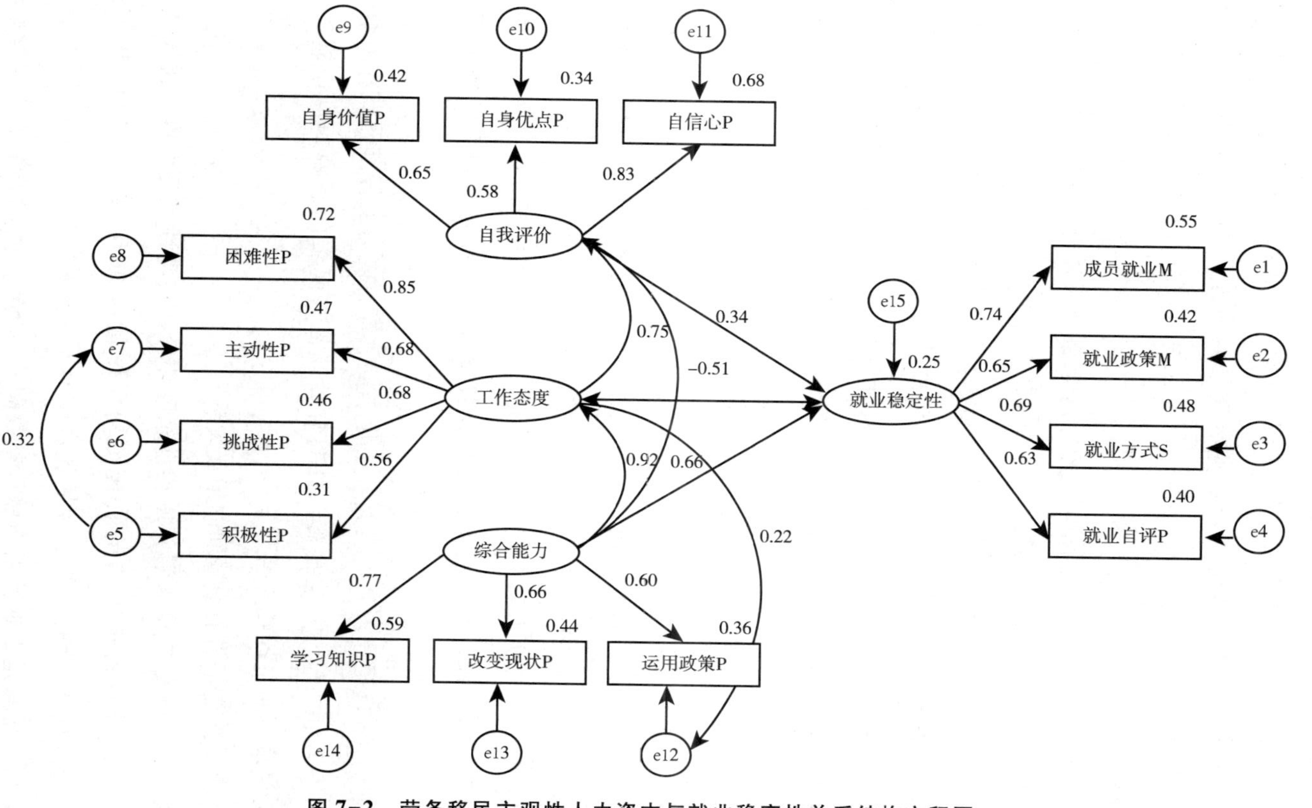

图 7-2　劳务移民主观性人力资本与就业稳定性关系结构方程图

（1）外生潜变量与内生潜变量相互关系

第一，工作态度对就业稳定性的标准化总路径系数是-0.511，且在5%的水平上显著，说明工作态度对就业稳定性具有显著的负向影响关系。据此，原假设3a“工作态度与劳务移民就业稳定性间具有正向影响”不成立，必须引起深入思考。

第二，综合能力对就业稳定性的标准化路径系数是0.661，且在5%的水平上显著，说明综合能力对就业稳定性具有显著的正向影响。据此，原假设3b“综合能力与劳务移民就业稳定性间具有正向影响”成立。

第三，自我评价对就业稳定性的标准化总路径系数是0.337，且在5%的水平上显著，说明自我评价对就业稳定性具有显著的正向影响关系。据此，原假设3c“自我评价与劳务移民就业稳定性间具有正向影响”成立。

（2）外生潜变量与外生潜变量相互关系

第一，从工作态度来看，其与综合能力、自我评价的标准化路径系数分别为0.918、0.749，且均显著。说明工作态度与两者的影响均呈现显著性正相关关系，其中工作态度与综合能力更为密切。

第二，从综合能力来看，其与工作态度、自我评价的标准化路径系数分别为0.918、0.712，且均显著。说明自我提升与两者的影响均呈现显著性正相关关系，其中综合能力与工作态度更为密切。

第三，从自我评价来看，其与工作态度、综合能力的标准化路径系数分别为0.749、0.712，且均显著。说明自我评价与两者的影响均呈现显著性正相关关系，而且均较为密切。

7. 可观测变量与潜变量间的相互关系

第一，从工作态度来看，困难性态度评价、主动性态度评价、挑战性态度评价、积极性态度评价的直接影响程度依次为0.846、0.684、0.678、0.561，均为正向影响；前三者均超过了0.6，说明各项对工作态度影响都是较大的，尤其是困难性工作评价系数高达0.846，而积极性工作评价系数只有0.561。

第二，从综合能力来看，学习知识能力评价、改变现状能力评价、运用政策能力评价的直接影响程度依次为 0.767、0.662、0.604，均为正向影响，且均超过了 0.6，说明三者对综合能力的影响都是较大的，尤其是学习知识能力评价系数最高，为 0.767。

第三，从自我评价来看，自信心评价、自身价值评价、自身优点评价的直接影响程度依次为 0.826、0.645、0.579，均为正向影响，前二者均超过了 0.6，说明各个方面均对自我评价影响是较大的，尤其是自信心评价系数达到了 0.826，而自我优点的评价只有 0.579。

第四，从就业稳定性来看，成员就业满意度、就业方式适应性、就业政策满意度、就业自评的直接影响程度依次为 0.741、0.691、0.649、0.632，均为正向影响，且均超过了 0.6，说明各个方面均对就业稳定性都是较大的，尤其是就业环境满意度系数达到 0.741。

三　结论与讨论

（一）结论

从表 7-21 可以看出：

1. 从综合能力维度分析，综合能力对就业稳定性具有直接的正向影响效应，其效应为 0.611，表明较高的综合能力有效提高了劳务移民就业的稳定性，有效保障迁入地居民拥有相对稳定的就业岗位，从而促进脱贫致富目标的实现。从综合能力的 3 个观测变量来看，改变现状能力、运用政策能力、学习知识能力的直接影响程度依次为 0.786、0.703、0.663。其中，改变现状能力最高为 0.786，说明只有不断提高改变现状能力，劳务移民才会逐步提高运用政策的能力和学习知识的能力，这三者之间有着密切的联系，彼此相互促进、相互提高。

表 7-21　潜变量效应

潜变量		维度	对就业稳定性的效应		
观测变量	路径系数		总效应	直接效应	间接效应
主动性	0.810	工作态度	-0.511	-0.511	—
积极性	0.780				
挑战性	0.701				
困难性	0.673				
改变现状能力	0.786	综合能力	0.611	0.611	—
运用政策能力	0.703				
学习知识能力	0.663				
自身优点	0.794	自我评价	0.337	0.337	—
自身价值	0.791				
自信心	0.579				

2. 从自我评价维度分析，自我评价对就业稳定性具有 0.337 的正向直接影响效应，表示劳务移民对自我评价每提高一个单位，对当地的就业稳定性就会提升 0.337 个单位。从自我评价的 3 个观测变量来看，自身优点、自身价值、自信心的直接影响程度依次为 0.794、0.791、0.579，自身优点的解释程度较高，进而对就业稳定性的影响程度较大。

3. 从工作态度维度分析，工作态度对就业稳定性具有-0.511 的负向直接影响效应，表示劳务移民的工作态度每提高一个单位，对当地的就业稳定性就会提升降低 0.511 个单位。这个问题可以进行深入思考。工作态度的 4 个观测变量主动性评价、积极性评价、挑战性评价、困难性评价的直接影响程度依次为 0.810、0.780、0.701、0.673，其中主动性评价最高，为 0.810，说明只有不断提高劳务移民主动性，才能不断提高就业稳定性。

（二）讨论

从劳务移民主观性人力资本与就业稳定性之间的关系入手，构建结构方程模型，分析了影响两者关系的因素及各因素的影响路径与影响程度。结果表明自我评价、综合能力与劳务移民就业稳定性间具有显著的正向直接影响，工作态度与劳务移民就业稳定性间具有显著的负向直接影响。

1. 按路径系数高低将可观测变量划分为三个层级

表 7-22　观测变量层级分类表

层级	>0.7	0.65<a<0.7	<0.65
性质	高水平主观性 人力资本	予以肯定，持相对满意 态度，仍然有提升空间	相对不太满意 努力提高的方向
观测 变量	主动性评价 0.810 自身优点评价 0.794 自身价值评价 0.791 改变现状能力 0.786 积极性评价 0.780 运用政策能力 0.703 挑战性评价 0.701	困难性评价 0.673 学习知识能力 0.663	自信心评价 0.579

从表 7-22 可以看出：

第一层面，大于 0.7。从高到低依次为主动性评价（0.810）、自身优点评价（0.794）、自身价值评价（0.791）、改变现状能力（0.786）、积极性评价（0.780）、运用政策能力（0.703）、挑战性评价（0.701）。说明劳务移民在主动性评价、自身优点评价、自身价值评价、改变现状能力、积极性评价、运用政策能力、挑战性评价等方面有着较高的评价，这是提升就业稳定性的基础，也是今后努力的方向。

第二层面，小于 0.7，大于 0.65。从高到低依次为困难性评价（0.673）、学习知识能力评价（0.663）。说明劳务移民对于困难性工作评价以及对于学习知识能力的评价均对就业稳定性具有一定的作用，其对政府相关部门及劳务移民自身在这些方面的努力还是予以肯定的，持相对满意态度，仍然有提升空间，特别是对于劳务移民来说更为重要，关键在于其主观能动性的发挥。

第三层面，小于 0.65。只有自信心评价（0.579）。说明劳务移民群体对于知识自信心评价不太满意，也正好体现了提升主观性人力资本、促进就业稳定性关系的侧重点所在。

2. 关于“工作态度与就业稳定性”路径显著但为负相关的讨论

由于劳务移民是从农村社区转入城市社区的，因而传统的农村社区的自由自在的作业方式尚未得到有效转变，不能适应城市按时按点上下班的特点；再加上部分劳务移民“等靠要”的思想依然严重，“懒散慢”的习惯未改，致使其工作主动性不强、努力度不够，经常处于干一天算一天、干一家算一家状况，久而久之不仅影响了个人形象，处于不好找工作状态，也严重影响了劳务移民群体的形象，对劳务移民整体就业稳定性有着较大的影响。

第八章　劳务移民就业稳定性影响因素分析

一　研究假设

劳务移民就业稳定性的影响因素呈现多元性，经过文献梳理和对宁夏劳务移民现状的调研与认知，本文将其归结为搬迁满意度、搬迁适应性与主观性人力资本 3 大因素。在分析了 3 大因素内部各维度与就业稳定性的关系之后，还要探讨 3 大因素与就业稳定性之间的关系。

（一）搬迁满意度与就业稳定性的关系

搬迁满意度和就业稳定性之间存在一定的关系。对于劳务移民来说，可以将其简化为“安居”与“乐业”的关系。安居与乐业的关系是相互促进、相辅相成的。安居是指人们生活的环境和条件稳定，没有安全隐患和生命危险，人们对各方面都感到满意，包括政策支持、社区发展与发展环境各个方面。只有在满意的环境中，人们才能够安心工作和生活，从而实现乐业的目标。乐业是指人们在良好的工作状态中，心情愉悦，能够获得满足感和成就感，包括对自身就业稳定性、就业政策、就业方式、就业环境与家庭成员就业状况等的评价都是高的。只有在乐业的状态中，人们才能够更加积极地投入工作中，从而创造更大的价值，实现更好的生活。因此，安居和乐业是互为前提的。只有在安全、舒适、稳定的“安居”中，人们才能够更好地工作和生活，从而实现自己的梦想和目标——“乐业”。同时，只有在工作状态愉悦、心情舒畅的“乐业”情况下，人们才能够实现更好的“安居”。针对劳务移民的搬迁满意度与就业稳定性之间的关系，提出以下假设：

假设1：劳务移民的搬迁满意度与就业稳定性之间呈正相关关系。

假设1a：政策支持满意度与就业稳定性具有正相关关系。

假设1b：社区管理满意度与就业稳定性具有正相关关系。

假设1c：发展环境满意度与就业稳定性具有正相关关系。

（二）搬迁适应性与就业稳定性的关系

搬迁适应性与就业稳定性是密切相关的两个概念。搬迁适应性也被称为搬迁适应能力，指一个人在新的环境和情况下，能够具有灵活的应对和适应变化的能力。就业稳定性指的是一个人的工作是否稳定、收入是否可靠。搬迁适应性强的人通常能够更快地适应新的环境，融入当地的社会和文化，找到适合自己的工作。这些人能够更好地适应新的工作要求，更快地获得当地企业和雇主的信任和认可，表现出更强的工作能力和生产力。因此，他们的就业稳定性通常也更高。相反，如果搬迁适应性较差，很难适应新的环境，可能会出现生活上的困难，也很难找到适合自己的工作。这些人可能会在工作中表现不佳，甚至失去工作，影响其就业稳定性。因此，搬迁适应性和就业稳定性之间存在着紧密的关系，一个人的搬迁适应性强，就业稳定性通常也较高。针对劳务移民的搬迁适应性与就业稳定性之间的关系，提出以下假设：

假设2：劳务移民的搬迁适应性与就业稳定性之间呈现一定关系。

假设2a：经济适应性与劳务移民就业稳定性间具有正相关关系。

假设2b：文化适应性与劳务移民就业稳定性间具有正相关关系。

假设2c：社会适应性与劳务移民就业稳定性间具有正相关关系。

（三）主观性人力资本与就业稳定性的关系

主观性人力资本与就业稳定性之间的关系比较复杂。主观性人力资本是指个体对自身所具备的技能、知识、经验等进行主观评价的能力和态度。就业稳定性是指一个人在就业过程中所具有的应对面临风险和困境的能力。一方面，具备较高的主观性人力资本的个体在就业市场上更有竞争力，更易于找到稳定的工作。因为他们有更多的技能和知识可以为企业带来更大的利益，从而更容易获得稳定的职位和收入。此外，他们还更有可能获得培训和职业发展机会，从而提高自己的职业能力和就业稳定性。另一方面，主观性人力资本也可能会导致就业不稳定。一些个体可能会过高估计自己的能力和技能，导致他们选择了不适合自己的工作或职业，从而导致就业不稳定。此外，一些个体可能会过度依赖自己的技能和知识，而忽视了其他因素，如市场需求、行业趋势等，从而导致就业不稳定。因此，主观性人力资本与就业稳定性之间的关系是双向的。具备较高主观性人力资本的个体更有可能获得稳定的工作，但也需要保持谦虚和客观，避免过度自信和盲目选择职业。针对劳务移民主观性人力资本与就业稳定性的关系，提出以下假设：

假设3：劳务移民主观性人力资本水平与就业稳定性之间呈现一定关系。

假设3a：工作态度与就业稳定性之间呈正相关关系。

假设3b：综合能力与就业稳定性之间呈正相关关系。

假设3c：自我价值与就业稳定性之间呈正相关关系。

（四）搬迁满意度、搬迁适应性与主观性人力资本协同影响就业稳定性

搬迁满意度、搬迁适应性、主观性人力资本和就业稳定性之间存在一定的关系。首先，搬迁满意度和搬迁适应性对就业稳定性有影响。如果搬迁后的工作环境和工作内容与个人预期不符，或者个人适应性较差，可能会影响工作表现和稳定性，导致失业风险增加。相反，如果搬迁后的工作环境和工作内容与个人预期相符，适应性较好，可能会提高工作表现和稳定性，降低失业风险。其次，主观性人力资本也会对就业稳定性产生影响。主观性人力资本包括个人的教育背景、技能和经验等因素，这些因素对于个人的职业发

展和稳定性都有很大的影响。如果个人具备较高水平的主观性人力资本，就能更好地适应工作环境，提高工作表现和稳定性，降低失业风险。综上所述，搬迁满意度、搬迁适应性和主观性人力资本都会对就业稳定性产生影响，这些因素之间相互作用，共同影响劳务移民的就业稳定性。

依据结构方程模型原理，本文按照以上研究假设构建如图 8-1 所示的影响劳务移民就业稳定性因素结构方程初始模型。

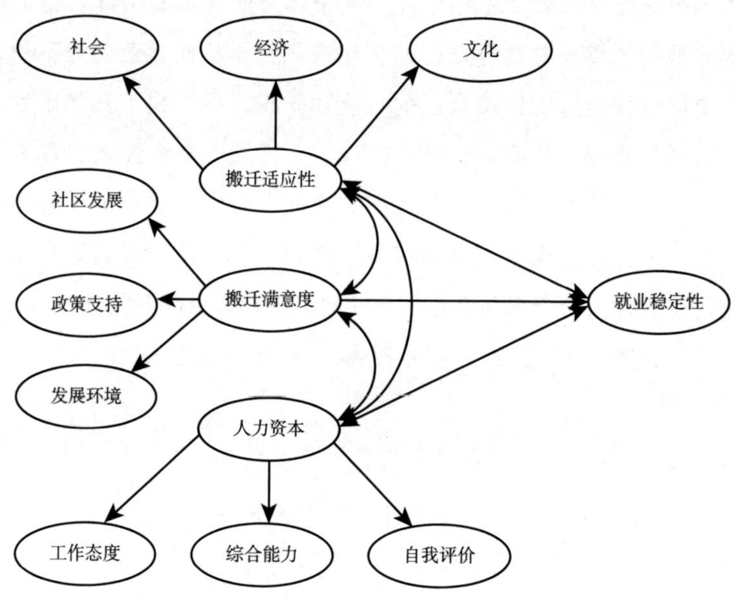

图 8-1 影响劳务移民就业稳定性因素结构方程初始模型

二 量表设计

根据搬迁满意度、搬迁适应性、主观性人力资本与就业稳定性量表设计的结果，结合宁夏劳务移民的实际情况，以及借鉴前人已有文献，设计了影响劳务移民就业稳定性因素分析量表。全部构念以李克特五级量表进行度量，可能的回答是“非常高”“比较高”“中立”“比较低”和“非常低”，对应的分值分别为 5、4、3、2 和 1。每个潜变量及其观测变量指标见表 8-1。

表 8-1　影响劳务移民就业稳定性因素分析量表

变量			题项	简化
外生潜变量	搬迁满意度	社区发展满意度	我对现在的社区治安环境满意状况是	社区治安
			我对现在的社区干群关系满意状况是	社区干群
			我对现在的社区卫生环境满意状况是	社区卫生
			我对现在的社区邻里关系满意状况是	社区邻里
			我对现在的社区管理水平满意状况是	社区管理
		发展环境满意度	我对现在的社区交通环境满意状况是	交通环境
			我对现在的社区教育环境满意状况是	教育环境
			我对现在的社区医疗环境满意状况是	医疗环境
			我对现在的社区生态环境满意状况是	生态环境
		政策支持满意度	我对劳务移民住房政策满意状况是	住房政策
			我对劳务移民医保政策满意状况是	医保政策
			我对劳务移民养老政策满意状况是	养老政策
			我对劳务移民低保政策满意状况是	低保政策
			我对劳务移民金融政策满意状况是	金融政策
	搬迁适应性	经济适应性	我对已有收入方式适应性状况是	收入方式
			我对已有就业方式适应性状况是	就业方式
			我对已有消费方式适应性状况是	消费方式
		社会适应性	我对已有业余生活适应性状况是	业余生活
			我对已有他人歧视适应性状况是	他人歧视
			我对已有移民身份适应性状况是	移民身份
		文化适应性	我对已有与本地人适应性状况是	与本地人
			我对已有语言环境适应性状况是	语言环境
			我对已有交往方式适应性状况是	交往方式
	主观性人力资本评价	工作态度评价	我对自己工作主动性状况评价是	主动性
			我对自己工作积极性状况评价是	积极性
			我对应对挑战性工作性状况评价是	挑战性
			我对应对困难性工作性状况评价是	困难性
		综合能力评价	我对自己改变现状能力评价是	改变现状
			我对自己运用政策能力评价是	运用政策
			我对自己学习新知能力评价是	学习新知
		自我评价	我对自身价值评价是	自身价值
			我对自身优点评价是	自身优点
			我对自身自信心评价是	自信心

续表

变量		题项	简化
内生潜变量	就业稳定性	我对已有就业环境满意度状况是	就业环境
		我对家庭成员就业满意度状况是	成员就业
		我对已有就业政策满意度状况是	就业政策
		我对自己就业稳定性状况评价是	就业自评

三　实证分析

（一）描述性统计分析

运用 SPSS26.0 软件对研究中潜变量的观测变量进行相应的分析，以初步探究各变量间的关系和影响程度，结果如表 8-2 所示。

表 8-2　样本的统计描述

单位：%

维度	题项	最小值	最大值	平均值	标准差	偏度	峰度	总体均值
家庭发展	收入水平	1	5	2.80	0.051	0.197	-0.856	3.35
	居住条件	1	5	3.10	0.053	-0.138	-0.831	
	家庭和谐	1	5	4.10	0.038	-0.834	1.354	
	生活质量	1	5	3.40	0.046	-0.340	-0.394	
社区管理	社区治安	1	5	3.69	0.046	-0.903	0.825	3.74
	社区干群	1	5	3.63	0.044	-0.514	0.000	
	社区卫生	1	5	3.83	0.042	-1.059	1.670	
	社区邻里	1	5	3.95	0.035	-0.576	1.143	
	社区管理	1	5	3.59	0.042	-0.753	0.622	
政策支持	住房政策	1	5	3.29	0.054	-0.439	-0.596	3.36
	医保政策	1	5	3.58	0.045	-0.592	0.132	
	养老政策	1	5	3.46	0.043	-0.448	0.131	
	低保政策	1	5	3.26	0.050	-0.381	-0.222	
	金融政策	1	5	3.22	0.040	-0.193	0.463	

续表

维度	题项	最小值	最大值	平均值	标准差	偏度	峰度	总体均值
发展环境	交通环境	1	5	3.93	0.040	-1.120	2.436	3.83
	教育环境	2	5	3.80	0.037	-0.580	0.463	
	医疗环境	1	5	3.68	0.040	-0.661	0.632	
	生态环境	1	5	3.88	0.034	-0.626	1.280	
经济适应性	就业方式	1	5	3.36	0.046	-0.411	-0.294	3.25
	收入方式	1	5	3.25	0.046	-0.558	-0.207	
	消费方式	1	5	3.15	0.049	-0.038	-0.863	
文化适应性	与本地人	1	5	3.96	0.035	-0.581	1.156	3.90
	语言环境	1	5	3.96	0.038	-0.744	0.972	
	交往方式	1	5	3.79	0.036	-0.917	1.658	
社会适应性	他人歧视	1	5	3.35	0.042	-0.375	-0.019	3.46
	业余生活	1	5	3.45	0.043	-0.725	0.314	
	移民身份	1	5	3.57	0.041	-0.927	0.937	
自我评价	自身价值	1	5	3.32	0.040	-0.002	0.333	3.38
	自身优点	1	5	3.30	0.043	-0.250	0.019	
	自信心	1	5	3.51	0.044	-0.351	-0.002	
工作态度	积极性	2	5	4.05	0.037	-0.282	-0.491	3.82
	挑战性	1	5	3.75	0.043	-0.512	0.336	
	主动性	1	5	3.88	0.038	-0.406	0.199	
	困难性	1	5	3.61	0.041	-0.308	0.454	
综合能力	学习知识	1	5	3.47	0.046	-0.436	0.157	3.33
	成功欲望	1	5	3.40	0.042	-0.291	0.412	
	改变现状	1	5	3.29	0.047	-0.279	-0.104	
	运用政策	1	5	3.17	0.044	-0.146	-0.074	
就业稳定性	就业政策	1	5	3.18	0.051	-0.226	-0.542	3.08
	就业环境	1	5	3.25	0.047	-0.183	-0.702	
	成员就业	1	5	3.03	0.051	0.065	-0.877	
	就业自评	1	5	2.84	0.054	0.037	-0.923	

从表8-2可以看出，由“文化适应性”到“工作态度评价”维度的所有题项中，最小值为1，最大值为5，说明问卷回答具有一定的差异性。其

中，均值最大为 4.10（家庭和谐满意度），最小为 2.84（就业自评）；指标的偏度大多数小于 0（-1.12 到 0.065 之间），表明数据分布形态与正态分布相比为左偏，数据左端有较多的极端值；指标的峰度集中于-1 到+2 之间，满足一定的正态分布。

“就业稳定性”的总体均值为 3.08，处于较低水平，说明劳务移民的就业稳定性较低。其中以“就业自评”为最低（2.84），表明了政府的主要工作方向和本文的主要研究方向。

除“就业稳定性”维度外，“经济适应性”（3.25）和“综合能力评价”（3.33）的总体均值相对较低，说明劳务移民“经济适应性”和“综合能力”需进一步提升。其中，“经济适应性”又尤以“消费方式适应性”（3.15）为低，提升消费方式适应性应是进一步提高劳务移民搬迁适应性的工作重点；“综合能力评价”尤以“运用政策能力”（3.17）相对较低，说明加大政策宣传力度、提高劳务移民政策运用水平是目前的重中之重。

在 11 个维度中，“发展环境满意度”总体均值最大，为 3.83，说明居民对自身所处的发展环境有较高的评价，同时说明“发展环境满意度”是劳务移民就业稳定性的重要影响因素。

（二）探索性因子分析

由于本研究量表均为自己创设，为了提高量表的质量，在分析前均采用 SPSS 26.0 进行了探索性因子分析。

1. KMO 值和巴特利特球形度检验

从表 8-3 可以看出，经检验样本的总体 KMO 值为 0.881（>0.7），而且 10 个维度的 KMO 值均大于 0.6，表明变量间的偏相关性较强；巴特利特球形检验卡方统计值为 3477.518，显著性为 0.000，模型指标优良，变量之间相关程度较高。因此，样本数据适合进行因子分析。

表 8-3　KMO 值和巴特利特球形度检验

维度		KMO 值(≥0.7)	备注
工作态度评价		0.809	一般情况下，KMO 值在 0.6~0.7 尚可 0.7~0.8 适合 0.8~0.9 很适合 0.9 以上非常适合
自我价值评价		0.683	
综合能力评价		0.670	
家庭发展满意度		0.688	
政策支持满意度		0.746	
社区发展满意度		0.657	
发展环境满意度		0.678	
经济适应性		0.643	
文化适应性		0.679	
就业稳定性		0.685	
总体		0.881	
巴特利特球形度检验	近似卡方	3477.518	
	自由度	253	
	显著性	0.000	

2. 公因子提取

本研究采用主成分分析法，并以方差最大化正交旋转提取公因子。

表 8-4　总方差解释

成分	初始特征值			提取载荷平方和			旋转载荷平方和		
	总计	方差百分比	累积%	总计	方差百分比	累积%	总计	方差百分比	累积%
1	6.918	30.076	30.076	6.918	30.076	30.076	2.789	12.125	12.125
2	2.434	10.584	40.660	2.434	10.584	40.660	2.412	10.485	22.610
3	1.851	8.048	48.708	1.851	8.048	48.708	2.133	9.273	31.883
4	1.303	5.665	54.374	1.303	5.665	54.374	2.095	9.107	40.990
5	1.171	5.092	59.466	1.171	5.092	59.466	2.088	9.080	50.069
6	0.992	4.315	63.781	0.992	4.315	63.781	2.001	8.698	58.768
7	0.831	3.612	67.393	0.831	3.612	67.393	1.984	8.625	67.393

提取方法：主成分分析法。

从表 8-4 可知，为满足研究目的的需要，强制性提取了 7 个因子；旋转前，有 2 个因子特征值小于 1，分别为 0.992 和 0.831；旋转后最小特征值是 1.984，大于 1；这 7 个因子累计方差解释量为 67.393%，能够解释大多数方差。

表 8-5 旋转后的成分矩阵 a

	成分						
	1	2	3	4	5	6	7
工作困难性	0.846						
学习知识	0.836						
工作计划性	0.800						
成功欲望	0.743						
养老政策		0.749					
低保政策		0.704					
医保政策		0.652					
金融政策		0.620					
社区治安			0.807				
社区管理			0.735				
社区干群			0.721				
医疗环境				0.749			
生态环境				0.716			
教育环境				0.692			
收入方式					0.756		
消费方式					0.738		
就业方式					0.695		
就业自评						0.795	
就业环境						0.647	
成员就业						0.613	
语言环境							0.775
交往方式							0.715
与本地人							0.710

从表 8-5 可以看出，检测各个观测变量指向的因子载荷系数，所有的因子载荷系数均高于 0.6。因此，从总体来看，劳务移民搬迁满意度、搬迁适应性、主观性人力资本与就业稳定性维度的指标测度是可靠的。

3. 公因子命名

从表 8-5 可以看出：

因子 1：包括应对工作困难性评价、工作计划性评价、学习知识评价、成功欲望评价 4 个观测变量。可以发现这 4 个观测变量前两者属于原先构想的“工作态度评价”维度，后两者属于原先构想的“综合能力”维度，因子载荷系数分别为 0.846、0.836、0.800、0.743，都大于 0.6。将这个因子命名为“主观性人力资本”。

因子 2：包括养老政策满意度、低保政策满意度、医保政策满意度、金融政策满意度 4 个观测变量。可以发现这 4 个观测变量都属于原先构想的“政策支持满意度”维度，因子载荷系数分别为 0.749、0.704、0.652、0.620，都大于 0.6。将这个因子命名为“政策支持满意度”。

因子 3：包括社区治安满意度、社区管理满意度、社区干群满意度 3 个观测变量。可以发现这 3 个观测变量都属于原先构想的“社区发展满意度”维度，因子载荷系数分别为 0.807、0.735、0.721，都大于 0.6。将这个因子命名为“社区发展满意度”。

因子 4：包括医疗环境满意度、生态环境满意度、教育环境满意度 3 个观测变量。可以发现这 3 个观测变量都属于原先构想的“发展环境满意度”维度，因子载荷系数分别为 0.749、0.716、0.692，都大于 0.6。将这个因子命名为“发展环境满意度”。

因子 5：包括收入方式适应性、消费方式适应性、就业方式适应性 3 个观测变量。可以发现这 3 个观测变量都属于原先构想的“经济适应性”维度，因子载荷系数分别为 0.756、0.738、0.695，都大于 0.6。将这个因子命名为“经济适应性”。

因子 6：包括就业稳定自评、就业环境满意度、成员就业满意度 3 个观测变量。可以发现这 3 个观测变量都属于原先构想的“就业稳定性”维度，因子载荷系数分别为 0.795、0.647、0.613，都大于 0.6。将这个因子命名为“就业稳定性”。

因子 7：包括语言环境适应性、交往方式适应性、与本地人关系适应性 3 个观测变量。可以发现这 3 个观测变量都属于原先构想的“文化适应性”维度，因子载荷系数分别为 0.775、0.715、0.710，都大于 0.6。将这个因子命名为“文化适应性”。

（三）验证性因子分析

1. 信度分析

从表 8-6 可以看出，量表的数据整体 Cronbach's α 系数为 0.891，7 个维度工作态度、政策支持、社区发展、发展环境、经济适应性、文化适应性、就业稳定性的值分别为 0.845、0.765、0.759、0.729、0.765、0.713、0.734，均大于 0.7，说明问卷数据信度高。

表 8-6 信度分析

变量名称	变量项数	Cronbach α(≥0.65)
工作态度	4	0.845
政策支持	4	0.765
社区发展	3	0.759
发展环境	3	0.729
经济适应性	3	0.765
文化适应性	3	0.713
就业稳定性	3	0.734
总体	23	0.891

2. 效度检验

表 8-7 效度分析

变量名称	变量项数	AVE	组合信度	备注
工作态度	4	0.630	0.931	AVE>0.5 最理想 AVE>0.36 可接受 CR>0.7 可接受
政策支持	4	0.467	0.853	
社区发展	3	0.570	0.874	
发展环境	3	0.518	0.847	
经济适应性	3	0.533	0.855	
文化适应性	3	0.539	0.858	
就业稳定性	3	0.475	0.817	

从表 8-7 可以看出，各个潜变量工作态度、政策支持、社区发展、发展环境、经济适应性、文化适应性、就业稳定性的 AVE 分别为 0.630、0.467、0.570、0.518、0.533、0.539、0.475，除“政策支持”0.467、“就业稳定性”0.475 属于“>0.36 可接受”外，其余均>0.50，组合信度分别为 0.931、0.853、0.874、0.847、0.855、0.858、0.817，均>0.8，说明量表可靠性高。

（四）模型适配度指标检验

从表 8-8 可以看出，除了 AGFI 属于“0.8~0.9 为可接受”外，其余均符合标准为“佳”，因而此次模型的拟合优度为优，符合预期。

表 8-8　模型适配度指标检验

适配度指标	指标名称	适配指标之标准	值	适配度
卡方检定	CMIN/DF	小于 3 为符合标准	1.882	佳
绝对适配检定	GFI	大于 0.9 为符合标准,0.8~0.9 为可接受	0.916	佳
	AGFI	大于 0.9 为符合标准,0.8~0.9 为可接受	0.893	可
	RMSEA	小于 0.08 为符合标准	0.048	佳
增值适配检定	NFI	大于 0.9 为符合标准,0.8~0.9 为可接受	0.885	可
	TLI	大于 0.9 为符合标准,0.8~0.9 为可接受	0.932	佳
	CFI	大于 0.9 为符合标准,0.8~0.9 为可接受	0.942	佳
	IFI	大于 0.9 为符合标准,0.8~0.9 为可接受	0.943	佳
精简适配检定	PNFI	大于 0.5 表示模型通过标准	0.759	佳
	PCFI	大于 0.5 表示模型通过标准	0.808	佳

（五）模型路径系数输出结果

表 8-9　路径（载荷）系数输出结果

			Estimate	S. Estimate	S. E.	C. R.	P
就业稳定性	←	主观性人力资本	0.153	0.140	0.059	2.599	0.009
就业稳定性	←	搬迁满意度	0.979	0.562	0.198	4.941	***

续表

			Estimate	S. Estimate	S. E.	C. R.	P
就业稳定性	←	经济适应性	0.764	0.584	0.114	6.678	***
就业稳定性	←	文化适应性	-0.370	-0.261	0.144	-2.580	0.010
发展环境	←	搬迁满意度	1.000	0.822			
政策支持	←	搬迁满意度	1.188	0.856	0.145	8.188	***
社区发展	←	搬迁满意度	1.138	0.744	0.134	8.504	***
成功欲望	←	主观性人力资本	1.000	0.729			
工作计划性	←	主观性人力资本	1.021	0.730	0.078	13.112	***
学习知识	←	主观性人力资本	1.151	0.759	0.086	13.346	***
困难性	←	主观性人力资本	1.106	0.832	0.075	14.694	***
就业自评	←	就业稳定性	1.000	0.615			
就业环境	←	就业稳定性	1.053	0.744	0.096	11.003	***
成员就业	←	就业稳定性	1.108	0.723	0.103	10.782	***
金融政策	←	政策支持	1.000	0.661			
医保政策	←	政策支持	1.113	0.652	0.109	10.181	***
低保政策	←	政策支持	1.169	0.626	0.112	10.437	***
养老政策	←	政策支持	1.251	0.770	0.108	11.614	***
生态环境	←	发展环境	1.000	0.683			
医疗环境	←	发展环境	1.248	0.736	0.111	11.293	***
教育环境	←	发展环境	1.028	0.652	0.100	10.240	***
社区管理	←	社区发展	1.000	0.702			
社区干群	←	社区发展	1.055	0.698	0.096	10.952	***
社区治安	←	社区发展	1.174	0.753	0.099	11.917	***
消费方式	←	经济适应性	1.000	0.524			
收入方式	←	经济适应性	1.422	0.783	0.143	9.968	***
就业方式	←	经济适应性	1.606	0.889	0.163	9.843	***
语言环境	←	文化适应性	1.000	0.617			
交往方式	←	文化适应性	1.041	0.689	0.108	9.634	***
与本地人	←	文化适应性	1.051	0.713	0.109	9.652	***
主观性人力资本	↔	搬迁满意度	0.075	0.329	0.016	4.585	***
经济适应性	↔	搬迁满意度	0.091	0.478	0.017	5.363	***
经济适应性	↔	文化适应性	0.099	0.427	0.020	5.060	***
主观性人力资本	↔	经济适应性	0.094	0.312	0.021	4.467	***
主观性人力资本	↔	文化适应性	0.091	0.327	0.020	4.477	***
文化适应性	↔	搬迁满意度	0.125	0.715	0.019	6.648	***

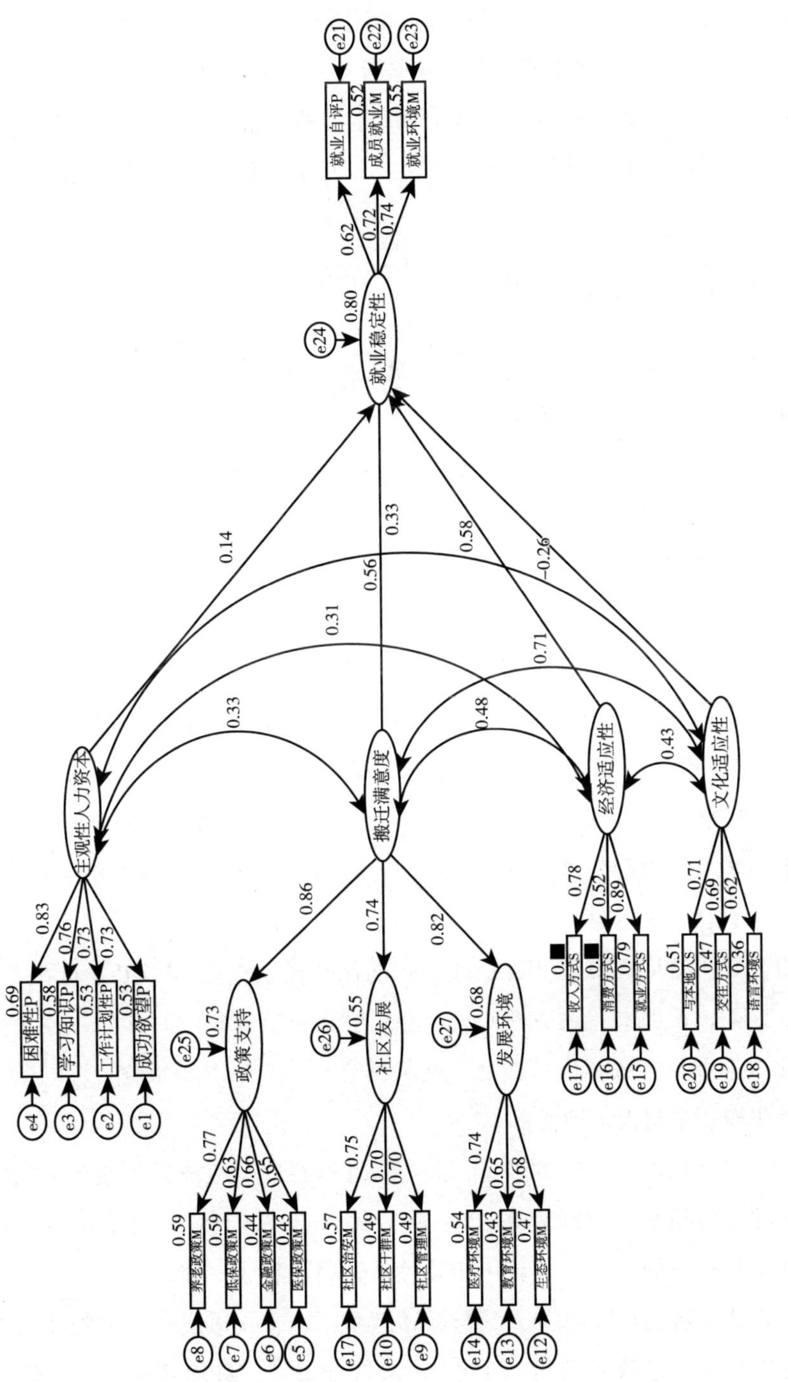

图 8-2　影响劳务移民就业稳定性因素分析结构方程图

从表 8-9 可以看出，采用临界比值法对路径系数进行显著性检验结果显示，30 项观测变量与潜变量路径、6 项潜变量与潜变量路径中，（1）“就业稳定性←主观性人力资本”（0.009）、“就业稳定性←文化适应性”（0.010）在 0.05 水平上通过显著性检验外，其余均在 0.01 水平上通过显著性检验。

（六）潜变量间的相互关系

从表 8-9 可以看出，潜变量与潜变量之间的关系体现为以下几点。

1. 外生潜变量与内生潜变量相互关系

第一，主观性人力资本对就业稳定性的标准化路径系数是 0.140，且在 5%的水平上显著，说明主观性人力资本对就业稳定性具有正向影响。据此，原假设 3a“工作态度（主观性人力资本）与劳务移民就业稳定性间具有正向影响”成立；

第二，搬迁满意度对就业稳定性的标准化路径系数是 0.562，且在 1%的水平上显著，说明搬迁满意度对就业稳定性具有正向影响。据此，原假设 1“劳务移民的搬迁满意度与就业稳定性之间呈正相关关系”成立；

第三，经济适应性对就业稳定性的标准化路径系数是 0.584，且在 1%的水平上显著，说明经济适应性对就业稳定性具有正向影响。据此，原假设 2a“经济适应性与劳务移民就业稳定性间具有正向影响”成立；

第四，文化适应性对就业稳定性的标准化路径系数是-0.261，且在 5%的水平上显著，说明文化适应性对就业稳定性具有负向影响。据此，原假设 2b“文化适应性与劳务移民就业稳定性间具有正向影响”不成立。

2. 外生潜变量与外生潜变量

第一，从主观性人力资本来看，其与搬迁满意度、经济适应性、文化适应性的标准化路径系数分别为 0.329、0.312、0.327，且均显著，说明主观性人力资本与三者的影响均呈现正相关关系，而且较为密切。

第二，从经济适应性来看，其与搬迁满意度、文化适应性、主观性人力资本的标准化路径系数分别为 0.478、0.427、0.312，且均显著，说明经济适应性与三者的影响均呈现正相关关系，而且较为密切。

第三，从文化适应性来看，其与搬迁满意度、经济适应性、主观性人力资本的标准化路径系数分别为0.715、0.427、0.327，且均显著，说明文化适应性与三者的影响均呈现正相关关系，而且较为密切；尤其是文化适应性与搬迁满意度之间更为紧密，系数达到了0.715。

第四，从搬迁满意度来看，其与主观性人力资本、经济适应性、文化适应性的标准化路径系数分别为0.329、0.478、0.715，且均显著，说明搬迁满意度与三者的影响均呈现正相关关系，而且较为密切。

（七）可观测变量与潜变量间的相互关系

从表8-9可以看出，可观测变量与潜变量之间的关系体现为以下几点。

1. 从搬迁满意度来看，发展环境、政策支持、社区发展的直接影响程度依次为0.822、0.856、0.744，均为正向影响，且均超过了0.7，说明发展环境、政策支持、社区发展对搬迁满意度影响都是较大的，尤其是发展环境、政策支持系数均超过了0.8。其中，二级因素政策支持的4个观测变量金融政策、医保政策、低保政策、养老政策的路径系数分别为0.661、0.652、0.626、0.770，均为正向影响，且均超过了0.6，说明这4个观测变量对政策支持满意度影响都是较大的，进而对搬迁满意度影响也是较大的；发展环境的3个观测变量生态环境、医疗环境、教育环境的路径系数分别为0.683、0.736、0.652，均为正向影响，且均超过了0.6，说明这3个观测变量对发展环境满意度影响都是较大的，进而对搬迁满意度影响也是较大的；社区发展的3个观测变量社区管理、社区干群、社区治安的路径系数分别为0.702、0.698、0.753，均为正向影响，且均超过了0.6，说明这3个观测变量对社区发展满意度影响都是较大的，进而对搬迁满意度影响也是较大的。

2. 从经济适应性来看，消费方式、收入方式、就业方式的直接影响程度依次为0.524、0.783、0.889，均为正向影响，且均超过了0.5，说明消费方式、收入方式、就业方式对经济适应性影响都是较大的，尤其是就业方式的系数最大，超过了0.8，足见就业方式的重要性；但消费方式的系数最小，只有0.524，应该引起足够的重视。

3. 从文化适应性来看，语言环境、交往方式、与本地人的直接影响程度依次为0.617、0.689、0.713，均为正向影响，且均超过了0.6，说明语言环境、交往方式、与本地人对文化适应性影响都是较大的。

4. 从主观性人力资本来看，成功欲望、工作计划性、学习知识、困难性的直接影响程度依次为0.729、0.730、0.759、0.832，均为正向影响，且均超过了0.7，说明成功欲望、工作计划性、学习知识、困难性对工作态度影响都是较大的，尤其是困难性系数超过了0.8。

5. 从就业稳定性来看，就业自评、就业环境、成员就业的直接影响程度依次为0.615、0.744、0.723，均为正向影响，且均超过了0.6，说明就业自评、就业环境、成员就业对就业稳定性影响都是较大的。

四　结论与讨论

（一）结论

影响就业稳定性因素调查有助于实现劳务移民与政府之间的有效沟通，从而有助于劳务移民就业稳定性问题的解决。本研究构建的结构方程模型包括政策支持满意度、社区发展满意度、发展环境满意度、经济适应性、文化适应性、主观性人力资本、就业稳定性7个潜变量以及23个观测变量。所有潜变量的Cronbach's α值均在可接受的水平，范围为0.755到0.863，均大于0.7，表明该量表具有较高的信度，探索性因子分析（EFA）和验证性因子分析（CFA）的结果显示了调查数据的良好效度。根据潜变量间的路径系数分析，工作态度、搬迁满意度、经济适应性、文化适应性到就业稳定性的路径系数分别为0.115**，0.525***，0.576***，-0.260**，分别表明提出的所有假设都得到了支持。潜变量之间的影响效应显示：主观性人力资本、搬迁满意度、经济适应性、文化适应性均对就业稳定性有影响，而且均为直接影响。

此外，本研究的三个主要结论如下。

1. 搬迁适应性是提升劳务移民就业稳定性的关键

尽管经济适应性和文化适应性对于劳务移民就业稳定性的影响都是非常显著的，但却是截然相反的，一个是居于第一位的正向影响——经济适应性，另一个则是居于倒数第一位的负向影响——文化适应性。只有不断提高“就业方式适应性”才能使劳务移民获得更多的就业机会，进而获得稳定的收入来源、适应当地的消费方式，这是提升劳务移民就业稳定性的物质基础；同时，只有不断提升“语言环境适应性”才能使劳务移民获得更多的社会交往机会，促进与本地人的关系融洽，增强生存和发展能力，这是提升劳务移民就业稳定性的文化基础。

2. 搬迁满意度是提升劳务移民就业稳定性的前提

政策是世界各国解决具体问题通常使用的手段，而且往往起着非常重要的作用，解决劳务移民就业稳定性亦是如此。政策支持满意度路径系数高达0.848，发展环境满意度高达0.803，社区发展满意度也达到了0.781，一方面说明它们对就业稳定性的重要性，另一方面说明它们也是政策支持的结果。只有通过政策，才能有效解决涉及劳务移民切身利益的各类问题，包括老年人的养老金（养老政策）、身体不健康者的医疗保险（医保政策）以及弱势群体的最低生活保障（低保政策）等；只有通过政策，才能有效营造或完善劳务移民社区可持续发展所需要的各类环境，包括有益人们身心健康的医疗环境，清新优雅的生态环境，满足人们对子女未来期望的教育环境等；同时，对于社区发展亦是如此，只有不断完善政策、加强政策支持力度，才能不断融洽干群关系，提高社会治安水平和为劳务移民服务的社区管理水平。

3. 主观性人力资本是提升劳务移民就业稳定性的基础

在影响就业稳定性因素这个系统中，劳务移民始终处于主动地位，包括他们对就业问题重要性、紧迫性的认识，对工作的主动性、计划性、积极性的重视。只有主动实现就业，才能获取稳定收入，增加家庭收入；也只有积极工作，完成各项任务，才能实现自我价值，获取更多的收入，增加获得感。因此要加大对劳务移民的主观性人力资本的引导，特别是要增强其对工作的“自信心”“主动性”“积极性”，进而增强劳务移民“稳定性”。

（二）讨论

中国式的劳务移民是在政策的支持与保障下，有组织有计划地将生态环境极其脆弱和生存条件极端恶劣地区的贫困群众迁往发展条件相对较好的地区进行发展，试图达到有效解决绝对贫困问题、进而实现脱贫致富目标的一种移民形式，是一种典型的政府行为。因而，政策在其中发挥了重要的作用，具体体现在方方面面。无论是在劳务移民所在社区发展方面，还是在劳务移民拟就业区域的发展环境建设方面，以及劳务移民自身及家庭发展方面都发挥着重要的作用。

由此可以说明“搬迁满意度”是考察劳务移民就业稳定性的首要因素，也就是说“搬迁满意度”是“就业稳定性”的前提，符合中国“安居”才能“乐业”的传统理念。政策支持满意度与社区发展满意度对搬迁满意度的影响系数是非常大的，均达到了 0.8 以上。最需要改善的环境是影响人们身心健康的医疗环境，最需要完善的政策是涉及每个人切身利益的养老政策、医保政策和低保政策，同时，对于社区发展仍然要不断融洽干群关系、提高社会治安水平和为劳务移民服务的社区管理水平。

研究结果却有点出人意料，搬迁适应性的两个方面对于就业稳定性的影响出现了截然相反的结果。一方面，经济适应性在劳务移民就业稳定性影响因素中路径系数最高为 0.576，处于第一位，比搬迁满意度高出 0.051，比工作态度高出 0.461。这充分说明，只是解决了劳务移民的“安居”还是不够的，必须提升劳务移民的经济适应性；另一方面，文化适应性在影响劳务移民就业稳定性因素中居于倒数第一位，而且路径系数为-0.260，即呈现负相关。这充分说明，劳务移民已经具有较强的文化适应性，开始融入当地社会，人际关系日益广泛，找到工作的机会会更多，但由于“不愿意接受正规管理约束”“自由自在挣钱就行”观念的影响，经常处于“有业不稳”的状态，严重地制约了就业稳定性水平的提高，因此如何发挥劳务移民文化适应性强的优势、提升劳务移民就业稳定性显得尤为重要和迫切。

搬迁适应性的两个方面都是非常重要的。一方面经济适应性是物质层面的，物质决定意识，即必须有效解决就业方式适应问题，才能使其有相对稳定的收入来源，进而确保消费方式的适应；另一方面文化适应性是精神层面的，意识对物质具有反作用，即必须有效地增强其语言环境适应性，才能不断提高其社会交往的能力，进而促进其与本地人和睦相处、共同发展。因此，搬迁适应性是提升就业稳定性的关键。

相比较而言，主观性人力资本对于就业稳定性的影响是较小的，路径系数只有 0.115，但这并不意味着其地位和作用就不重要。这是因为在现实生活中，由于劳务移民尚不具备或欠缺一些城市就业中所需要的一些基本素养，包括稳定的工作可以获得稳定的收入、在某一单位工作时间越长收入水平越高、通过辛勤努力付出可以获得更多收入并可额外获得超额报酬等，而这最关键的在于主观性人力资本的有力提升。因为，提升劳务移民主观性人力资本水平是提升就业稳定性的基础。

本研究关于劳务移民就业稳定性的研究是按照中国传统的“安居乐业”“适者生存”等思维来展开的，这与已有的关于不同主体就业稳定性以工作时间的长短、变换工作的频率、是否签订劳动合同等研究成果有着显著的不同，主要是通过劳务移民自身对影响其就业稳定性的搬迁满意度、搬迁适应性以及对自己工作态度进行主观评价来进行的。

研究结果既为评价政府劳务移民就业稳定性工作提供了一种全新的思路，即构建了“满意度—适应性—主观人力资本—就业稳定性”评价体系，也为政府提升劳务移民就业稳定性提供了思路。

当然，如讨论部分所述，就业稳定性涉及多个利益相关者，影响因素很多。本研究以银川市典型劳务移民基地为研究对象，对劳务移民就业稳定性进行了问卷调查。为减少问题项，方便数据采集，多维度进行简单处理。此外，结论也有一定的局限性。未来应该进行更多的相关研究：一是要对不同地区劳务移民就业稳定性因素进行比较分析；二是要考虑不同时期劳务移民就业稳定性的变化情况及影响因素；三是基于结果的普遍适用性，加强弱势群体包括妇女、残疾人等的就业稳定性调查；四是在应用大数据的基础上进行就业稳定性研究方法的创新，以产生更加客观的结果。

五　单因素模型与多因素模型研究结果对比与分析

（一）对比

通过单因素模型与多因素模型的分析可以看出，影响劳务移民就业稳定性的因素呈现多样性。既有宏观层面的搬迁满意度、搬迁适应性与主观性人力资本，又有微观层面的各个影响因素所包含的各个维度。为便于进一步深入分析与研究，现将影响劳务移民就业稳定性的所有因素及其关系列表如下：

表 8-10　单因素与多因素对就业稳定性影响结果汇总

<table>
<tr><th rowspan="2">因素</th><th rowspan="2">维度</th><th colspan="3">就业稳定性</th></tr>
<tr><th>单因素</th><th>多因素</th><th>影响方向</th></tr>
<tr><td rowspan="3">搬迁满意度</td><td>政策支持满意度</td><td>0.633***</td><td rowspan="3">0.562***</td><td>一致</td></tr>
<tr><td>社区发展满意度</td><td>0.245**</td><td>一致</td></tr>
<tr><td>发展环境满意度</td><td>-0.240**</td><td>不一致</td></tr>
<tr><td rowspan="3">搬迁适应性</td><td>经济适应性</td><td>0.567***</td><td>0.584***</td><td>一致</td></tr>
<tr><td>文化适应性</td><td>0.134**</td><td>-0.261**</td><td>不一致</td></tr>
<tr><td>社会适应性</td><td>0.206**</td><td>—</td><td>—</td></tr>
<tr><td rowspan="3">主观性人力资本</td><td>自我价值评价</td><td>0.337**</td><td>—</td><td>—</td></tr>
<tr><td>工作态度评价</td><td>-0.511**</td><td>0.140**</td><td>不一致</td></tr>
<tr><td>综合能力评价</td><td>0.611**</td><td>—</td><td>—</td></tr>
</table>

注：“—”表示不显著。

（二）分析

从表 8-10 可以看出，各个因素所包含的各个维度与就业稳定性之间的关系在单因素模型与多因素模型中呈现多样性：有的与就业稳定性影响方向呈现“一致”，包括“政策支持满意度”“社区发展满意度”“经济适应性”3个维度；有的与就业稳定性影响方向呈现“不一致”，包括“发展环境满意度”“文化适应性”“工作态度评价”；有的在单因素模型中呈现“正相关”，但在多因素模型中呈现“不相关”。这些现象值得进一步深入分析，特别是“不一致”方面。

“不一致”的原因主要基于以下两个方面：

（1）比较范围不一致，导致各个维度在不同的范围内表现出不一致；

（2）相互作用的维度（因素）不一致，导致各个维度与就业稳定性的关系出现了一定的偏差。

第一，“发展环境满意度”对就业稳定性单因素模型呈现负相关，但在多因素模型中，搬迁满意度的3个维度共同对就业稳定性呈现正相关。

从单因素分析：在解决了“安居”问题之后，劳务移民就面临着如何就业以及如何稳定就业的问题。从理论上来讲，作为搬迁满意度的一个重要维度——发展环境满意度与就业稳定性应该呈现正相关关系，也就是说，发展环境越好越满意，劳务移民就业稳定性水平也就越高。但调研结果正好相反。如何理解这一结果，必须从劳务移民自身的特点和其所处地区的发展环境两个方面进行分析。从发展环境来看，政府在选择劳务移民安置区域时，往往会选择经济发展条件较好、就业机会相对较多但劳动力相对缺乏的区域进行安排；从劳务移民自身的角度来看，刚刚来到迁入地时面临着众多的就业机会与选择。一方面，政府为了帮助劳务移民实现安居乐业，为其提供了一定的就业机会与岗位，这是政府的承诺，也是劳务移民的特点；另一方面，由于当地发展环境较好，需要大量的劳动力，就业岗位大多数对文化程度、劳动技能要求不高，符合劳务移民自身的特点，这就为劳务移民实现就业提供了多种选择。再加上劳务移民自身喜欢“打零工”或“打日工”，致使其处于不断地变换工作之中，进而形成了“发展环境满意度与就业稳定性呈现显著负相关”态势。

从多因素分析：发展环境满意度与其他两个方面共同形成了搬迁满意

度，对就业稳定性呈现正相关。一方面说明，安居是实现乐业的前提；另一方面说明，对于劳务移民的就业稳定性不能用传统的测度指标及体系进行衡量，本文提出了在其“实现就业的同时只要能够获得稳定的收入就认为其就业是稳定的”的观点。

第二，“文化适应性”作为搬迁适应性的一个重要组成部分，其对就业稳定性的影响呈现正相关，但其单独作为一个影响因素时却呈现负相关。

从单因素分析，在搬迁适应性的 3 个维度中，经济适应性路径系数最高，达到了 0.567，属于强相关。可能的原因在于，一方面，进行劳务移民的贫困群众在移民之前其自身或家庭成员就已有过外出打工的经历；另一方面，劳务移民已经意识到要做到安居乐业就必须积极就业、有效增加家庭收入，所以经济适应性较强。社会适应性居于第二位，路径系数为 0.206，属于中相关。可能的原因在于，尽管劳务移民对于自己的移民身份还有所顾虑，还存在着被他人歧视的感觉，但他们仍然积极努力加大与本地人的交往力度，积极适应本地的业余生活，争取更多的发展机会。文化适应性的路径系数是最低的，只有 0.134，是弱相关。可能的原因在于，一方面尽管宁夏的劳务移民属于省（区）内的移民，语言是相同相通的，但仍然存在着城乡文化的差异；另一方面，尽管在管理方式上对内采取的是熟人社会管理方式，易于交流，但对外与本地人交往方面还存在一定的隔阂。

从多因素分析，当文化适应性作为影响因素与其他因素共同影响劳务移民就业稳定性时，呈现负相关。理论上，文化适应性越强，其就业稳定性水平越高。但现实与理论不相吻合。可能的原因在于：一是对于文化适应性较弱的部分劳务移民，由于其选择了公益性岗位，相对来说就业较为稳定；二是对于文化适应性较强的部分劳务移民，由于其获得就业机会相对较多、且喜欢打零工，因而就业稳定性相对不高；三是文化适应性与 0.140 弱相关的工作态度相互作用时，有很多劳务移民想获得一种轻松的、工资水平比较高的、受约束相对较小且日结工资的工作，又加剧了工作的不稳定性，进而呈现出负相关。

第三，“工作态度评价”作为主观性人力资本的一个维度，其对就业稳定性的影响呈现负相关，但其单独作为一个影响因素时却呈现正相关。

从单因素分析，在主观性人力资本的3个维度中，综合能力评价路径系数是0.611，属于强相关；自我价值评价路径系数为0.337，属于中相关；但工作态度评价路径系数为-0.511，属于强负相关，说明在主观性人力资本中，工作态度评价起着非常重要的作用。正是因为劳务移民在工作主动性、积极性方面以及应对困难性、挑战性工作方面存在着较大的不足，所以其工作难以寻找或难以持续，进而影响了就业稳定性的提高。

从多因素分析，当工作态度评价作为影响因素与其他因素共同影响劳务移民就业稳定性时呈现正相关，这与理论上“工作态度评价越高其就业稳定性越高”是相吻合的，但由于路径系数为0.140，属于弱相关。可能的原因在于：一方面是在路径系数0.562搬迁满意度与路径系数0.584搬迁适应性对就业稳定性呈现强相关作用下，工作态度评价呈现弱正相关；另一方面迫于生活的压力，部分劳务移民必须确保自己的就业相对稳定才能获得相对稳定的收入来源，致使主观性人力资本与就业稳定性呈现弱正相关。

综上可以看出，不论是单因素各维度对就业稳定性的影响，还是多因素各维度对就业稳定性的影响，都应该引起高度的重视，特别是对于在不同范围内表现出方向不一致的因素更应该引起高度重视，包括“发展环境”“文化适应性”以及“工作态度”等因素。

第九章　研究结论与展望

一　研究结论

劳务移民作为有效解决绝对贫困的重要途径取得了显著的成绩，不仅使迁出地的生态环境得到了有效改善，也使劳务移民的生活状况得到了显著提高。但由于受诸多因素的影响，面对新的发展环境，劳务移民面临着严峻的就业问题，就业难、就业不稳定已经成为迫切需要解决的现实问题。

提升劳务移民的就业稳定性，不仅是巩固脱贫成果实现共同富裕的关键所在，而且也是劳务移民实现可持续发展的关键所在。本书结合满意度理论、适应性理论以及人力资本理论，编制了适用于劳务移民的搬迁满意度量表、搬迁适应性量表以及主观性人力资本量表，运用模糊综合评价法对劳务移民的搬迁满意度水平、搬迁适应性水平以及主观性人力资本水平进行了测度，并运用结构方程模型构建了劳务移民就业稳定性影响因素的单因素模型与多因素模型，分别就搬迁满意度、搬迁适应性、主观性人力资本以及三者协同对劳务移民的影响进行了深入研究。

本书的理论贡献在于：结合满意度理论、适应性理论以及人力资本理论，编制了适用于劳务移民的搬迁满意度量表、搬迁适应性量表以及主观性人力资本量表，运用模糊综合评价法对劳务移民的搬迁满意度水平、搬迁适应性水平以及主观性人力资本水平进行了测度，并运用结构方程模型构建了劳务移民就业稳定性影响因素的单因素模型与多因素模型，分别就搬迁满意度、搬迁适应性、主观性人力资本以及三者协同对劳务移民的影响进行了深入研究，构建了“满意度—适应性—人力资本与就业稳定性”评价体系。

具体研究结论如下。

结论 1：搬迁满意度、搬迁适应性、主观性人力资本的各个观测变量的平均值分别为 3.50、3.52、3.49，基本处于“低水平”的高满意度、高适应性与高水平，均有提升的空间，但应该有针对性、有重点、有计划、有步骤地予以提升。

结论 2：搬迁满意度、搬迁适应性、主观性人力资本的各个维度的平均值为 3.52，属于“高水平”但“水平较低”，均有提升的空间，但应该有针对性、有重点、有计划、有步骤地予以提升。

结论 3：从影响因素的角度分析来看，单因素与多因素对就业稳定性的影响存在一定的差异，甚至有时是截然相反的，因而应该正确看待，但适时提高搬迁满意度、搬迁适应性与主观性人力资本是必需的。

结论 4：总体结论，要提高劳务移民就业稳定性，提高搬迁满意度是前提，提高主观性人力资本水平是基础，增强搬迁适应性是关键。

二　管理学启示

通过研究可以发现，提升劳务移民的就业稳定性是一个非常复杂的系统工程，因此必须加大政府相关部门、劳务移民自身以及社会各界协同共进力度，采取相应措施，提升就业稳定性，进而促进劳务移民的可持续发展，最终实现共同富裕。

（一）发挥政策主导作用，提升劳务移民搬迁满意度

1. 积极完善政策、提升搬迁满意度是做好劳务移民各项工作的前提条件

政策是做好各项工作的基础，在具体实践过程中，不仅要使已有政策落实到位，而且要不断完善各项政策，使政策发挥应有效用。在劳务移民搬迁

初期和发展过程中，可以适当放宽低保政策的标准和范围，做到应保尽保，为其创设最基本的生活条件；在已有住房的基础上，对于多人户或子女成家拟分户的情况，采取廉租房或经济适用房予以解决；对具有一定创业基础且有发展潜力的农户，在其自愿的基础上，在资金支持、项目选择等方面予以更多的关注；加大调查研究力度，倾听劳务移民的意见和建议，制定和完善已有的政策和创新新的政策，使劳务移民政策发挥应有效应。

2. 加大培训力度、增强就业稳定性是做好劳务移民各项工作的重中之重

首先，加大就业观念的教育力度，使其树立先就业后择业的理念，这是所有面临再就业问题劳动者普遍存在的问题，对于文化程度较低、劳动技能亟待提升的劳务移民更是如此。其次，加大就业培训针对性，结合劳务移民自身特点和女性就业困难、就业环境的特点，加大缝纫技能、厨师技艺、酒店商场服务业技术等的培训。同时，加强就业适应性教育。从农民到市民的转变、从农村环境到城市环境的转变，从土地产出消费为主到货币支出消费为主的转变、从获取收入方式的软约束到硬约束的转变等，都需要劳务移民做出积极的应对，因而应当加大劳务移民对城市认知的教育，包括住房方式、就业方式、消费方式等，以期在掌握其特点、要求等后做出积极有效的反应，从而适应城市的发展。加大政策宣传力度仍然是做好劳务移民的重中之重。应该说，目前的劳务移民政策是基于其可持续发展的要求提出来的，相对比较完善。但由于劳务移民的文化程度较低，接受政策的能力较弱，再加上运用政策的能力更低，进而造成了许多不必要的矛盾和误解。因此必须加大政策的宣传和教育力度，使其在掌握政策、理解政策的基础上学会运用政策来使自己的利益最大化。只有不断提高劳务移民的就业稳定性，才能有效提高劳务移民的各项搬迁满意度，进而再次提升其就业稳定性，形成良性循环和可持续发展。

3. 协调各方行动、营造良好氛围是做好劳务移民各项工作的关键

劳务移民是政府主导、移民参与、社会各方支持的产物。因此，争取劳务移民就业单位的积极支持，加大包容性，在加强岗前培训的同时给予更多时间和机会，使其在渐进的过程中提高适应性；提高劳务中介组织的动员与协调能力，为劳务移民提供相对宽松、宽中有严、宽严相济、逐步适应的就

业环境；加大对劳务移民就业工作成绩突出的单位予以表彰奖励，包括政策优惠和物质报酬等，吸引更多单位融入有效解决劳务移民稳定性的社会力量中；同时，对长期稳定就业的劳务移民先进个人予以表彰奖励，包括精神奖励与物质奖励，从而营造积极劳动、稳定就业光荣的良好氛围，提升劳务移民自主就业、主动就业的主观能动性。

（二）动员全社会力量，提高劳务移民主观性人力资本水平

1. 劳务移民必须正视自我价值，端正工作态度，提升综合能力

主观性人力资本是劳务移民总体人力资本的重要组成部分，在受教育水平、技能培训、健康水平等在内的客观性人力资本一定且提高难度较大的情况下，提高主观性人力资本水平是提高劳务移民就业稳定性的关键所在。劳务移民要正确评价自身总体价值，特别是要对自己的优缺点进行梳理，充分发挥自己的优点，积极克服业已存在且已认识的缺点，不断增强自信心，进而提升自身价值；劳务移民应该端正自己的工作态度，由于寻求工作的成本相对较低，对已有的工作存在不珍惜、不爱惜的现象，进而给社会造成一种工作不积极、喜欢打零工且喜欢日结工资等不利于塑造形象的现象。这就要求劳务移民必须增强就业的主动性、提升工作的积极性，要善于克服实际工作中存在的各种困难，并在勇于接受挑战性的工作中不断提升自己；劳务移民要不断提升综合能力，应该恪守“学习让人进步”“知识改变命运”的格言，不仅要积极参与政府安排的各种培训班，包括技能培训、政策宣传、创业训练等，还要加强主动学习以此满足自己的发展需要，同时还要学会运用政策来增强改变现状的能力。

2. 政府应当增强劳务移民的发展自信心、就业责任心和能力提升自觉性

政府相关管理机构与服务机构必须进行深入的调查研究，在掌握劳务移民发展特点的基础上，采取有效措施，调动其主观能动性，主动适应城市环境对就业的工作要求，力促其实现可持续发展。首先，增强劳务移民的发展自信心。从农民到市民的转变，需要一个漫长的过程。为了缩短这一进程，帮助劳务移民实现转变，就必须加大对其引导与教育的力度，使其按照市民

的规范和城市的要求塑造自己，提升自信心，为发展奠定良好的心理基础。其次，增强劳务移民就业的责任心。就业本应该是劳务移民自身的事情，工作则是就业的具体体现，对于某些劳务移民来说工作是来之不易的。为了巩固这一成果，帮助劳务移民实现稳定就业，就必须加快就业理念的更新，实现先就业后择业，提升就业主动性；一旦实现就业，就帮其按照企业要求提高工作的积极性；在工作中勇于面对富有挑战性的工作，善于克服工作中存在的各种困难。最后，增强劳务移民提升综合能力的自觉性。通过树立劳务移民自身的榜样，让其切实感受到综合能力对其发展的重要性。在不断加大对劳务移民各种培训的同时，要提升其运用政策的能力，进而提升其改变现状、发展自己的可持续发展能力。

3. 社会应配合政府加大对劳务移民工作责任心及综合能力的培育

劳务移民最终的就业工作要落实到具体的单位和岗位，这就对这些单位提出了一些特殊的要求。首先，加大对劳务移民的关爱。劳务移民是一个弱势群体，无论是人力资本水平还是适应社会能力都处于较低水平，特别是在一些行为方面还不能适应新环境对其的要求。这就要求用人单位在使用初期指出其存在的问题，再逐步运用规章制度加以教育和引导，使其正确认识自己的优缺点即价值所在，提高自信心，最终成为一名单位和社会所需要的合格人员。其次，加大对劳务移民工作责任心的教育。工作的每个环节对于单位都是非常重要的，做好每项工作是对员工的基本要求。这就要求劳务移民不仅要具备工作的积极性和主动性，还必须提高应对挑战性工作与困难性工作的能力，更好地为用人单位提供更好服务，实现和提升自身价值。最后，加大对劳务移民综合能力的培育。除了在用人单位学习必要的岗位所需要的知识和技能以外，还必须提升学习知识能力、运用政策能力，进而提升改变现状能力、实现可持续发展。

（三）抓住关键突出重点，提高劳务移民搬迁适应性

1. 提升经济适应性，稳定就业、增加收入是其核心内容

劳务移民是一项由政府有效组织、劳务移民积极参与、试图摆脱自然环

境束缚、实现脱贫致富目标的一种主动行为，稳定就业、增加收入是其核心内容。劳务移民必须切实改变自身的各种经济行为，以适应新的环境对自身的新要求。首先，树立先就业后择业的良好就业理念，改变“等靠要”的思想。特别是对年轻的妇女来说更为重要，必须改变有业可就但不愿意就业的现象，到扶贫车间去、揽一些在家就可以做的零活等。因为只有采取积极就业行为，实现有效稳定就业，才能增加家庭收入。其次，积极拓宽收入来源途径。除了通过体力劳动获得相应收入、获取国家相应政策性补贴外，还应该盘活已有资产，增加资产性收入，如可以适当地进行理财等。最后，主动适应变化了的消费方式。这一点是最难却又是必须改变的，特别是对长距离迁移的移民更是如此。离开了土地产出的支持，传统的消费方式就难以为继；适应城市消费方式的需要，就必须进行积极主动的就业，以获取收入，实现以货币支出为主的消费方式的转变。

2. 增强社会适应性，主动适应、积极参与是其核心内容

劳务移民是一项由政府组织、通过搬迁改变贫困群众发展环境、实现可持续发展的移民行为，主动适应、积极参与是其核心内容。劳务移民必须切实改变自身的各种社会行为，以期符合新环境对自身的新要求。首先，必须主动适应且正确对待自身所具有的移民身份。一方面移民身份的存在为其获得众多的社会支持提供了便利，有利于自身的发展，但也为那些“等靠要、懒散慢”思想严重的人提供了保护；另一方面移民身份的存在拉大了与当地居民的距离，使其丧失了很多利用社会资源发展自己的机遇。因此，劳务移民在积极争取外部支持的同时，还必须弱化移民身份对自身的影响，获得更多的发展机遇。其次，必须主动适应并正确对待被人歧视所带来的负面影响。一方面被人歧视是新成员进入新环境必然遭遇的门槛效应，这是一种普遍的社会现象；另一方面则是由劳务移民的日常行为、语言差异等所带来的误解误会造成的，这是一种短暂的社会现象。因此，劳务移民必须主动用新环境的要求规范、约束自己的行为，在提升整体素养的同时，弱化或消除此种现象的存在。最后，必须主动适应并正确对待业余生活的新变化及多样化。业余生活可以分为两类：一类是具有正面作用的，此类业余生活往往可

以达到加强交流、广交朋友、获取信息、实现发展的目的；另一类是具有负面作用的，此类业余生活往往会使人萎靡不振，破坏家庭和谐乃至违法乱纪。因此，劳务移民必须根据变化了的新形势，辨别良莠，选择适合自己的业余生活方式，进而达到丰富自己、提升自己的目的。

3.加强文化适应性，主动求变、积极适应是其核心

劳务移民是一种包含了文化变迁在内的移民活动，主要包括由封闭文化走向开放文化的变迁、由农村文化走向城市文化的变迁，主动求变、积极适应是其核心。劳务移民必须切实改变自身的各种文化行为，以适应新环境对自身发展的新要求。首先，劳务移民要不断增强对语言环境的适应能力。语言是文化的重要组成部分。尽管劳务移民是在宁夏内部进行的，语言相同相通甚至文化也是相同的，但仍然存在着一定地域差别。这就要求劳务移民主动学习迁入地的语言文化，适应当地语言特点，为加深加大交流奠定良好基础。其次，不断提升对交往方式的适应能力。交往方式呈现多样性，既有互利互赢的积极模式，也有损人利己甚至两败俱伤的消极模式。这就要求劳务移民应该选择积极的交往方式，在寻求帮助、获得发展的同时，给予他人更多的回报，进而获得更多的发展机遇。最后，不断增强与本地人的交流能力。加强与人交流是迅速实现文化变迁的重要途径和方法，只有在不断地接触中才能熟悉迁入地的文化，了解文化的内涵、特点以及差异，进而实现文化间的交流与适应。这就要求劳务移民应该加大与本地人的交流，逐步适应和融入本地文化，为长久发展奠定良好的文化基础。

（四）多方联动多管齐下，提升劳务移民就业稳定性

解决问题的政策与方法，总是在实践过程中不断创新和完善的。无论是从劳务移民、政府相关部门还是第三方组织的角度考虑，都要总结已有经验和教训，以便在未来更成功、更充分地应对新的情况和新的问题。

研究结果表明，提升劳务移民就业稳定性，不仅取决于相关政府部门对劳务移民可持续发展的工作力度、服务水平等，更取决于劳务移民自身的努力程度。具体表现为两个方面，一方面要不断提高其搬迁的适应性，包括经

济适应性、文化适应性和社会适应性，增强其社会融入性，另一方面要不断提高其就业的主动性、积极性，增强其工作稳定性。

1. 加强引导与教育力度，提升劳务移民的社会适应性

劳务移民通过搬迁实现了从落后的农村社区向发达的城市社区的变迁，迄今为止始终面临着“市民化”——社会适应的问题。这就要求：第一，政府相关部门可以通过讲座、展览以及参观等方式，加大对劳务移民的市民化教育力度，帮助其尽快适应城市发展的各种要求，包括对城市发展特点的认识、成为合格市民的相关要求等；第二，劳务移民应该根据自身的特点，尽快适应市民化的发展要求，包括按照经济适应性的要求实现主动就业，有效增加收入，按照文化适应性的要求，加大与本地人的交流力度，拓展交往范围，积极融入社会，实现和睦相处与和谐发展。

2. 积极创新与完善政策，提升劳务移民的搬迁满意度

政策是劳务移民实现搬迁与稳定就业的核心所在。这就要求：第一，对现有政策进行全面梳理，总结经验与教训，巩固作用突出明显的政策，完善有好的作用但潜力尚未全面发挥的政策；第二，面对新的发展环境和发展要求，创新新的有利于劳务移民发展的政策，包括劳务移民创业政策、就业扶持政策等；第三，加大调查研究力度，了解劳务移民各项政策的落实情况与效果，劳务移民对政策的认识力度、运用力度等，积极完善、创新政策，满足现实需求，进而实现可持续发展。

3. 增强自信心与自觉性，改变劳务移民的工作态度

无论是客观性人力资本还是主观性人力资本，劳务移民群体都是比较低的。相对而言，客观性人力资本要有一个大的改观难度较大，而对于主观性人力资本的提升可以取得较好的效果。因此，一方面，政府可以通过树立先进典型、分享成功案例，增强劳务移民稳定就业的自信心；另一方面，劳务移民自身必须摒弃固有的“等靠要”的传统思维，改变“懒散慢”的过往形象，积极参与各项技能培训活动，获得实质性的提高，主动实现就业，爱岗敬业，实现自我价值。这样做，不仅可以实现稳定就业、有效增加收入，还可以弥补所在企业劳动力不足、促使其稳定发展，进而实现共同进步、共

同发展。

4. 加大关心与扶持，提升劳务移民中弱势群体就业稳定性

劳务移民本身就属于弱势群体的范畴，相对于男性而言妇女更是弱势群体。在现实调研中，女性普遍存在“有业不想就”“有业不愿就”现象。这不仅不利于女性自我价值的实现，而且不利于家庭发展和社会发展。因此，一方面，政府可以设置专门的就业指导员，对妇女进行专门的心理辅导与就业指导，加快其就业步伐；另一方面，作为女性而言，在城市生活中必须转变单纯“以家为主”的理念，走出家庭、走向社会，实现自主就业。只有这样，才能实现经济独立，有效增加家庭收入，为家庭和谐发展奠定更加坚实的物质基础，才能为社会提供更多的劳动力资源，加快城镇化发展与劳务移民基地的可持续发展。

三　研究展望

（一）研究不足

劳务移民就业稳定性问题是一个定性问题，而且人们已经认识到它是一个非常重要的问题，一般只能用“不稳定”或“不太稳定”来描述。运用量化方法对这一问题进行深入研究还只是一个初步的尝试，因而可能存在一定的不足。

第一，量表的设计可能存在一定的局限性。在满足研究需求的同时，考虑到理论和实际的差异以及主观因素等方面都可能会影响量表的设计。

第二，研究的内容可能存在一定的局限性。本次研究重点在静态方面，未考虑环境变化对研究主题的影响；同时仅注重群体共性研究，对不同群体差异性研究未涉猎。

第三，研究的范围存在一定的局限性。本书只针对相对发达地区进行研究，尚未覆盖落后地区的相关问题。

第四，研究结果的应用具有一定的局限性。由于本研究是基于收集宁夏

银川市典型劳务移民社区数据所得出的结论，因此相关政策建议可能具有局部性，复制性相对较低。

（二）研究展望

本书虽然对有效解决劳务移民的就业稳定性问题进行了深入探讨，但仍然存在许多值得深入研究的方面。

第一，对于不同区域、不同群体的劳务移民就业稳定性问题进行对比研究。由于所处地区的区位状况、发展环境不同，特别是发达地区与落后地区差异更加明显，因而劳务移民就业稳定性问题的表现程度也有所不同，使解决这一问题的方式方法也存在一定的差异。通过比较研究，在找出共性问题的基础上，寻求差异及原因所在，进而采取有针对性的措施解决不同区域的劳务移民就业稳定性问题。

第二，对于不同发展阶段的劳务移民就业稳定性问题进行跟踪研究。由于发展阶段不同、问题表现的程度有所不同，所采取的措施也有所不同，因而可以按照发展阶段厘清问题的表现程度如何、存在原因有无变化、政策效果是否理想等，从而找出问题发展的规律性，为制定新的政策提供理论依据与现实依据，进而使解决问题所提出的政策与措施具有延续性、连续性以及针对性。

第三，对于劳务移民弱势群体的就业稳定性问题进行专题研究。劳务移民本身就是一个弱势群体，但其中所包含的妇女、年龄偏大者（4050 人员）以及残疾人的就业稳定性应该引起高度的重视，他们更需要政府与社会的关注。因此对于那些拥有劳动能力、迫切需要通过就业来获取收入、实现自我价值的弱势群体加大研究力度显得尤为迫切。

附　录　劳务移民就业稳定性调查问卷及统计结果

第 1 题　所在区域　　　[单选题]

选项	小计	比例
掌政镇	162	39.04%
望远镇	141	33.98%
闽宁镇	101	24.34%
其他	11	0.96%

第 2 题　A01 您的性别　　　[单选题]

选项	小计	比例
1. 男	208	50.12%
2. 女	207	49.88%

第 3 题　A02 您的年龄（　　）岁　　　[填空题]

填空题数据请通过下载详细数据获取

第 4 题　A03 您的婚姻状况　　　[单选题]

选项	小计	比例
1. 是	370	89.16%
2. 否	45	10.84%

第 5 题　A04 您的移民时间是（　　）年　　　[填空题]

填空题数据请通过下载详细数据获取

第 6 题　A05 搬迁前家庭状况属于　　　[单选题]

选项	小计	比例
1. 建档立卡户贫困户	219	52.77%
2. 非建档立卡户贫困户	69	16.63%
3. 脱贫户	11	2.65%
4. 一般户	115	27.71%
5. 富裕户	1	0.24%

第 7 题　A06 搬迁后家庭状况属于　　　[单选题]

选项	小计	比例
1. 建档立卡户贫困户	181	43.61%
2. 非建档立卡户贫困户	82	19.76%
3. 脱贫户	32	7.71%
4. 一般户	119	28.67%
5. 富裕户	1	0.24%

第 8 题　A07 民族　　　[单选题]

选项	小计	比例
1. 汉族	185	44.58%
2. 回族	230	55.42%
3. 其他	0	0%

第 9 题　A08 你的月工资　　元　　　[单选题]

选项	小计	比例
1. 2000 以下	226	54.46%
2. 2000~3000	117	28.19%
3. 3000~4000	51	12.29%

续表

选项	小计	比例
4. 4000~5000	14	3. 37%
5. 5000 以上	7	1. 69%

第 10 题　A09 你家一年总收入（　　）万元　　　[单选题]

选项	小计	比例
1. 2 以下	148	35. 66%
2. 2~3	143	34. 46%
3. 3~4	76	18. 31%
4. 4~5	23	5. 54%
5. 5 以上	25	6. 02%

第 11 题　A10 你家有（　　）人　　　[填空题]

填空题数据请通过下载详细数据获取

第 12 题　A11 你家有劳动力（　　）人　　　[填空题]

填空题数据请通过下载详细数据获取

第 13 题　A12 你家有老人和孩子（　　）人　　　[填空题]

填空题数据请通过下载详细数据获取

第 14 题　你家住房面积是（　　）平方米　　　[填空题]

填空题数据请通过下载详细数据获取

第 15 题　B01 您的文化程度　　　[单选题]

选项	小计	比例
1. 小学以下	153	36. 87%
2. 小学	84	20. 24%

续表

选项	小计	比例
3. 初中	98	23.61%
4. 高中或中专	45	10.84%
5. 大专	20	4.82%
6. 本科	15	3.61%

第 16 题　B02 您参加技能培训状况　　　　[单选题]

选项	小计	比例
1. 参加过	123	29.64%
2. 未参加	292	70.36%

第 17 题　B03 健康状况　　　　[单选题]

选项	小计	比例
1. 健康	315	75.9%
2. 其他	100	24.1%

第 18 题　C0101 您对搬迁总体满意状况　　　　[单选题]

选项	小计	比例
1. 非常满意	46	11.08%
2. 比较满意	184	44.34%
3. 一般	83	20%
4. 不太满意	77	18.55%
5. 很不满意	25	6.02%

第 19 题　C0201 您对现在的家庭收入水平满意状况　　　　[单选题]

选项	小计	比例
1. 非常满意	13	3.13%
2. 比较满意	112	26.99%
3. 一般	108	26.02%

续表

选项	小计	比例
4. 不太满意	157	37.83%
5. 很不满意	25	6.02%

第 20 题　C0202 您对现在的家庭居住条件满意状况　[单选题]

选项	小计	比例
1. 非常满意	32	7.71%
2. 比较满意	143	34.46%
3. 一般	111	26.75%
4. 不太满意	106	25.54%
5. 很不满意	23	5.54%

第 21 题　C0203 您对现在的家庭和睦满意状况　[单选题]

选项	小计	比例
1. 非常满意	127	30.6%
2. 比较满意	223	53.73%
3. 一般	52	12.53%
4. 不太满意	11	2.65%
5. 很不满意	2	0.48%

第 22 题　C0204 您对现在的家庭生活质量满意状况　[单选题]

选项	小计	比例
1. 非常满意	37	8.92%
2. 比较满意	175	42.17%
3. 一般	131	31.57%
4. 不太满意	66	15.9%
5. 很不满意	6	1.45%

第 23 题　C0205 您对现在家庭成员就业满意状况　[单选题]

选项	小计	比例
1. 非常满意	25	6.02%
2. 比较满意	128	30.84%
3. 一般	117	28.19%
4. 不太满意	129	31.08%
5. 很不满意	16	3.86%

第 24 题　C0301 您对现在的社区治安环境满意状况　[单选题]

选项	小计	比例
1. 非常满意	59	14.22%
2. 比较满意	230	55.42%
3. 一般	80	19.28%
4. 不太满意	36	8.67%
5. 很不满意	10	2.41%

第 25 题　C0302 您对现在的社区干群关系满意状况　[单选题]

选项	小计	比例
1. 非常满意	59	14.22%
2. 比较满意	201	48.43%
3. 一般	108	26.02%
4. 不太满意	43	10.36%
5. 很不满意	4	0.96%

第 26 题　C0303 您对现在的社区卫生环境满意状况　[单选题]

选项	小计	比例
1. 非常满意	71	17.11%
2. 比较满意	249	60%
3. 一般	63	15.18%
4. 不太满意	24	5.78%
5. 很不满意	8	1.93%

第 27 题　C0304 您对现在的社区邻里关系满意状况　[单选题]

选项	小计	比例
1. 非常满意	80	19.28%
2. 比较满意	254	61.2%
3. 一般	71	17.11%
4. 不太满意	9	2.17%
5. 很不满意	1	0.24%

第 28 题　C0305 您对现在的社区管理满意状况　[单选题]

选项	小计	比例
1. 非常满意	44	10.6%
2. 比较满意	225	54.22%
3. 一般	105	25.3%
4. 不太满意	35	8.43%
5. 很不满意	6	1.45%

第 29 题　C0401 您对劳务移民住房政策的满意状况　[单选题]

选项	小计	比例
1. 非常满意	46	11.08%
2. 比较满意	173	41.69%
3. 一般	93	22.41%
4. 不太满意	80	19.28%
5. 很不满意	23	5.54%

第 30 题　C0402 您对劳务移民就业政策的满意状况　[单选题]

选项	小计	比例
1. 非常满意	35	8.43%
2. 比较满意	140	33.73%
3. 一般	135	32.53%
4. 不太满意	87	20.96%
5. 很不满意	18	4.34%

第 31 题　C0403 您对劳务移民医保政策的满意状况　　[单选题]

选项	小计	比例
1. 非常满意	54	13.01%
2. 比较满意	199	47.95%
3. 一般	105	25.3%
4. 不太满意	48	11.57%
5. 很不满意	9	2.17%

第 32 题　C0404 您对劳务移民养老政策的满意状况　　[单选题]

选项	小计	比例
1. 非常满意	40	9.64%
2. 比较满意	182	43.86%
3. 一般	141	33.98%
4. 不太满意	44	10.6%
5. 很不满意	8	1.93%

第 33 题　C0405 您对劳务移民低保政策的满意状况　　[单选题]

选项	小计	比例
1. 非常满意	38	9.16%
2. 比较满意	146	35.18%
3. 一般	144	34.7%
4. 不太满意	67	16.14%
5. 很不满意	20	4.82%

第 34 题　C0406 您对劳务移民金融政策的满意状况　　[单选题]

选项	小计	比例
1. 非常满意	24	5.78%
2. 比较满意	122	29.4%
3. 一般	212	51.08%
4. 不太满意	48	11.57%
5. 很不满意	9	2.17%

第 35 题　C0501 您对本地的交通环境满意状况　　[单选题]

选项	小计	比例
1. 非常满意	82	19.76%
2. 比较满意	254	61.2%
3. 一般	58	13.98%
4. 不太满意	15	3.61%
5. 很不满意	6	1.45%

第 36 题　C0502 您对本地的教育环境满意状况　　[单选题]

选项	小计	比例
1. 非常满意	54	13.01%
2. 比较满意	248	59.76%
3. 一般	90	21.69%
4. 不太满意	23	5.54%
5. 很不满意	0	0%

第 37 题　C0503 您对本地的医疗环境满意状况　　[单选题]

选项	小计	比例
1. 非常满意	46	11.08%
2. 比较满意	230	55.42%
3. 一般	107	25.78%
4. 不太满意	28	6.75%
5. 很不满意	4	0.96%

第 38 题　C0504 您对本地的生态环境满意状况　　[单选题]

选项	小计	比例
1. 非常满意	59	14.22%
2. 比较满意	266	64.1%
3. 一般	78	18.8%
4. 不太满意	11	2.65%
5. 很不满意	1	0.24%

第 39 题　C0505 您对本地的就业环境满意状况　　［单选题］

选项	小计	比例
1. 非常满意	29	6.99%
2. 比较满意	157	37.83%
3. 一般	132	31.81%
4. 不太满意	90	21.69%
5. 很不满意	7	1.69%

第 40 题　D01 您认为您现在的身份状况　　［单选题］

选项	小计	比例
1. 城市人	165	39.76%
2. 其他人	250	60.24%

第 41 题　D02 您在本地定居意愿状况　　［单选题］

选项	小计	比例
1. 长期	303	73.01%
2. 其他	112	26.99%

第 42 题　D03 您与本地人的关系是　　［单选题］

选项	小计	比例
1. 非常融洽	78	18.8%
2. 比较融洽	259	62.41%
3. 一般	68	16.39%
4. 不太融洽	9	2.17%
5. 很不融洽	1	0.24%

第 43 题　D04 您对现在的就业方式适应状况　　［单选题］

选项	小计	比例
1. 非常适应	30	7.23%
2. 比较适应	177	42.65%

续表

选项	小计	比例
3. 一般	134	32.29%
4. 不太适应	65	15.66%
5. 很不适应	9	2.17%

第 44 题　D05 您对现在的收入来源方式适应状况　［单选题］

选项	小计	比例
1. 非常适应	16	3.86%
2. 比较适应	174	41.93%
3. 一般	141	33.98%
4. 不太适应	67	16.14%
5. 很不适应	17	4.1%

第 45 题　D06 您对现在的消费方式适应状况　［单选题］

选项	小计	比例
1. 非常适应	26	6.27%
2. 比较适应	146	35.18%
3. 一般	125	30.12%
4. 不太适应	109	26.27%
5. 很不适应	9	2.17%

第 46 题　D07 您对现在的住房方式适应状况　［单选题］

选项	小计	比例
1. 非常适应	32	7.71%
2. 比较适应	182	43.86%
3. 一般	103	24.82%
4. 不太适应	84	20.24%
5. 很不适应	14	3.37%

第 47 题　D08 您对现在的语言环境适应状况　［单选题］

选项	小计	比例
1. 非常适应	93	22.41%
2. 比较适应	239	57.59%
3. 一般	62	14.94%
4. 不太适应	19	4.58%
5. 很不适应	2	0.48%

第 48 题　D09 您对现在的社会交往方式适应状况　［单选题］

选项	小计	比例
1. 非常适应	46	11.08%
2. 比较适应	268	64.58%
3. 一般	79	19.04%
4. 不太适应	19	4.58%
5. 很不适应	3	0.72%

第 49 题　D10 您对现在的有些人不看好劳务移民情形适应状况［单选题］

选项	小计	比例
1. 非常适应	24	5.78%
2. 比较适应	167	40.24%
3. 一般	163	39.28%
4. 不太适应	53	12.77%
5. 很不适应	8	1.93%

第 50 题　D11 您对现在的业余生活方式适应状况　［单选题］

选项	小计	比例
1. 非常适应	24	5.78%
2. 比较适应	210	50.6%
3. 一般	125	30.12%
4. 不太适应	46	11.08%
5. 很不适应	10	2.41%

第 51 题　D12 您对劳务移民的身份适应状况　　[单选题]

选项	小计	比例
1. 非常适应	28	6.75%
2. 比较适应	236	56.87%
3. 一般	108	26.02%
4. 不太适应	34	8.19%
5. 很不适应	9	2.17%

第 52 题　D13 您对现在的气候条件适应状况　　[单选题]

选项	小计	比例
1. 非常适应	61	14.7%
2. 比较适应	255	61.45%
3. 一般	63	15.18%
4. 不太适应	32	7.71%
5. 很不适应	4	0.96%

第 53 题　D14 您对现在社区的管理方式适应状况　　[单选题]

选项	小计	比例
1. 非常适应	41	9.88%
2. 比较适应	239	57.59%
3. 一般	87	20.96%
4. 不太适应	38	9.16%
5. 很不适应	10	2.41%

第 54 题　E01 您对自己现在的就业状况评价　　[单选题]

选项	小计	比例
1. 非常稳定	18	4.34%
2. 比较稳定	115	27.71%
3. 一般	109	26.27%
4. 不太稳定	131	31.57%
5. 很不稳定	42	10.12%

第 55 题　E02 您搬迁后的第一份工作的途径状况　　[单选题]

选项	小计	比例
1. 政府提供	77	18.55%
2. 政府提供但不满意自己寻找	27	6.51%
3. 自己寻找	257	61.93%
4. 其他	54	13.01%

第 56 题　E03 您现在工作的途径状况　　[单选题]

选项	小计	比例
1. 政府提供	76	18.31%
2. 政府提供但不满意自己寻找	25	6.02%
3. 自己寻找	254	61.2%
4. 其他	60	14.46%

第 57 题　E04 您就业的区域状况　　[单选题]

选项	小计	比例
1. 本地	331	79.76%
2. 其他	84	20.24%

第 58 题　E05 您现在的就业行业状况　　[单选题]

选项	小计	比例
1. 住宿餐饮业	32	7.71%
2. 批发零售业	13	3.13%
3. 建筑业	70	16.87%
4. 制造业	54	13.01%
5. 交通运输业	12	2.89%
6. 其他	234	56.39%

第 59 题　E06 您现在就业单位的所有制状况　　　[单选题]

选项	小计	比例
1. 国有企业	28	6.75%
2. 集体企业	11	2.65%
3. 私营企业	161	38.8%
4. 非政府组织	14	3.37%
5. 其他	201	48.43%

第 60 题　E07 您每天工作时间是（　　）小时　　　[填空题]

填空题数据请通过下载详细数据获取

第 61 题　E08 您每月工作时间是（　　）天　　　[填空题]

填空题数据请通过下载详细数据获取

第 62 题　E09 您每年工作时间是（　　）月　　　[填空题]

填空题数据请通过下载详细数据获取

第 63 题　E10 您就业时劳动合同签订状况　　　[单选题]

选项	小计	比例
1. 签了	142	34.22%
2. 未签	273	65.78%

第 64 题　E11 您就业后参加刚签培训状况　　　[单选题]

选项	小计	比例
1. 培训了	129	31.08%
2. 没有培训	286	68.92%

第 65 题　E12 您就业时城市医疗保险和工伤保险状况　　[单选题]

选项	小计	比例
1. 有	155	37.35%
2. 没有	260	62.65%

第 66 题　E13 您认为影响就业稳定性的主要原因（多选，最少三项）[多选题]

选项	小计	比例
1. 工资水平高低	324	78.07%
2. 有无社会保险	127	30.6%
3. 是否签订合同	114	27.47%
4. 工作环境好坏	132	31.81%
5. 制度管理松紧	35	8.43%
6. 个人敬业与否	29	6.99%
7. 个人技能高低	103	24.82%
8. 离家距离远近	150	36.14%
9. 交通是否便利	93	22.41%
10. 家庭负担轻重	196	47.23%
11. 工资发放是否及时	138	33.25%
12. 没有	31	7.47%

第 67 题　F01 假如让你上学的话你的态度　　[单选题]

选项	小计	比例
1. 非常愿意	143	34.46%
2. 比较愿意	143	34.46%
3. 一般	62	14.94%
4. 不太愿意	46	11.08%
5. 很不愿意	21	5.06%

第 68 题　F02 假如让你选择上学的话你会上到　　　[单选题]

选项	小计	比例
1. 不上	72	17.35%
2. 小学	28	6.75%
3. 初中	35	8.43%
4. 高中	64	15.42%
5. 大学	216	52.05%

第 69 题　F03 你对自我价值的评价　　　[单选题]

选项	小计	比例
1. 很高	25	6.02%
2. 比较高	135	32.53%
3. 一般	210	50.6%
4. 比较低	40	9.64%
5. 很低	5	1.2%

第 70 题　F04 你对自己优点的评价　　　[单选题]

选项	小计	比例
1. 很多	23	5.54%
2. 比较多	151	36.39%
3. 一般	177	42.65%
4. 比较少	53	12.77%
5. 很少	11	2.65%

第 71 题　F05 你对自己自信心的评价　　　[单选题]

选项	小计	比例
1. 很强	45	10.84%
2. 比较强	173	41.69%
3. 一般	147	35.42%
4. 比较弱	45	10.84%
5. 很弱	5	1.2%

第 72 题　F06 你对自己自信心的评价　　　[单选题]

选项	小计	比例
1. 很强	42	10. 12%
2. 比较强	177	42. 65%
3. 一般	147	35. 42%
4. 比较弱	42	10. 12%
5. 很弱	7	1. 69%

第 73 题　F07 你对自己工作态度的评价　　　[单选题]

选项	小计	比例
1. 很勤奋	114	27. 47%
2. 较勤奋	205	49. 4%
3. 一般	88	21. 2%
4. 不太勤奋	7	1. 69%
5. 很不勤奋	1	0. 24%

第 74 题　F08 你对自己接受挑战性工作态度的评价　　　[单选题]

选项	小计	比例
1. 很愿意	70	16. 87%
2. 比较愿意	199	47. 95%
3. 一般	115	27. 71%
4. 不太愿意	25	6. 02%
5. 很不愿意	6	1. 45%

第 75 题　F09 你对自己社交能力的评价　　　[单选题]

选项	小计	比例
1. 很强	49	11. 81%
2. 比较强	197	47. 47%
3. 一般	135	32. 53%
4. 比较弱	28	6. 75%
5. 很弱	6	1. 45%

第 76 题　F10 你对自己获取成功能力的评价　　[单选题]

选项	小计	比例
1. 很强	39	9.4%
2. 比较强	164	39.52%
3. 一般	173	41.69%
4. 比较弱	30	7.23%
5. 很弱	9	2.17%

第 77 题　F11 你对自己求知欲的评价　　[单选题]

选项	小计	比例
1. 很强	61	14.7%
2. 比较强	158	38.07%
3. 一般	164	39.52%
4. 比较弱	26	6.27%
5. 很弱	6	1.45%

第 78 题　F12 你对自己工作中主动性的评价　　[单选题]

选项	小计	比例
1. 很积极	78	18.8%
2. 比较积极	217	52.29%
3. 一般	101	24.34%
4. 不太积极	17	4.1%
5. 很不积极	2	0.48%

第 79 题　F13 你对自己工作中计划性的评价　　[单选题]

选项	小计	比例
1. 很强	38	9.16%
2. 比较强	178	42.89%
3. 一般	158	38.07%
4. 比较弱	30	7.23%
5. 很弱	11	2.65%

第 80 题 F14 你对自己工作中克服困难的能力的评价 [单选题]

选项	小计	比例
1. 很强	49	11.81%
2. 比较强	179	43.13%
3. 一般	156	37.59%
4. 比较弱	24	5.78%
5. 很弱	7	1.69%

第 81 题 F15 你对自己工作中学习新知识能力的评价 [单选题]

选项	小计	比例
1. 很强	44	10.6%
2. 比较强	167	40.24%
3. 一般	150	36.14%
4. 比较弱	39	9.4%
5. 很弱	15	3.61%

第 82 题 F16 你对自己改变现状能力的评价 [单选题]

选项	小计	比例
1. 很强	32	7.71%
2. 比较强	145	34.94%
3. 一般	161	38.8%
4. 比较弱	59	14.22%
5. 很弱	18	4.34%

第 83 题 F17 你对自己掌握和运用政策能力的评价 [单选题]

选项	小计	比例
1. 很强	21	5.06%
2. 比较强	124	29.88%
3. 一般	188	45.3%
4. 较弱	68	16.39%
5. 很弱	14	3.37%
本题有效填写人次	415	

第 84 题　G01 你对劳务移民政策最了解的是（多选，最少三项）［多选题］

选项	小计	比例
1. 住房	354	85.3%
2. 就业	239	57.59%
3. 培训	58	13.98%
4. 教育	182	43.86%
5. 医保	231	55.66%
6. 养老	151	36.39%
7. 低保	152	36.63%
8. 金融	35	8.43%
9. 其他	64	15.42%

第 85 题　G02 你认为劳务移民政策中对你帮助最大的是（多选，最少三项）　［多选题］

选项	小计	比例
1. 住房	312	75.18%
2. 就业	188	45.3%
3. 培训	42	10.12%
4. 教育	207	49.88%
5. 医保	231	55.66%
6. 养老	147	35.42%
7. 低保	127	30.6%
8. 金融	39	9.4%
9. 其他	92	22.17%

第 86 题　G03 你目前最关心的劳务移民政策是（多选，最少三项）［多选题］

选项	小计	比例
1. 住房	292	70.36%
2. 就业	292	70.36%
3. 培训	63	15.18%

续表

选项	小计	比例
4. 教育	216	52.05%
5. 医保	208	50.12%
6. 养老	175	42.17%
7. 低保	153	36.87%
8. 金融	54	13.01%
9. 其他	42	10.12%

第 87 题　G04 你最希望改进和完善的劳务移民政策是（多选，最少三项）　　[多选题]

选项	小计	比例
1. 住房	299	72.05%
2. 就业	286	68.92%
3. 培训	56	13.49%
4. 教育	200	48.19%
5. 医保	205	49.4%
6. 养老	195	46.99%
7. 低保	169	40.72%
8. 金融	60	14.46%
9. 其他	60	14.46%

参考文献

[1]《十五大以来重要文献选编》（上）[M]，北京：中央文献出版社，2000.

[2] 习近平. 在全国脱贫攻坚总结表彰大会上的讲话 [J]. 中华人民共和国国务院公报.2021，(07)：5-11.

[3] 习近平. 在全国脱贫攻坚总结表彰大会上的讲话 [J]. 中华人民共和国国务院公报.2021，(07)：5-11.

[4] 习近平. 在全国脱贫攻坚总结表彰大会上的讲话 [J]. 中华人民共和国国务院公报.2021，(07)：5-11.

[5] 范建荣. 生态移民战略与区域协调发展——宁夏的理论与实践 [M]，北京：社会科学文献出版社，2019.

[6] 范建荣，姜羽. 宁夏自发移民理论与实践 [M]，银川：宁夏人民出版社，2012.

[7] Zou，M.；Yuan，Y. China's Comprehensive Disaster Reduction. Int. J. Disaster Risk Sci. 2010，(1)：24-32.

[8] 习近平. 在全国脱贫攻坚总结表彰大会上的讲话 [J]. 中华人民共和国国务院公报.2021，(07)：5-11.

[9] 檀学文. 中国移民扶贫 70 年变迁研究 [J]. 中国农村经济.2019，(08)：2-19.

[10] 王子柔. 东北赛区 CUBA 运动员参赛满意度的研究 [D]. 哈尔滨：

哈尔滨工程大学体育教育训练学，2019.

[11] 王昌海．效率、公平、信任与满意度：乡村旅游合作社发展的路径选择［J］．中国农村经济．2015，(04)：59-71.

[12] 杨菊华．空间理论视角下老年流动人口的社会适应［J］．社会学研究．2021，36（03）：180-203+229-230.

[13] 郎秀军，昝欣．易地移民邻县安置的意愿、期望与社会适应性［J］．管理评论．2019，31（11）：267-278.

[14] 邵敏，武鹏．出口贸易、人力资本与农民工的就业稳定性——兼议我国产业和贸易的升级［J］．管理世界．2019，35（03）：99-113.

[15] 赵曙明．人力资源管理研究［M]，中国人民大学出版社，2001.

[16] 朱立言，张强．美国政府绩效评估的历史演变［J］．湘潭大学学报（哲学社会科学版）．2005，(01)：1-7.

[17] Herzberg, F. ,Mausner, B. & Snyderman, B. "The Motivation to Work" [M] . New York: John Wiley & Sons Inc. 1959.

[18] Vroom, V. H. "Work and Motivation" [M] . New York: John Well Eyand Son. 1964.

[19] Smith, P. C. , Kendall, L. M. , & Hulin, C. L. The measurement of satisfaction in work and retirement [M] . Chicago: Rand Mc Nally. 1969.

[20] 陈志霞．社会满意度的概念层次与结构［J］．华中科技大学学报（社会科学版)，2004，(2)：88.

[21] 李宁宁，张春光．社会满意度及其结构要素［J］．江苏社会科学，2001，(4)：143-148.

[22] 黄英忠．现代管理学［M]，台北：三民书局，1995.

[23] 黄春生．工作满意度、组织承诺与离职倾向相关研究［D］．厦门：厦门大学企业管理，2004.

[24] 李志英．高校教师工作满意度研究——以新疆乌鲁木齐市高校为例［D］．上海：华东师范大学高等教育学，2011.

[25] 张宜民．城市公立医疗机构医生工作满意度、职业倦怠与离职意向关

系的模型研究［D］．上海：复旦大学社会医学与卫生事业管理，2011.

［26］侯钧生．西方社会学理论教程［M］，天津：南开大学出版社，2006.

［27］杨彦平，金瑜．社会适应性研究述评［J］．心理科学，2006，(05)：1171-1173.

［28］张超楠．理论与实务：随迁老人社会工作研究的回顾与反思［J］．社会与公益．2020，(03)：75-76+81.

［29］Carl F，Stephen R，Carpenter，et al. Resilience thinking：Integrating resilience，adaptability and transformability［J］. Ecology & society. 2010，15（04）：299-305.

［30］Eriksen S. Sustainable adaptation：Emphasising local and global equity and environmental integrity［J］. IHDP Update. 2009，(02)：40-44.

［31］林碧烽，张晓容．精神分析理论对人格教育的有益启示［J］．中国教育学刊．2000，(03)：37-40.

［32］严丽芬．人本主义自我实现理论及其比较研究［J］．青海师范大学学报（哲学社会科学版）．2007，(04)：33-37.

［33］解彩霞．三江源生态移民社会适应与回迁愿望分析［J］．攀登，2010，29（06）：101-106.

［34］祁进玉，达娃尖措．城镇化背景下藏族失地农民的社会适应性研究——以青海省黄南藏族自治州M村的再就业问题为例［J］．中国藏学，2020，(02)：133-140.

［35］李路曲．制度变迁的动力、特性与政治发展［J］．学习与探索．2013，(07)：44-51.

［36］金惠双．易地扶贫搬迁农户生计适应性评价及影响因素研究——以湖南省凤凰县为例［D］．吉首：吉首大学应用经济学，2021.

［37］Pandey V P，Babel M S，Shrestha S，et al. A framework to assess adaptive capacity of the water resources system in Nepalese river basins［J］. Ecological Indicators. 2010，11（02）：480-488.

[38] 王雅婷．高校毕业生就业初期角色转换与适应探究［D］．成都：西南交通大学公共管理，2015.

[39] 于兰华．失地老人经济参与的行动逻辑分析——基于苏中N市Z社区的调查［D］．上海：华东理工大学社会学，2015.

[40] 陈菲．生态移民的适应性研究——以银川市滨河家园为例［D］．北京：中央民族大学民族学，2016.

[41] 窦营，邓远建．西北民族地区生态移民的适应性研究——以疏勒河流域东乡族移民为例［J］．现代商贸工业．2016，37（22）：32-34.

[42] 王肖婧．人力资本、社会资本对农户贫困的影响及作用机制研究［D］．西安：西北大学公共经济学，2019.

[43] 司荣贵，耿香玲．从人力资本特征看体育对人力资本形成的影响［J］．北京体育大学学报．2005，（05）：587-589.

[44] 李建民．论人力资本的社会功能［J］．广东社会科学．2003，（05）：18-26.

[45] 李宝元．现代企业人力资本运营简论［J］．经济研究参考．2002，（76）：22-27.

[46] 董力毅，非自愿移民人力资本开发研究［D］．南京：河海大学行政管理，2007.

[47] 周坤，论人力资本的特征及其价值实现［J］．中国科技论坛．1997，（03）：20-23.

[48] 唐钟鸣，人力资本提升对水库移民创业的促动关系研究——来自温州水库移民实践的启示［D］．南京：河海大学企业管理，2006.

[49] 陈友华．人的全面发展：内涵、测度与主体责任［J］．人口与社会．2014，30（04）：3-9.

[50] 丁煜．下岗失业人员的再就业培训：效用与局限性——从人力资本理论的分析视角［J］．市场与人口分析．2005，（06）：17-21+40.

[51] 叶德磊．现代人力资本理论的早期发展［J］．生产力研究．1993，（06）：68-71+67-80.

[52] 李晓曼，曾湘泉．新人力资本理论——基于能力的人力资本理论研究动态［J］．经济学动态．2012，(11)：120-126.

[53] 姚嘉，刘静．非认知能力视角下“90后”员工工作满意度研究——基于大五人格特质和CFPS大样本数据［J］．经营与管理．2022，(05)：72-79.

[54] 陈驰茵，李晓萱，张凯丽，唐宁玉．非正式员工研究进展与述评［J］．管理学报．2022，19（03)：463-474.

[55] 姚引妹，袁晴．人口年龄结构转变对经济增长的影响——以长三角地区为例［J］．江南大学学报（人文社会科学版）．2006，(02)：72-76.

[56] 孙梅．80后农民工的主观性人力资本及其在职业流动中的作用［D］．厦门：厦门大学社会学，2009.

[57] 乔雯．人力资本、社会资本对易地搬迁移民社会融合的影响［J］．劳动保障世界．2019，(21)：78-79.

[58] 唐钟鸣．人力资本提升对水库移民创业的促动关系研究——来自温州水库移民实践的启示［D］．南京：河海大学企业管理，2006.

[59] 徐延辉，孙梅．信息与福利：福利获得的经济学分析［J］．学习与实践．2008，(11)：151-156.

[60] 向运华，刘欢．内生贫困意识对自主脱贫行为的影响——家庭资产组合下的交互效应与调节效应检验［J］．吉林大学社会科学学报．2018，58（05)：57-70+205.

[61] 韩叙．人力资本-社会资本匹配性对乡城流动人口迁移行为和职业选择的影响研究［D］．西安：西北农林科技大学农业经济管理，2020.

[62] Dokko G. What you know or who you know ? Human capital and social capital as determinants of individual performance ［D］. Univ. of Pennsylvania. 2004.

[63] Shin D C. Economic Growth, Structural Transformation, and Agriculture: The Case of U. S. and S. Korea ［D］. Chicago University. 1997.

[64] 唐钟鸣．人力资本提升对水库移民创业的促动关系研究——来自温州

水库移民实践的启示［D］．南京：河海大学企业管理，2006.
［65］乔雯．人力资本、社会资本对易地搬迁移民社会融合的影响［J］．劳动保障世界．2019，（21）：78-79.
［66］檀学文，李静．习近平精准扶贫思想的实践深化研究［J］．中国农村经济．2017，（09）：2-16.
［67］国际移民组织［EB/OL］．［2020-03-16］．https：//www. iom. int/key-migration-terms#Labour-migration.
［68］国际劳工组织1949年移民就业公约（修订）［EB/OL］．（1949-06-08）［2020-3-14］．https：//www. ilo. org/dyn/normlex/en/f? p = NORMLEXPUB：12100：0：NO：12100：P12100_ INSTRUMENT_ ID：312242：NO.
［69］保护所有移民工人及其家庭成员权利国际公约［EB/OL］．［2020-03-16］．
［70］丁治文．中国公民在海外务工的安全保护［J］．决策探索（下）．2021，（01）：83-84.
［71］王璐璐．俄罗斯外来劳务移民问题探析［D］．哈尔滨：黑龙江大学俄语语言文学，2011.
［72］李秋月，范建荣，虞俊．宁夏劳务移民面临的风险及对策的调研和思考［J］．企业改革与管理．2015，（08）：206-207.
［73］巫秋君．劳务移民工作满意度及其影响因素研究［D］．广州：广东省社会科学院社会学，2016.
［74］刘小敏，张桂金．西方劳务移民社会治理研究［J］．社会发展研究．2015，2（01）：209-233+246.
［75］何叶．劳务移民的社会资本与性别收入差异研究［D］．广州：广东省社会科学院移民社会学，2017.
［76］王丽琳．禀赋、理性与社会交往——劳务移民入户城镇意愿的动力机制［D］．广州：广东省社会科学院社会学，2017.
［77］海涛．宁夏劳务移民生活状况调查研究——以大武口区星海镇新民社区为例［D］．银川：宁夏大学人类学，2018.

[78] 张恒．输入国劳务移民法律制度研究［D］．北京：中国人民公安大学公安学，2020.

[79] 石丙如．俄罗斯的中亚劳务移民研究［D］．哈尔滨：黑龙江大学俄语语言文学，2021.

[80] 李金香，戴悦．劳务移民进城农民的福利效应的区位差异［J］．中国市场．2022，(12)：41-43.

[81] 李霞，王朝晖．宁夏劳务移民存在问题及对策［J］．中共银川市委党校学报．2013，15（01)：51-54.

[82] 张耀武．宁夏劳务移民发展研究［A］．2013中国生态移民与区域发展学术研讨会论文集．北方民族大学社会学与民族学研究所会议论文集：68-74.

[83] 任志军，范振楠．宁夏劳务移民的困境与出路［J］．黑龙江民族丛刊．2015，(01)：31-36+77.

[84] 赵凤．宁夏劳务移民满意度驱动机制研究［D］．银川：宁夏大学农业经济管理，2016.

[85] 王沛沛，许佳君．社会变迁中的水库移民融入——来自章村移民融入经验［J］．河海大学学报（哲学社会科学版）．2013，15（03)：46-50+92.

[86] 李小芳，范晶，田鹏．为了劳务移民家庭“来之，安之”［J］．中国社会工作．2019，(25)：40-41.

[87] 刘艳．政府主导下的劳务移民适应性研究——以沐恩新居为例［J］．法制与社会．2020，(30)：114-115.

[88] 刘艳．迷失在中途：劳务移民的艰难抉择—以沐恩新居移民群体为例［D］．银川：宁夏大学，2016.

[89] 姜林军，范建荣，李靖，司芳源，马蓉，王庆爽．宁夏劳务移民与生态移民成效的对比研究［J］．安徽农业科学．2015，43（24)：287-288.

[90] 张俊明．宁夏回族劳务移民的市民化研究［D］．兰州：兰州大学民

族社会学，2014.

[91] 海涛．宁夏劳务移民生活状况调查研究——以大武口区星海镇新民社区为例［D］．银川：宁夏大学人类学，2018.

[92] 朱丽燕．银川市精准扶贫的对策研究［J］．时代经贸．2019，（35）：73-74.

[93] 刘艳．政府主导下的劳务移民适应性研究——以沐恩新居为例［J］．法制与社会．2020，（30）：114-115.

[94] 张琦．对农民就业稳定性与波动性的理论探讨［J］．中国社会科学院研究生院学报，1993，（01）：45-51.

[95] 罗楚亮．就业稳定性与工资收入差距研究［J］．中国人口科学，2008，（04）：11-21.

[96] 李丹，王娟．影响我国劳动力市场就业稳定性的宏观因素及政策启示［J］．劳动保障世界（理论版）．2010，（08）：17-21.

[97] 肖红梅．新型城镇化背景下新生代农民工就业稳定性研究［D］．北京：首都经济贸易大学劳动经济学，2015.

[98] 张长江，晁伟鹏．新疆南疆流动人口就业稳定性的影响因素分析［J］．现代城市研究．2017，（04）：110-114.

[99] 赵维姗，曹广忠．农民工就业稳定性特征及职业类型的影响——基于全国 13 省 25 县 100 村调查数据的分析［J］．人口与发展．2017，23（04）：11-21.

[100] 高华，肖意可．新生代与老生代农民工就业稳定性比较研究［J］．调研世界．2016，（12）：53-57.

[101] Kenneth A. Swinnerton，Howard Wial. Is Job Stability Declining in the U. S. Economy? Reply to Diebold，Neumark，and Polsky［J］．ILR Review. 1996. 49（2）：352-355.

[102] Farber H. S. The Changing Face of Job Loss in the United States，1981-1995［J］．Brookings Papers on Economic Activity. Microeconomics. 1997，（15）：55-142.

[103] Johanne Boisjoly, Greg J. Duncan, Timothy Smeeding. The Shifting Incidence of Involuntary Job Losses from 1968 to 1992 [J]. Industrial Relations: A Journal of Economy and Society. 1998, 37 (2): 207-231.

[104] Kirsten Sehnruch. From the quantity to the quality of employment: An application of the capability approach to the Chilean labour market [J]. Singapore Medical Journal. 2004, 44 (4): 175-180.

[105] Lucie D, Christine E, Mathilde GUERGOAT - LARIVIERE. Monitoring quality in work: European Employment Strategy indicators and beyond [J]. International Labour Review. 2008, 147 (2-3): 163-198.

[106] Waghorn G, Chant D, Harris M GThe stability of correlates of labour force activity [J]. Acta Psychiatrica Scandinavica. 2009, 119 (5): 393-405.

[107] Torben S, Martin A. Old is gold? The effects of employee age on innovation and the moderating effects of employment turnover [J]. Economics of Innovation and New Technology. 2015, 24 (1 - 2): 95-113.

[108] Koerner K., Borrs L., Eppelsheimer J. FDI and onshore job stability: Upgrades, downgrades, and separations in multinationals [J]. European Economic Review. 2023, 152.

[109] 翁杰，周必彧，韩翼祥．发达国家就业稳定性的变迁：原因和问题[J]．浙江工业大学学报（社会科学版），2006，(02)：146-152.

[110] 黄乾．城市农民工的就业稳定性及其工资效应[J]．人口研究，2009，(03)：53-62.

[111] 李丹，王娟．影响我国劳动力市场就业稳定性的宏观因素及政策启示[J]．劳动保障世界（理论版），2010，(08)：17-20.

[112] 张再生，赵丽华．国内外关于就业稳定性研究评述[J]．理论与现代化．2011，(06)：118-127.

[113] 李东琴．新生代农民工就业稳定性的影响因素[J]．经营与管理，

2011，（09）：83-85.

［114］王春超．农民工流动就业决策行为的影响因素——珠江三角洲地区农民工就业调查研究［J］．华中师范大学学报（人文社会科学版），2011，（02）：49-57.

［115］陈昭玖，艾勇波，邓莹，朱红根．新生代农民工就业稳定性及其影响因素的实证分析［J］．江西农业大学学报（社会科学版），2011，（01）：6-12.

［116］谌新民，袁建海．新生代农民工就业稳定性的工资效应研究——以东莞市为例［J］．华南师范大学学报（社会科学版），2012，（05）：94-102.

［117］郑鑫，蔡秀玲．福建省农民工就业稳定性及其影响因素分析［J］．长春工业大学学报（社会科学版），2012，（07）：49-52.

［118］孟凡强，吴江．我国就业稳定性的变迁及其影响因素——基于中国综合社会调查数据的分析［J］．人口与经济，2013，（9）：79-88.

［119］张艳华，沈琴琴．农民工就业稳定性及其影响因素——基于4个城市调查基础上的实证研究［J］．管理世界，2013，（03）：176-177.

［120］谢金艳，刘加林．农民工就业稳定性影响因素及其对策研究——基于湖南省若干县市220份问卷调查［J］．湖南人文科技学院学报，2013，（10）：131-139.

［121］石智雷，朱明宝．农民工的就业稳定性与社会融合分析［J］．中南财经政法大学学报．2014，（03）：49-58+159.

［122］韩雪，张广胜．进城务工人口就业稳定性研究［J］．人口学刊．2014，36（06）：62-74.

［123］肖红梅，新型城镇化背景下新生代农民工就业稳定性研究［D］．北京：首都经济贸易大学劳动经济学，2015.

［124］罗明忠，罗琦，刘恺．就业能力、就业稳定性与农村转移劳动力城市融入［J］．农林经济管理学报．2016，15（01）：56-65.

［125］张长江，晁伟鹏．新疆南疆流动人口就业稳定性的影响因素分析

[J]．现代城市研究．2017，(04)：110-114.

[126] 梁海艳．中国流动人口稳定性及其影响因素研究 [J]．云南地理环境研究．2017，29 (05)：44-52.

[127] 孙学涛，张丽娟，张广胜．农民工就业稳定与社会融合：完全理性与有限理性假设的比较 [J]．农业技术经济．2018，(11)：44-55.

[128] 邵敏，武鹏．出口贸易、人力资本与农民工的就业稳定性——兼议我国产业和贸易的升级 [J]．管理世界．2019，35 (03)：99-113.

[129] 熊璐．返乡农民工就业稳定性及其影响因素研究——基于中西部六省市返乡农民工的调查分析 [D]．贵阳：贵州大学农林经济管理，2019.

[130] Daniel P. Changing Consequences of Job Separation in the United States [J]. ILR Review. 1999, 52 (4): 565-580.

[131] Neumark D. On the Job: Is Long-Term Employment a Thing of the Past? [M]. New York: Russel Sager Foundation. 2000.

[132] Farber H. S. Labor Market Adjustment to Globalization: Long - erm Employment in the United States and Japan. Working Paper, Princeton University. 2006. Farber H. S. Is the Company Man an Anachronism? Trends in Long Term Employment in the U. S., 1973-2006, Princeton University Working Paper. No. 518, 2007.

[133] Burgess, S., Rees, H. Job Tenure in Britain 1975 - 1992 [J]. The Economic Journal. 1996, (435).

[134] Marcotte, D. Has Job Stability Declined? Evidence from the Panel Study of Income Dynamics [J]. American Journal of Economics and Sociology. 1999, (02).

[135] Gregg P., Jonathan W. Job tenure in Britain, 1975-2000: Is a job for life or just for Christmas [J]. Oxford Bulletin of Economics and Statistics. 2002, (2): 111-134.

[136] Givord, Pauline, Ericmaurin. Changes in Job Stability and their Causes an

Empirical Analysis Method applied to France, 1982 - 2000 [J]. European Economic Review. 2001, (4): 489-514.

[137] Annette B., Antje M. Job Stability Trends. Layoffs, and Transitions to Unemployment: An Empirical Analysis for West Germ any. IZA Discussion Paper. 2004, No. 1368.

[138] Kato T. The End of lifetime Employment in Japan Evidence from National Surveys and Field Research [J]. Journal of the Japanese and International Economies. 2001, (4): 595-615.

[139] Joonmo C., Jaeho K. Dualism in Job Stability of The Korean Labour Market: The Impact of The 1997 Financial Crisis [J]. Pacific Economic Review. 2009.

[140] 孔德威，刘艳丽，冀恩科. 灵活化时代的就业稳定性分析 [J]. 生产力研究，2007，(02)：56-57.

[141] 翁杰，周必彧，韩翼祥. 中国大学毕业生就业稳定性的变迁——基于浙江省的实证研究 [J]. 中国人口科学，2008，(03)：33-41.

[142] 李丹，王娟. 影响我国劳动力市场就业稳定性的宏观因素及政策启示 [J]. 劳动保障世界（理论版），2010，(08)：17-20.

[143] 孟凡强，吴江. 我国就业稳定性的变迁及其影响因素——基于中国综合社会调查数据的分析 [J]. 人口与经济，2013，(9)：79-88.

[144] Muchinsky P. M, Morrow P. C. A multidisciplinary model of voluntary employee turnover [J]. Journal of Vocational Behavior. 1980, 17 (3): 263-290.

[145] Satish P. Deshpande. The impact of ethical climate types on facets of job satisfaction: An empirical investigation [J]. Journal of Business Ethics. 1996, (15): 655-660.

[146] Diprete T. A. Labor Markets, Inequality, and Change: A European Perspective [J]. Work and Occupations. 2005, 32 (2): 119-139.

[147] James L. Price. Reflections on the determinants of voluntary turnover

[J] . International Journal of Manpower. 2001, (22): 600-624.

[148] Lars Ljungqvist. How do Lay-off Costs Affect Employment? [J] . The economic journal . 2002, (112): 829-853.

[149] Forslund M. V. , Arango - Lasprilla J. C. , Roe C. , Perrin P. B. , Sigurdardottir S. , Andelic N. Multi - level modelling of employment probability trajectories and employment stability at 1, 2 and 5 years after traumatic brain injury [J] . Brain Inj. 2014, (7): 980-986.

[150] Marsh R. M, Mannari H. Organizational Commitment and Turnover: A Prediction Study [J] . Administrative Science Quarterly. 1977, 22 (1): 57-75.

[151] Judge T. A, Watanabe S. Is the past prologue ? A test of Ghiselli ?? s hobo syndrome [J] . Joumal of Management. 1995, 21 (2): 211-229.

[152] Zimmerman R. D. Understanding the impact of personality traits on individuals' turnover decisions: Λ meta - analytic path model [J] . Personnel Psychology. 2008, 61 (2): 309-348.

[153] Satish P. Deshpande. The Impact of Ethical Climate Types on Facets of Job Satisfaction: An Empirical Investigation [J] . Journal of Business Ethics, 1996, 15 (6): 655-660.

[154] James L. Price. Reflections on the determinants of voluntary turnover [J] . International Journal of Manpower. 2001, 22 (7): 600-624.

[155] Felps, Will Mitchell, Terence R. Herman, David R. Lee, Thomas W. Holtom, Brooks C. Harman, Wendy S. Turnover Contagion: How Coworkers' Job Embeddedness and Job Search Behaviors Influence Quitting [J] . The Academy of Management Journal. 2009, 52 (3): 545-561.

[156] Will Felps, R. Mitchell Terence, David R. Hekman, Thomas W. Lee, Brooks C. Holtom, Wendy S. Harman. Turnover Contagion: How Coworkers' Job Embeddedness and Job Search Behaviors Influence Quitting [J] . The Academy of Management Journal, 2009, 52 (3): 545-561.

[157] Georgia Pomaki, Anita DeLongis, Daniela Frey, Kathy Short, Trish Woehrle. When the Going Gets Tough: Direct, Buffering and Indirect Effects of Social Support on Turnover Intention [J] . Teaching and Teacher Education: An International Journal of Research and Studies, 2010, 26 (6): 1340-1346.

[158] Robert J Blomme, Arjan Van Rheede, Debbie M. Tromp. Work-family conflict as a cause for turnover intentions in the hospitality industry [J] . Tourism & Hospitality Research. 2010, 10 (4): 269-285.

[159] 张琦．对农民就业稳定性与波动性的理论探讨［J］．中国社会科学院研究生院学报，1993，(01)：45-51.

[160] 黄乾．城市农民工的就业稳定性及其工资效应［J］．人口研究，2009，(03)：53-62.

[161] 李丹，王娟．影响我国劳动力市场就业稳定性的宏观因素及政策启示［J］．劳动保障世界（理论版），2010，(08)：17-20.

[162] 沈琴琴，张艳华．中国劳动力市场灵活性与稳定性的影响因素研究［J］．首都经济贸易大学学报，2011，(05)：69-74.

[163] 陈昭玖，艾勇波，邓莹，朱红根．新生代农民工就业稳定性及其影响因素的实证分析［J］．江西农业大学学报（社会科学版）.2011，10（01）：6-12.

[164] 李东琴．新生代农民工就业稳定性的影响因素［J］．经营与管理.2011，(09)：83-86.

[165] 郑鑫．蔡秀玲．福建省农民工就业稳定性及其影响因素分析［J］．长春工业大学学报（社会科学版），2012，(07)：49-52.

[166] 张艳华，沈琴琴．农民工就业稳定性及其影响因素——基于4个城市调查基础上的实证研究［J］．管理世界，2013，(03)：176-177.

[167] 谢金艳，刘加林．农民工就业稳定性影响因素及其对策研究——基于湖南省若干县市220份问卷调查［J］．湖南人文科技学院学报，2013，(10)：131-139.

[168] 高飞．大学生职业生涯初期就业不稳定性影响因素及预警研究［D］．天津：天津大学技术经济及管理，2013.

[169] 寇恩惠，刘柏惠．城镇化进程中农民工就业稳定性及工资差距——基于分位数回归的分析［J］．数量经济技术经济研究，2013，(07)：3-19.

[170] 孟凡强，吴江．我国就业稳定性的变迁及其影响因素——基于中国综合社会调查数据的分析［J］．人口与经济，2013，(9)：79-88.

[171] 赵排风．新生代农民工就业稳定性及影响因素研究［J］．河南工业大学学报（社会科学版）．2014，10（03）：51-54+64.

[172] 陈海平．当前青年就业群体的职业稳定性问题研究——以高校毕业生就业群体为例［J］．中国劳动，2014，(06)：4-7.

[173] 李立清，吴倩文．欠发达省域农民工持续就业稳定性及影响因素——基于广西壮族自治区639份问卷调查数据［J］．湖南农业大学学报（社会科学版），2014，(04)：47-52.

[174] 肖红梅．新型城镇化背景下新生代农民工就业稳定性研究［D］．北京：首都经济贸易大学劳动经济学，2015.

[175] 官华平．流动人口就业稳定性与劳动权益保护制度激励研究［J］．西北人口．2016，37（01）：58-62+69.

[176] 周闯，贺晓梦，许怡．就业稳定性视角下农民工与城镇职工的工资差距［J］．财经问题研究．2017，(10)：132-138.

[177] 莫旋，周镕基，阳玉香．分层异质视角下流动人口就业稳定性研究——基于分层非线性模型的实证分析［J］．南方人口．2018，33（06)：20-29.

[178] 吴继灵．农民工融入城镇与就业稳定性研究——以河南省新冠肺炎疫情冲击为例［J］．西部金融．2021，(12)：14-20+27.

[179] 刘斌，张翔．有恒产者的恒心：农民工住房状况与就业稳定性研究［J］．西部论坛．2021，31（06)：67-80.

[180] 尹希文．职业培训对农民工就业稳定性影响的机制分析［J］．福建

师范大学学报（哲学社会科学版）.2021，(02)：61-69.

[181] 杨莎莎．易地扶贫搬迁移民就业稳定性及影响因素研究——以贵州省为例［D］．贵阳：贵州财经大学农村发展，2022.

[182] 王丽丽．陇南市易地扶贫搬迁安置区农户转移就业稳定性研究——基于兰州新区安置区的实地调研［D］．乌鲁木齐市：新疆农业大学农村发展，2022.

[183] 翁杰，周必彧，韩翼祥．发达国家就业稳定性的变迁：原因和问题［J］．浙江工业大学学报（社会科学版），2008，(02)：146-152.

[184] 罗楚亮．就业稳定性与工资收入差距研究［J］．中国人口科学，2008，(04)：11-21.

[185] 黄乾．城市农民工的就业稳定性及其工资效应［J］．人口研究，2009，(03)：53-62+115.

[186] 谌新民，袁建海．新生代农民工就业稳定性的工资效应研究——以东莞市为例［J］．华南师范大学学报（社会科学版），2012，(05)：94-102.

[187] 官华平，谌新民．流动人员就业稳定性与专用性人力资本投资研究——基于不完全契约理论的一个解释［J］．华东经济管理.2013，27(08)：118-123.

[188] 魏文颖，肖芳，刘珊珊．影响毕业生就业稳定性的七力模型构建［J］．企业经济.2017，36(09)：119-123.

[189] Salam，M. A.；Noguc hi，T.；Koike，M. Factors influencing the sustained participation of farmers in participatory forestry：A case study in central Sal forests in Bangladesh. J. Environ. Manag. 2005，74，43-51.

[190] Wang，S.；Ma，H.；Zhao，Y. Exploring the relationship between urbanization and the eco-environment — A case study of Beijing-Tianjin-Hebei region—Science Direct. Ecol. Indic. 2014，45，171-183.

[191] Xue Chen. The Research of Urban Development System Model Based on System Dynamics［P］. Proceedings of the 2015 International Conference

on Electrical, Computer Engineering and Electronics 2015.

[192] Berry, J. W. Immigration, acculturation, and adaption [J]. Applied Psychol. 1997, (46): 5-34.

[193] Kim, E. J. A Study of the Current Condition of Korean Immigrants' Hanbok in Toronto, Canada [J]. Journal of Korean Traditional Costume. 2012, 15 (3): 23-35.

[194] Kolaitis, G., Tsiantis, J., Madianos, M., Kotsopoulos, S. Psychosocial adaptation of immigrant Greek children from the former Soviet Union [J]. European child & adolescent psychiatry. 2003, 12 (2): 67-74

[195] Schultz P. T. Human capital, schooling and health [J]. Economics and Human Biology. 2003, 1 (2): 207-221.

[196] Cook A., Ehrlich I. Was Higher Education a Major Channel Through Which the Us Became an Economic Superpower in the 20th Century? [J]. Journal of the Asia Pacific Economy. 2018, 23 (4): 515-553.

[197] Quandt, A. Measuring livelihood resilience: The Household Livelihood Resilience Approach (HLRA) [J]. World Development. 2018, 107: 253-263.

[198] 李永周，王月，阳静宁．自我效能感、工作投入对高新技术企业研发人员工作绩效的影响研究［J］．科学学与科学技术管理．2015，36（02）：173-180.

[199] 毕廷延．青年学生：软实力决定就业竞争力［J］．中国青年研究．2009，（08）：67-70.

[200] 冯江平，李媛媛，陈虹，张月．新生代员工工作积极性的测量研究［J］．云南师范大学学报（哲学社会科学版）．2013，45（02）：58-66.

[201] 叶芳．高校后勤人力资源绩效考核评价指标体系的构建初探［J］．高校后勤研究．2010，（02）：28-29.

[202] 尹万义，李昕岑，江红斌．档案配送服务若干理论问题研究［J］．

档案学研究.2010,(02):37-39.

[203] 梁道刚.论中国共产党执政能力的本源[J].理论月刊.2009,(07):11-16.

[204] 刘梅玲.多级模糊综合评判方法在内控评价中的应用[J].会计之友.2013,(09):28-32.

[205] 李云华,宋倜,魏连雨,孙文霞.模糊综合评价法选择物流服务供应商[J].河北工业大学学报.2011,40(05):94-97+107.

[206] 陈桂华.乡村振兴背景下生态移民社区农户金融效率测度与提升对策研究[D].银川:北方民族大学金融专硕,2022.

[207] 辛士波,陈妍,张宸.结构方程模型理论的应用研究成果综述[J].工业技术经济.2014,33(05):61-71.

[208] 程开明.结构方程模型的特点及应用[J].统计与决策.2006,(10):22-25.

[209] 吴瑞林,杨琳.在公共管理研究中应用结构方程模型——思想、模型和实践[J].中国行政管理.2014,(03):62-68.

[210] 侯杰泰,成子娟.结构方程模型的应用及分析策略[J].心理学探新.1999,(01):54-59.

[211] 曲波,郭海强,任继萍,孙高.结构方程模型及其应用[J].中国卫生统计.2005,(06):405-407.

[212] 曲波,郭海强,任继萍,孙高.结构方程模型及其应用[J].中国卫生统计.2005,(06):405-407.

[213] 曲波,郭海强,任继萍,孙高.结构方程模型及其应用[J].中国卫生统计.2005,(06):405-407.

[214] 曲波,郭海强,任继萍,孙高.结构方程模型及其应用[J].中国卫生统计.2005,(06):405-407.

[215] 陆青华.丹江口水库移民生活满意度的调查[J].社会.2002,(06):10-12.

[216] 杜云素.水库移民迁移早期的满意度及其影响因素[J].人民黄

河 . 2013，35（03）：93-96.

[217] 唐贵忠，周恒，云露．小浪底工程征地移民心理满意度的分析［J］．人民黄河 . 2005，(04)：54-56.

[218] 刘成斌，风笑天．三峡移民迁移满意度的转变及其根源［J］．人口研究 . 2007，(01)：76-85.

[219] 马力，夏立忠，李运东，杨林章，吴电明，程训强．三峡库首移民安置区土地资源、移民经济状况及移民满意度的调查与分析［J］．长江流域资源与环境 . 2011，20（01）：21-27.

[220] 冯学兰．回汉移民社区居民家庭生活满意度的代际互惠影响——以N自治区Y市移民家庭为例［J］．西北民族研究 . 2012，(04)：86-93.

[221] 杨永梅，郭志林，高泽兵，蒋贵彦，李惠梅，杨海镇，李东，卓玛措．后期扶持对提高青海黄河上游水库移民满意度的效果评价［J］．西北人口 . 2014，35（02）：55-58+65.

[222] 张越，李双，奎夏淼．生态移民工程中的移民满意度实证研究——以宁夏泾灵新村为例［J］．宁夏社会科学 . 2014，(05)：54-61.

[223] 王佳宁，强茂山，陈文超，郑腾飞．水库移民的满意度研究［J］．水力发电学报 . 2014，33（06）：261-267.

[224] 张健，张丹，税宁．因子分析在水库移民后期扶持满意度评价中的应用［J］．水力发电 . 2014，40（12）：9-11+19.

[225] 陈文超，强茂山，王佳宁，郑腾飞．水库移民管理者的认知对移民满意度的影响［J］．清华大学学报（自然科学版）. 2015，55（01）：46-49+55.

[226] 刘舒昕，李松柏．陕南避灾扶贫移民生存现状的满意度研究——以镇安县云盖寺镇移民安置点为例［J］．城市发展研究 . 2015，22（01）：102-107.

[227] 冯邵珍，冯春琴，郭朝阳，吴敏，时松和．南水北调移民搬迁满意度评价与心理社会应激的关系分析［J］．重庆医学 . 2016，45

(01)：83-87.

[228] 黄志刚，陈晓楠．生计资本对农户移民满意度影响分析——以陕西南部地区为例［J］．干旱区资源与环境．2018，32（11）：47-52.

[229] 何思妤，崔丹蕾，陈相伸．库区农村移民对后期扶持满意度实证分析——基于长江上游大型库区1575个农村移民的调查数据［J］．农村经济．2018，(07)：108-113.

[230] 彭苏勉．基于价值网的软件企业商业模式创新研究［D］．北京：北京交通大学管理科学，2013.

[231] 张同键，杨爱民，张成虎．国有商业银行操作风险控制绩效模型实证研究——基于探索性因子分析和验证性因子分析角度的检验［J］．重庆大学学报（社会科学版）．2008，(03)：36-43.

[232] 谢洪明，刘常勇，陈春辉．市场导向与组织绩效的关系：组织学习与创新的影响——珠三角地区企业的实证研究［J］．管理世界．2006，(02)：80-94+143+171-172.

[233] J. Nunnally. Psychometric Theory (2nd ed)［M］．New York：McGraw-Hill，1978.

[234] 管健，郭倩琳．我国青年国家认同的结构与验证［J］．南开学报(哲学社会科学版)．2019，(06)：82-92.

[235] 刘昌雄．公共政策：涵义、特征和功能［J］．探索．2003，(04)：37-41.

[236] 习涓，风笑天．三峡移民对新生活环境的适应性分析［J］．统计与决策．2001，(02)：20-22.

[237] 杜健梅，风笑天．人际关系适应性：三峡农村移民的研究［J］．社会．2000，(08)：23-24+19.

[238] 马德峰．影响三峡外迁农村移民社区适应性的客观因素——来自江苏省大丰市首批三峡移民的调查［J］．管理世界．2002，(10)：43-50.

[239] 程瑜．广东三峡移民适应性的人类学研究［J］．中南民族大学学报(人文社会科学版)．2003，(03)：93-97.

[240] 郝玉章，风笑天．三峡外迁移民的社会适应性及其影响因素研究——对江苏227户移民的调查［J］．市场与人口分析．2005，(06)：62-67+77.

[241] 陶格斯．浅谈镶黄旗生态移民在呼和浩特市郊区的社会适应性［J］．华北农学报．2006，(S3)：98-101.

[242] 韦月成．广西龙滩库区移民适应性的个案考察——以连迁移民新村为例［J］．南宁师范高等专科学校学报．2007，(04)：49-53.

[243] 吴垠．关于三峡工程跨省外迁移民的社会适应性研究［J］．人民长江．2008，(14)：4-6+9+101.

[244] 彭豪祥，谭平，张国兵．三峡工程移民的社会适应性调查［J］．统计与决策．2008，(24)：99-101.

[245] 王清华，张惠君．库区移民的文化适应性问题——以云南省楚雄青山嘴水库、保山小湾水电站移民为例［J］．云南社会科学．2012，(06)：116-119.

[246] 湛若云，张乐群．提高丹江口水库外迁移民社会适应性浅析［J］．人民长江．2015，46（06)：84-86.

[247] 李勋华，许迎春．三峡库区“农转非”移民市民化适应性分析［J］．人民长江．2015，46（23)：111-115.

[248] 嵇雷，刘晶晶．水库移民社会适应性的多层次综合评价研究［J］．人民长江．2015，46（13)：100-104.

[249] 束锡红，任志军，聂君．大柳树水利枢纽工程移民社会适应性预测及分析［J］．北方民族大学学报（哲学社会科学版）．2016，(03)：102-105.

[250] 王珞，骆永菊，王顺克．三峡库区外迁农村移民适应性研究——基于9个省份983户移民样本的实证分析［J］．地域研究与开发．2016，35（01)：168-173.

[251] 康红梅，李平福．生态扶贫老年移民的适应性教育［J］．中国老年学杂志．2017，37（14)：3625-3627.

[252] 李霞，文琦，朱志玲．基于年龄层次的宁夏生态移民社会适应性研究［J］．干旱区资源与环境．2017，31（05）：26-32.

[253] 刘伟，徐洁，黎洁．易地扶贫搬迁农户生计适应性研究——以陕南移民搬迁为例［J］．中国农业资源与区划．2018，39（12）：218-223.

[254] 李静，路宏．变迁、认同与共生：拉卜楞地区藏族教育的文化选择［J］．西北师大学报（社会科学版）．2018，55（06）：68-76.

[255] 刘勇，杨昌儒．当代发展语境下民族杂居区文化适应研究——基于贵州的人类学观察［J］．贵州民族研究．2014，35（11）：59-64.

[256] 李昌峰，徐冬婷，张姗姗．基于结构方程模型的行业文明服务满意度测评［J］．统计与决策．2021，37（18）：81-84.

[257] 李平则，刘浩杰，林杰．基于因子分析下的平顺县农户扶贫满意度研究［J］．河北农业科学．2019，23（02）：19-24.

[258] 贾新明．结构方程模型评价体系的可比性问题［J］．数理统计与管理．2011，30（02）：246-253.

[259] 韩振燕．城市非自愿移民人力资本开发探析［J］．科技管理研究．2007，（07）：120-121+124.

[260] 王志凯．小浪底农村水库移民人力资本开发研究［D］．西安：西北农林科技大学作物，2009.

[261] 胡静，杨云彦．大型工程非自愿移民的人力资本失灵——对南水北调中线工程的实证分析［J］．经济评论．2009，（04）：74-80.

[262] 胡静，杨云彦．大型工程非自愿移民的人力资本失灵——对南水北调中线工程的实证分析［J］．经济评论．2009，（04）：74-80.

[263] 范如国，李星．三峡库区移民人力资本因素与劳动报酬收入关系的实证研究［J］．技术经济．2011，30（02）：81-87.

[264] 石智雷，杨云彦，田艳平．非自愿移民经济再发展：基于人力资本的分析［J］．中国软科学．2011，（03）：115-127.

[265] 何志扬，张梦佳．气候变化影响下的气候移民人力资本损失与重构——以宁夏中南部干旱地区为例［J］．中国人口·资源与环

境.2014，24（12）：109-116.

[266] 胡江霞，文传浩.人力资本、社会网络与移民创业绩效——基于三峡库区的调研数据［J］.软科学.2016，30（03）：36-40.

[267] 冯伟林，李树茁，李聪.生态移民经济恢复中的人力资本与社会资本失灵——基于对陕南生态移民的调查［J］.人口与经济.2016，(01)：98-107.

[268] 何思妤，黄婉婷，曾维忠.场域视角下水库移民人力资本、社会资本的重建［J］.农村经济.2019，(10)：47-54.

[269] 乔雯.人力资本、社会资本对易地搬迁移民社会融合的影响［J］.劳动保障世界.2019，(21)：78-79.

[270] 何家军，闫晨，樊连生，张峻豪.三峡库区移民人力资本与区域经济发展研究——基于A县实证研究［J］.当代经济.2020，(01)：29-34.

[271] 林崇德.培养和造就高素质的创造性人才［J］.北京师范大学学报(社会科学版).1999，(01)：5-13.

[272] 杜明义，余忠淑.人力资本与大学生就业策略探讨［J］.当代职业教育.2014，(05)：94-98.

[273] 陈华，江鸿波.基于“知识—能力—素质”三要素的辅导员职业准入标准研究［J］.思想教育研究.2013，(08)：57-59.

[274] 杨连生，谭晓斐.大学生自我评价的内涵、特点及教育对策［J］.教育科学.2021，37（04）：76-81.

图书在版编目(CIP)数据

劳务移民就业稳定性研究：宁夏的理论与实践 / 范建荣著. --北京：社会科学文献出版社，2024. 12.
ISBN 978-7-5228-4589-0
Ⅰ. D669. 2
中国国家版本馆 CIP 数据核字第 20243X6Q63 号

劳务移民就业稳定性研究：宁夏的理论与实践

著　　者 / 范建荣

出 版 人 / 冀祥德
组稿编辑 / 陈　颖
责任编辑 / 连凌云
责任印制 / 岳　阳

出　　版 / 社会科学文献出版社 · 皮书分社（010）59367127
　　　　　地址：北京市北三环中路甲 29 号院华龙大厦　邮编：100029
　　　　　网址：www. ssap. com. cn
发　　行 / 社会科学文献出版社（010）59367028
印　　装 / 三河市东方印刷有限公司

规　　格 / 开　本：787mm × 1092mm　1/16
　　　　　印　张：18　字　数：272 千字
版　　次 / 2024 年 12 月第 1 版　2024 年 12 月第 1 次印刷
书　　号 / ISBN 978-7-5228-4589-0
定　　价 / 98. 00 元

读者服务电话：4008918866